사진
철학을
만나다

Fotographie trifft Philosophie
Photography Meets Philosophy
by Seung-Kyun Paek, Ph.D

Copyright © 2014 by bookguild. Seoul
All rights reserved.
Printed in the Republic of Korea

사진 철학을 만나다

백승균 지음

북길드

| 차례 |

프롤로그 사진철학으로 가는 길 6

I 사진과 사람, 그리고 사진철학

1. 사진과 사진철학   18
사진, 철학에서 길을 찾다 · 18 | 사진, 회화에서 길을 찾다 · 22

2. 사진과 인간의 의식   26
사실의 사진 · 27 | 의미의 사진 · 30 | 의식의 사진 · 32 |
〈캔버스 위를 움직이는 표면들〉 · 38

3. 디지털시대의 사진   39
사진에 대한 눈높이 · 39 | 아날로그사진의 역사 · 42 | 디지털사진의 등장 · 55 |
디지털사진과 비트겐슈타인 · 60 | 디지털사진과 하이데거 · 65

4. 사진의 인간화   71

II 사진의 역사와 사진예술

1. 벤야민의 〈사진의 작은 역사〉   76
2. 복제시대의 예술작품과 사진기술   79
3. 사진기술과 회화기법   84
4. 예술작품과 사진예술   91
5. 사진의 예술화   95

III 사진의 정보와 사진철학

1. 플루서와 《사진의 철학》　　　　　　　　　　　　　　　102
플루서의 생애 · 102 | 플루서의 사진철학 · 105

2. 사진철학의 근거인 현실세계　　　　　　　　　　　　　108
제1장 그림 · 108 | 제2장 영상 · 120

3. 사진철학을 위한 사진의 도구적 장치　　　　　　　　　128
제3장 사진기 · 128 | 제4장 사진 찍기 · 139 | 제5장 사진술 · 145

4. 사진철학을 위한 사진의 담론적 정보　　　　　　　　　153
제6장 사진의 배포 · 153 | 제7장 사진의 수용 · 161 | 제8장 사진의 우주(세계) · 170

5. 사진의 철학화　　　　　　　　　　　　　　　　　　　　183
제9장 사진철학의 필연성 · 183

IV 《사진의 철학》을 가능케 한 철학들

인터넷에서의 활발한 논의들 · 203 | 전통철학과 플루서 · 207 |
데카르트와 플루서 · 208 | 니체와 플루서 · 210 | 베르그송과 플루서 · 212 |
후설, 사르트르와 플루서 · 213 | 하이데거와 플루서 · 214 | 야스퍼스와 플루서 · 217 |
헤겔과 플루서 · 224 | 칸트와 플루서 · 228 | 다시 야스퍼스와 플루서 · 230

주석 · 236
부록 · 241
참고문헌 · 246
찾아보기 · 254

프롤로그

사진철학으로 가는 길

'사진철학' 참 매력적인 말이지만 생소하다. 사진에도 철학이 있을까? 그렇다면 사진에 담긴 철학은 과연 무엇일까? 만약 사진에 철학이 없다면 사진은 그저 인물이나 풍경이 담긴 종이 한 장 아니겠는가? 그러나 분명 사진은 단순한 종이 한 장이 아니다. 왜냐하면 사진에는 한 사람의 숨결이나 한 세대의 생명이 그대로 살아 있기 때문이다. 죽은 아들의 사진을 하염없이 바라보며 눈물로 쓰다듬는 모정은 단순한 우연이 아니다. 그래서 생명이 없는 사진은 진정 사진이 아니겠다는 생각이 든다. 그렇다면 사진이 어떻게 생명을 얻고, 더 나아가 한 시대의 문화가 될 수 있으며, 마침내 철학으로까지 진화할 수 있을까? 그러한 사진의 철학은 과연 무엇일까?

플루서를 만나다

오늘날처럼 모든 것이 밝은 세상에서도 사진의 '철학'을 논리적으로 설득력 있게 주장한 사람은 드물다. 물론 사진의 예술적 의미나 과학적 의미를 짚어낸 사람은 한둘이 아니겠지만, 소위 자신의 분명한 문화사적 입장을 가지고서 '사진철학'을 디지털미디어로 정식화한 사람은 빌렘 플루서Vilém Flusser(1920~1991)가 거의 유일하다 하겠다. 사이버네트워크 사회학자이면서 철학자였던 그는 1983년에 출간된 《사진의 철학을 위하여Für eine Philosophie der Fotografie》*에서 전통적으로 논의되어 온 사진의 기교적 의미론이나 예술론에 머물지 않고, 장치의 도구적 내용을 포함한 사진의 미디어 문화를 다루었다.

플루서를 만날 수 있었던 것은 사진작가이자 전시기획자이며 시오時悟, Syo갤러리 대표인 이동준 대구미래대학교 교수 덕분이었다. 2004년부터 철학고전을 함께 읽어온 운제학당의 철학스터디그룹에서 이 교수가 플루서의 《사진의 철학》을 읽자고 제안했고, 우리는 그 제안을 기꺼이 받아들였다. 처음 이 책을 추천받고선 칸트나 헤겔 혹은 하이데거의 고전들처럼 난해한 책은 아닐 거라 짐작해서 우리가 원래 진행하던 철학스터디를 마치고 난 자투리 시간에 그의 사진철학을 마음 편하게 읽기로 했다. 왜냐하면 플라톤을 필두로 한 고대 철학자들은 물론이고, 근현대의 여러 철학자들, 특히 난해하기로 정평이 난 헤겔, 하이데거, 니체에 이르기까지 많은 철학자들의 책들을 몇 년 동안 섭렵했기에 텍스트를 분석하고 해석하는 일에는 우리 모두 어느 정도 일가견이 있다고 자부하고 있었기 때문이다.

● 이 책은 미적·과학적·정치적 측면에서 사진을 분석했다. 또한 현대에 닥친 문화 위기는 물론이고, 거기서 형성된 새로운 현존형태와 사회형태를 연구하기 위한 중요한 열쇠가 되었다. 1983년에 처음 출간된 후, 지금까지 전 세계 20여 개 언어로 번역되어 새로운 고전의 반열에 올랐다. 이후 《사진의 철학》으로 표기.

그러나 우리가 그의 《사진의 철학》 첫 문장을 대하는 순간, 아연실색하지 않을 수 없었다. 책은 느닷없이 "그림은 의미를 드러내는 평면이다. 그것은 '저기 바깥에 있는' 시공간 속의 어떤 것을 가리킨다"로 시작하더니, 이어서 "그림은 이 어떤 것을 우리에게 추상물로, 그러니까 4차원 시공간을 2차원 평면으로 축소하는 것으로 표상하도록 만든다"는 문장으로 이어졌기 때문이다. 이 책은 이제까지 우리가 읽어왔던 철학고전들과는 완전히 다른 사유방식과 글쓰기 방법을 채택하고 있었던 것이다. 한마디로 그의 책은 정보사회에 어울릴 법한 디지털화된 텍스트였고, 패러다임이 완전히 뒤바뀐 글쓰기였다. 뿐만 아니라 그의 책에서는 지금까지의 철학적 논리나 논거, 심지어 엄밀한 논증도 아무런 의미가 없었다. 오로지 입체화된 구상력과 상상력만이 활개를 쳤다. 따라서 문자시대의 전문가를 자처하는 나로서도 이 책을 읽어내기란 여간 어려운 일이 아니었다. 다시 말해 플루서는 글쓰기 방식뿐 아니라, 그의 철학적 사고방식 전체가 이미 아날로그에서 디지털방식으로 바뀌어 있었던 것이다. 그럼에도 정작 우리는 전통적인 1차원의 문자와 그 텍스트에만 사로잡혀 그의 사진철학을 이해하려 했으니 그 내용을 곧바로 이해할 수 없었던 것은 어쩌면 당연한 결과였는지도 모른다.

우리는 처음에 《사진의 철학》을 전통적인 의미의 철학책이 아닌 소위 '사진가들을 위한 사진철학책'쯤으로 여겼다. 그것도 사진에 관련된 과학기술을 강조하는 그런 종류의 책 정도로 생각했다. 그러나 이런 어설픈 판단은 보기 좋게 빗나갔다. 우리는 어쩔 수 없이 《사진의 철학》에 대한 접근 방법을 전략적으로나마 바꾸기로 뜻을 모았다. 그렇다고 우리가 이제껏 고수해온 독서의 원칙들마저 완전히 포기할 수는 없는 노릇이었다. 우리의 독서원칙을 포기하지 않으면서도 어떻게든 플루서의 미디어에 관한 철학적 입장을 이해하는 데 주력했다. 한편으로는 사진이론 내지 사진철학 전반의 지식을 확보하고, 다른 한편으로는 플루서의 디지털 사유방식에 대한 지식을 확보하는 것이 무엇보다 급선무였다. 전자를 위해서는 여타의 사진이론을 검토하면서 동시에 벤야민의 〈사진의 작은 역사〉를 읽고 철저하게 이해하려 했다. 후자를 위해서는 롤랑 바르트R. Barthes의 〈이미지의 수사〉, 스튜어트 홀S. Hall의 〈뉴스사진의 결정〉, 빅터 버긴V. Burgin의 〈사진을 바라본다는 것〉, 카자 실버만K. Silverman의 〈파스빈더와 라캉〉, 앨런 세큘러A. Sekula의 〈신체와 아카이브〉, 애비게일 솔로몬-고도A. Solomon-Godeau의 〈다큐멘터리의 재구성〉, 존 탁J. Tagg의 〈사진과 권력〉과 〈역사의 필연〉을 하나씩 검토하기 시작했으며, 동시에 플루서의 삶과 철학을 조망하는 작업도 병행했다. 그 결과 플루서는 피에르 부르디외P. Bourdieu나 마셜 맥루한M. McLuan 등과 맥락을 달리하는 커뮤니케이션 사상가 혹은 디지털사진 이론가라는 사실을 조금씩이나마 파악할 수 있게 되었다.

이에 더해 "왜 우리는 가상을 불신하는가? 가상이 기만한다면, 이 세상에 기만하지 않는 것이 있단 말인가?"라고 되묻는 《피상성 예찬: 매체현상학을 위하여Lob der Oberflachlichkeit: für eine Phänomenologie der Medien》도 그를 이해하는 데 없어서는 안 될 중요한 저서였기에 기꺼운 마음으로 읽어나갔다. 그리고 무엇보다 《사진의 철학》과 떼어 놓고 생각할 수 없는 저서가 바로 《디지털시대의 글쓰기: 글쓰기에 미래는 있는가Die Schrift: Hat Schreiben Zukunft?》였으므로, 이 책도 읽을 수밖에 없었다. 이 책의 전체적인 내용이나 구성을 여기서 모두 서술할 수는 없지만, 선택적으로 몇 개의 주제어만 열거하자면 메타문자, 표면문자, 텍스트, 문예창작, 읽기방식, 암호풀이, 디지털, 코드변환 등이라 하겠다. 이렇게 많은 책을 찾아 읽고 다양한 사상을 접했음에도《사진의 철학》은 여전히 미궁에 빠져 있었고, 우리의 최우선 과제는 이를 철저하게 밝혀내는 일이었다.

    이 과정에서 현실과 가상의 경계가 사라지고 없는 시대, 더구나 경험과 사유의 경계가 무너진 시대적 상황에 맞닥뜨려서도 우리는 어떻게 그토록 철학고전만 읽는 순수한 독서원칙에 매달렸는가, 그런 회의적인 생각이 뇌리를 떠나지 않았다. 그럼에도 우리가 문자적 사고를 차마 버릴 수 없었던 것은, 무엇보다도 문자가 담고 있는 개념적 내용들과 그에 대한 해석학적 이해방식을 차마 포기할 수 없었기 때문이다. 또한 역설적이게도 무너진 경계의 한 축을 우리의 문자적 사고가 담당할 수 있지 않을까, 그런 항변이 우리 마음을 울렸기 때문이기도 하다. 그 결과 사진철학에 대한 우리의 눈높이도 자연스럽게 경계 안에서 경계 밖을 현실로 받아들이게 되었다. 이러한 작업이 실제로는 너무도 애매모호하기 때문에 사실적 연관성의 논리근거를 여전히 철학적으로 살펴보지 않을 수 없었다. 다만 사유의 진폭을 한 방향에서 양 방향으로, 평면적 사고에서 입체적 사고로 바꿀 필요는 있었다.

    그러므로 이분화된 순수 사고방식이 아니라, 디지털화된 과학적 사고방식으로 고찰해야 하는 그런 당위성의 글 읽기 방식으로 우리의 사고체계를 바꾸어야만 했다. 현실적으로 우리가 서양철학의 고전을 읽으려 할 때면, 먼저 일반적인 철학입문서를 읽고, 역사적 고찰을 위해 적어도 고대철학, 중세철학, 근대철학, 현대철학에 대한 전반적인 지식을 먼저 습득한다. 이런 방식은 사실 철학고전을 대하는 하나의 철칙처럼 여겨진다. 그 덕분에 난해하기로 유명한 여러 철학고전을 나름대로 이해할 수 있는 것이다. 따라서 우리는 《사진의 철학》에 대해서도 여전히 그런 전통적인 방식을 택하지 않을 수 없었다. 설령 이러한 이해방식이 플루서의 글쓰기 방식에서 벗어나 있다 해도 어쩔 수 없는 노릇이었다. 이렇게 해야 그의 《사진의 철학》에 대한 철학적 내용을 우리가 더욱 면밀하게 얻어낼 수 있을 거라고 판단했기 때문이다.

가만히 살펴보면, 플루서는 일반적인 고전철학자들과 달리 그 자신의 독자적인 연구 폭과 깊이 덕분에 커뮤니케이션의 철학자, 혹은 미디어의 철학자라는 반열에 오를 수 있었다. 적어도 사진철학 분야에서는 《사진의 철학》, 이 한 권으로 그는 독보적인 위치를 차지한 것이다. 왜냐하면 지금까지 어느 누구도 그의 《사진의 철학》에 비견될 만한 철학적 사진이론을 책이라는 결과물로 세상에 내놓지 못했기 때문이다. 그러므로 우리는 철학고전 이상으로 그의 《사진의 철학》을 한 문장 한 문장 읽어가면서 이해하려 했다. 얼핏 이런 해석학적인 이해방식은 《사진의 철학》으로 가는 멀고 먼 우회로로 보일 수도 있겠지만, 결과적으로는 오히려 지름길일 거라고 굳게 믿었다. 여기서 말하는 해석학적 이해방식이란 원칙적으로 저자가 스스로를 이해하는 것보다 더 잘 이해하는 그런 방법을 의미한다. 엄밀한 의미에서 이러한 해석학적 이해는 설명을 바탕으로 하는 자연과학과 달리 이해를 바탕으로 하는 정신과학의 학문방식이다. 이러한 방법론에서는 해석학이 인식의 근본원리 역할을 하지만, 우리에게는 그런 해석학적 이해가 단순히 정신과학의 영역에만 한정되지는 않았다. 미디어네트워크의 기술적 정보과학을 포함하는 인간의 삶 전체, 더 나아가 인간과 문화, 그리고 과학 전체를 포괄하는 그런 이해를 가능케 한다. 그러므로 우리는 무엇보다 해석학적 방법으로 《사진의 철학》에 대한 전반적인 내용과 그 구성을 꼼꼼하게 짚어보았다.

사진철학을 만나다

무엇보다도 플루서는 "사진의 철학"이라는 표제 아래 본질적 내용인 '철학'에 무게 중심을 두지 않고, 대상적 현상인 '사진'에 무게 중심을 두었기 때문에 우리는 그의 보폭을 도저히 따라갈 수 없었던 것이다. 또한 그는 사진을 위한 철학의 논리적 근거나 체계, 혹은 그 행방을 제시하거나 제안하지도 않았다. 다만 사진철학의 정립을 위한 기초적인 작업으로서 사진에 대한 디지털시대의 내용들, 즉 그림과 영상, 사진기와 사진술, 배포와 수용 등의 정보 문제만을 다루었다. 또 이를 전제로 하는 새로운 사진철학이 반드시 필요하다고만 주장했을 뿐이다. 플루서의 의도는 분명히 사진철학의 정립에 있었으나, 그 논지 전개의 무게 중심은 언제나 사실적인 '사진'에 머물렀다. 즉 그림과 장치, 프로그램과 정보 등에 무게 중심을 두었기 때문에 그가 궁극적으로 바랐던 '철학'은 당위성의 논리로 주장될 수밖에 없었던 것이다. 오죽했으면 그 자신이 사진철학의 '필연성'이라고만 했을까!

'사진'에서는 영상이나 기술 혹은 기계나 장치가 그 모두일 것이나, '철학'에서는 그런 현실적인 것보다는 인간이 우선이고, 인간의 자유와 실존적 결단이 우선한다. 그러나 자유와 결단마저도 자동적으로 프로그래밍되어 있는 장치와의 한 연관성으로 본다면, 스스로의 의지를 확보할 수 없게 된다. 그럼에도 불구하고 자유의 가능성을 위한 어떤 여지를 마련해야 한다면, 사진철학은 그런 자유의 가능성을 장치가 지배하는 세계 속에서도 메타적으로 사유할 때만 가능하다. 따라서 현실적으로 플루서의 《사진의 철학》에서는 사진이 주제어가 되어야지, 철학이 주제어일 수는 없다. 왜냐하면 사진 없는 철학은 사진의 방향성을 상실하고 말기 때문이다. 그럼에도 사진에 철학이 없다면 사진의 근거는 사라지고 만다. 이에 플루서 역시 장치로서의 사진과 인간으로서의 철학을 하나의 연관성으로 묶을 수밖에 없었을 것이다. 그것이 그에게는 디지털시대의 새로운 핵심 주제인 '정보'이고, 정보야말로 자본이나 권력 이상으로 사물과 인간을 하나로 이어주는 끈이라고 판단했을 것이다. 따라서 그는 사진을 자본이나 권력이라는 끈의 한 가닥으로 보았고, 그 때문에 디지털시대를 맞아 인간 삶의 새로운 의미를 찾기 위해서라도 사진에는 반드시 철학이 필요하다고 절감했을 것이다.

물론 사진철학의 필연성을 구명하거나 사진을 철학화하려면 그 내용도 종전 문자시대의 텍스트 의미 연관성과는 전적으로 달라야 한다. 왜냐하면 문자 중심의 아날로그시대에서는 사실과 의미가 중요했다면, 사진을 철학화하고자 하는 디지털시대에서는 가상과 화소만이 중요하기 때문이다. 이에 따른 기술적 사실 구성이나 논리적 내용 구성은 종전의 방식과 완전히 달라져야 한다. 사진에 대한 눈높이를 바꾸어야 하고, 사진기라는 장치를 새로 짚어야 하며, 또한 장치에 의해 마련된 프로그램에 인간의 자유의지를 반영케 해야 한다. 통틀어서 사진 자체의 철학적 의미보다는 0과 1의 디지털 정보가 최우선이어야 하지만, 현실적으로 그 단계에 도달하지는 못했다. 다만 정보는 사진 일반에서 비롯되고, 사진은 프로그램에 따라 장치인 사진기를 통해 생산 배포되는 영상이라고 해석했다. 영상의 기능은 정보를 제공하는 데 있기 때문에, 이에 따라 사진철학은 아날로그 문자시대에서의 의미 내용과는 전적으로 다른, 디지털화된 정보적 내용이 되지 않으면 안 된다. 이런 맥락에서 플루서는 디지털시대의 새로운 사진이론으로서 사진과 장치, 프로그램과 정보를 누구보다 앞장서서 제시했다. 하지만 안타깝게도 플루서 그 자신도 이 시대에 걸맞은 사진철학의 내용을 마련하지 못한 채 그 필연성만을 주장하는 데 그치고 말았다. 다시 말해 인간과 연관된 자유와 필연성의 문제는 여전히 장치 이상의 철학적 문제이므로 존재론적이든 인간학적이든 혹은 기계론적이든 그 논리적 정당성을 확보해야만 해결의 실마리를 풀 수 있음에도 불구하고 이에 대한 대책에 대해서는 플루서마저도 손을 놓고 말았다는 것이다. 그 결과 우리는 플루서의 다른 저서들을 전체적으로 짚으면서 그의 《사진의 철학》을 철저히 정독할 수밖에 없었다. 이것마저 때로는 제대로 이해하지 못했거나, 심지어 오해하여 잘못 해석했을지도 모른다. 따라서 추후에 이 졸저의 수정 보완 작업이 반드시 필요하다고 인정하지 않을 수 없다.

이와 함께 이 책의 전체 구성 역시 명확한 한계를 드러낸다. 고백하건데 이 책은 사진철학을 위한 완벽한 논리를 제공하지 못했고, 또 사진철학의 구조나 내용을 체계적으로 정리하지도 못했다. 이 책을 구조적으로 간략하게 살펴보자면 I장 〈사진과 사람, 그리고 사진철학〉은 계명대학교 목요철학 인문포럼에서 발표한 원고를 바탕으로 논의를 넓히고 내용을 추가하여 완성도를 높였다. II장 〈사진의 역사와 사진예술〉은 발터 벤야민이 수행했던 사진의 역사에 대한 고찰을 차근차근 짚어낸 해석의 결과물이다. III장 〈사진의 정보와 사진철학〉은 빌렘 플루서의 사진철학만을 심도 깊게 다루었다. 또 I장에서는 전체적 논지의 결론을 '사진의 인간화'에, II장에서는 사진의 역사해석을 '사진의 예술화'에, III장에서는 사진철학의 필연성을 '사진의 철학화'에 초점을 맞추려 했다. 끝으로 전체 결론에 해당하는 IV장에서는 《사진의 철학》 전반에 대한 철학적 내용과 구성을 명확히 하기 위해 이를 가능케 한 철학과 철학자들을 하나하나 짚어보았다.

마지막으로 플루서의 사진철학을 탐독할 수 있도록 계기를 마련해준 이동준 교수를 비롯해 김수산 원장, 김형찬 박사, 그리고 이철우, 송경준, 윤상훈, 박희연, 최준희에게 다시 한 번 감사한 마음을 전한다. 이들은 이 책의 근간을 이루는 사진철학의 내용이 너무 어려웠음에도 불구하고 1년 내내 결석 한 번 하지 않으면서 발표에 동참했고, 토론에도 적극적으로 참여했다. 또한 독일어 표제를 제안해준 Prof. Dr. Christian Spahn과 이재성 교수의 플루서에 관한 문헌 정리는 저술에 큰 도움이 되었다. 이들이 함께 하지 않았다면 이 책은 불가능했을 것이다. 누구보다 단원 하나하나 빈틈없이 차분한 목소리로 물 흐르듯 텍스트를 읽어준 우리 철학스터디의 막내 최준희는 오아시스와 같은 존재였다. 이 책은 철학스터디에 참여한 우리 모두의 성과물이라 하겠다. 끝으로 이 원고를 한 권의 책으로 엮어준 북길드에도 고마움을 전한다.

I

사진과 사람, 그리고 사진철학

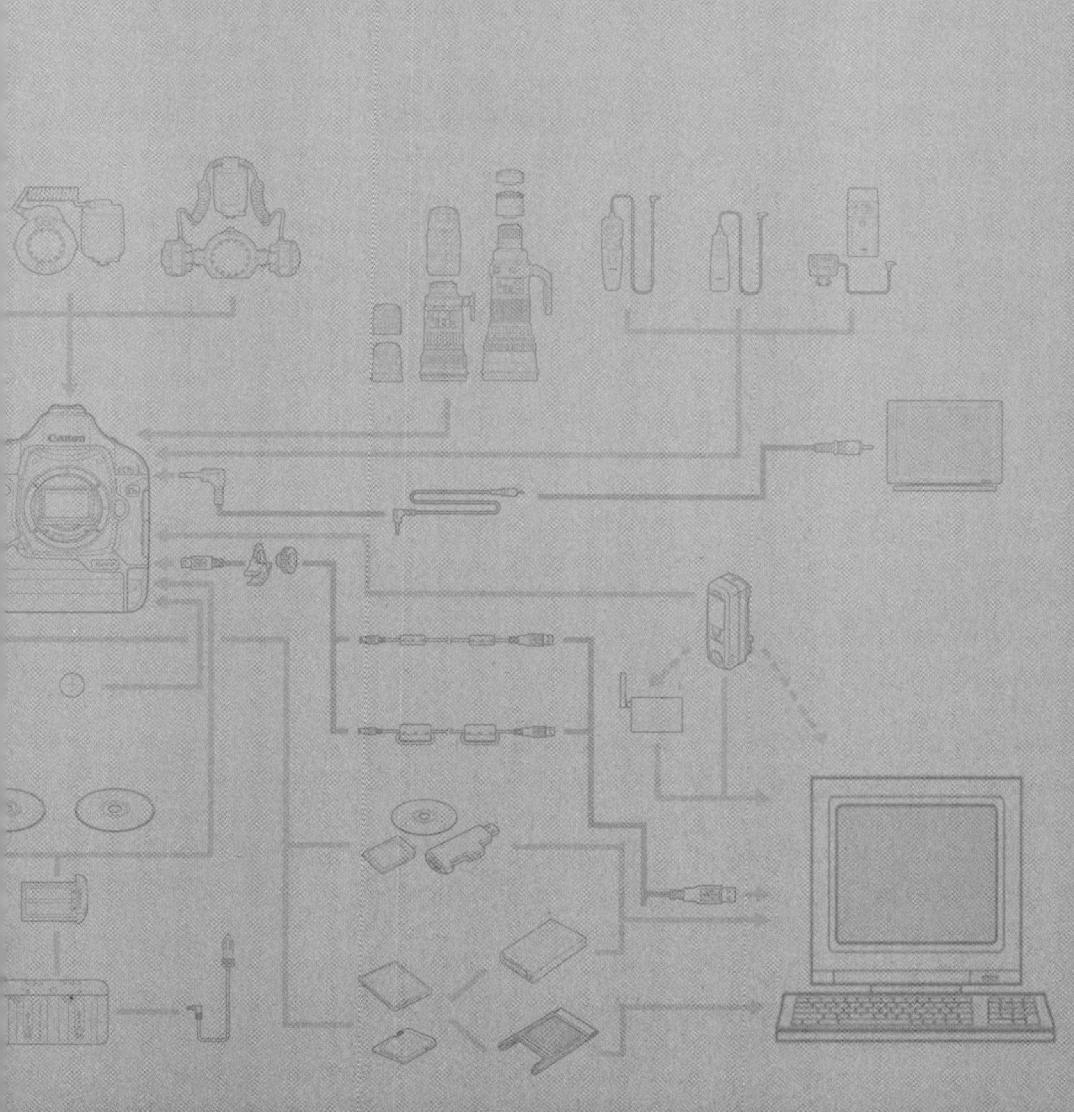

1. 사진과 사진철학

사진, 철학에서 길을 찾다

서울 예술의 전당에서는 2011년 6월 22일부터 한 달 동안 "리차드 기어 자선 사진전—순례의 길"이 열렸다. 이를 위해 방한한 리차드 기어는 앞선 기자회견에서 사진을 "네모난 상자 안에 세상을 편집하는 정치적 작업"이라고 표현하면서 "사진은 삶을 특정한 형태로 필름에 집어넣는 영화와 작업 과정이 대단히 비슷하다"고 말했다. 또 "세상을 어떻게 편집할 것인지에 대한 결정은 이성이 아닌 감성에서 비롯된다"고도 했다. 무엇보다 "깨달음이야말로 곧 우리 안에 있다"는 그의 사진철학은 우리로 하여금 호감을 불러 일으킨다. 그의 사진들은 "2,500년 전 히말라야에서 불교가 발생한 후 종교적 순수성을 그대로 간직하고 있는" 티베트를 비롯해 네팔, 부탄, 몽골 등 깨달음의 나라들을 배경으로 한다. 그는 불교의 '깨달음'을 사진으로 찍고자 했다. 각覺을 사진에 담으려 한 것이다. 그게 과연 가능한 일일까? 그 대답은 64점의 사진에 담겨 있고, 무엇보다 그 사진을 직시하는 사람에게 달려 있다.

얼마 후인 2011년 11월에는 서울 국제갤러리에서 회퍼Cand:da Höfer(1944~)의 전시회가 열렸고, 같은 시기 PKM 트리니티갤러리에서는 데만트Thomas Demand(1964~)가 '사람 없는 텅 빈 공간'을 주제로 전시회를 가졌다. 이들에게 사진은 2차원의 평면에 1차원의 시간과 그 역사를 담는 3차원의 공간이다.

먼저 독일 쾰른미술대학 출신으로 지금도 쾰른에서 활동하고 있는 회퍼는 현대미술 분야에서 대표적인 사진작가로 활동했던 구르스키, 스트루서, 루프 등과 함께 베허학파의 1세대 반열에 오른 인물이다. 그녀는 1975년 뒤셀도르프에 위치한 콘라드피셔갤러리에서의 개인전을 비롯해 〈독일의 터키인들〉과 뮤제 데 보자르의 커미션 작 Twelve 프로젝트를 통해 공간의 독특한 분위기를 사진에 담아냈다. 그녀의 작품들은 뉴욕 구겐하임미술관과 게티미술관을 비롯해 미국과 유럽 여러 나라 미술관에 소장되어 있다. 그녀에게 "미술관이라는 공간은 시간이 지남에 따라 천천히 변화하거나 소멸되는 사회적 습관들을 대표하는 장소이고, 작품이 전시된 방식에 따라 변화하는 공간"이었으므로 일생 동안 유럽의 궁전과 대성당, 수도원, 오페라극장 등을 찍어 그 복원과정을 사진으로 보여주려 했다. 그녀는 기원전 1340년경 고대 이집트의 왕비였던 네페르티티의 두상을 비롯해 그리스신화에 등장하는 헤라클레스와 안드로메다의 조각상들을 〈새 미술관 베를린 IV〉에 남겼다. 특히 고대 이집트의 화강암 석관石棺이나 로마 혹은 초기 기독교시대의 석관에 표현된 그림을 통해 영생에 대한 고대인들의 관념을 보여준다. 이뿐 아니라 아프리카, 오세아니아, 중국, 일본, 멕시코 등의 고대 유물 사진을 8각형 돔 구조의 홀에서 촬영하여 자신의 독특한 사진철학을 제시하려 했다. 이런 그녀가 서울 전시회를 가리켜 "공간과 역사에 대한 태도, 그리고 공간 내에서 계절에 따라 변화하는 빛의 순환에 대한 찬사"라고 표현했다. 그렇다고 그녀의 사진철학이 누구나 쉽게 이해할 수 있는 그런 성질의 것은 아니었다.

다음으로 살펴볼 데만트 역시 베허 계열의 작가로 독일 뒤셀도르프아카데미 출신이다. 처음부터 가상과 현실에 대해 자신만의 특유한 언어로 작품 활동을 전개하고 있는 그는 뉴욕, 런던, 베를린에서 전시를 가졌고, 파리 퐁피두센터, 베니스비엔날레, LA현대미술관, 뉴욕 구겐하임미술관뿐 아니라 2008년에는 광주비엔날레 그룹전에도 참여했다. 특히 포스트모던시대에 있어서 사실과 허구, 평면과 입체, 공간과 시간, 진실과 거짓 등의 문제를 현대사진미술의 개념적 다양성이라는 관점에서 보여주고자 했다. 공간의 사진작가답게 데만트는 일본대지진 때 파괴된 후쿠시마원전의 중앙제어실을 종이모형으로 만들어 사진을 찍은 후 그 모형을 부숴버렸다. 그에게 사진은 순간의 단순한 포착이 아니라, 사람이 접근할 수 없는 것들을 보여주는 작업이었으며 이러한 모든 작업 과정까지도 모두 작품에 포함된다. 더 나아가 이와 같은 역사적 사건뿐 아니라, 자신의 내밀한 기억도 작품의 소재로 활용한다. 중앙일보의 권근영과 한영익 기자는 그의 전시회를 소개하면서 "촬영 후 포토샵 등의 보정작업을 거치지 않는다. 사진은 사라져버린 현장을 물상으로 남기기 위한 도구이고, 종이로 만든 현장은 곧 쓰러져버리고 말 약한 조각"이라는 데만트의 말을 인용한 후, 그의 사진은 동일한 질감의 사물들로 이루어져 서늘하고 낯선 분위기를 자아낸다고 덧붙였다. 이들 베허 계열의 작가들은 무엇을 찍을 것인가를 고민하기보다는 어떻게 찍을까를 고민했다고 볼 수 있다. 그들에게는 내용이 아니라 방법이 중요했다는 뜻이다.

　　이와 연관해서 우리는 최근에 캔버스를 이용해 시간을 사진으로 찍고 있는 김아타를 주목하지 않을 수 없다. 그는 이미 The Museum 프로젝트의 〈Nirvana〉 시리즈에서 '불상 앞의 여인'을 공간적으로 처리했고, 또 ON-AIR 프로젝트의 〈아이스 모놀로그〉 시리즈에서는 '대형 얼음으로 조각한 마오쩌둥의 얼굴이 녹아가는 과정'을 시간 공간적으로 처리했다. 더 나아가 Drawing of Nature 프로젝트에서는 마침내 카메라 대신 흰 캔버스 위에 '2년이라는 시간 동안의 자연의 흔적'을 남기려 했다. 그에게는 '자연이 그린 그림'이 바로 사진이 되었다. '사진이 이 세상을 가장 현실적으로 반영하는 예술이라면, 자연의 그림이 어떻게 사진보다 사실적이지 못하다고 말할 수 있는가?'라고 그가 되묻는 것이다. 아니, '이것이 도대체 사진과 무엇이 다른가?'라는 물음이라 할 수 있겠다. 리차드 기어가 불교의 깨달음을 사진으로 찍겠노라 객기를 부렸다면, 김아타는 솔직히 말해 석가모니의 깨달음이란 신기하게도 인도의 보드가야에 설치한 자신의 캔버스에 향불로 구멍을 낸 것처럼 어떤 자국으로 남았다는 것이다. 더욱 적나라하게는 그것이 캔버스에 정말 향불로 남았다기보다는 '보드가야'라는 말을 듣는 순간 우리의 의식 속에 석가모니의 깨달음이 '아하!' 하는 감탄으로 확 다가온다는 것이다. 그에게 사진이란 사물을 눈이 아닌 마음으로 보게 만드는 것이며, 더욱이 사물을 정신으로 사유케 한다는 뜻이다. 한국 사진계에서 차지하는 비중을 고려해 김아타에 대해서는 잠시 후 I장에서 더 자세히 살펴보겠다.

이명호는 한국의 사진가로는 처음으로 미국 로스앤젤레스에 위치한 장 폴 게티미술관에서 전시회를 열었으며, 그의 작품들이 그곳에 소장되어 있다. 뉴욕 사진예술계의 실력자인 요시 밀로Yossi Milo는 네덜란드 FOAMFotografie Museum Amsterdam의 계간지에 실린 이명호의 사진을 보자마자 매우 감탄했다고 한다. 그 인연으로 이명호는 요시 밀로 갤러리에서도 개인전을 열게 된다. 그의 '나무Tree' 연작은 흡사 전통 기법의 회화와 사진을 겹쳐놓은 것 같았으며 여러 호평을 받았다. 김아타와 마찬가지로 이명호 역시 광목을 배경으로 서 있는 나무를 'Tree#3'과 'Tree#11'이라는 제목의 사진으로 찍었더니 신기하게도 사진과 그림의 경계가 없어진 것처럼 보였다고 술회했다. 《아트뉴스Art Nesw》가 2009년 4월호 표지에 '이명호'의 이름을 올리면서 프랑스 에르메스재단, 노르웨이 국영석유회사 스타토일, 미국 투자자문사 피델리티 컬렉션 등에서 그의 작품을 사들였다. 이토록 많은 곳에서 왜 그의 작품을 구입했을까? 한마디로 요약하자면 이명호는 'Tree'라는 연작사진을 통해 캔버스에 자기만의 회화적 분위기를 연출하여 인간이성의 한계를 의식토록 했고, 또 그 이성 너머의 것을 보여주려 한 그의 사진철학을 피력했기 때문일 것이다.

사진, 회화에서 길을 찾다

사실 사진에서 회화의 길을 찾았던 작가로는 먼저 리히터Gerhard Richter (1932~)를 들 수 있다. 구舊 동독지역 출신이었던 그는 드레스덴미술아카데미를 졸업한 후 베를린장벽이 세워지기 직전, 서독으로 넘어와 서구미술의 향연을 마음껏 누렸다. '생존 작가 중 최고'로 꼽히는 그는 사진을 회화적으로 재해석하는 데 성공했다. 그는 1997년에 베니스비엔날레에서 황금사자상을 수상했고, 2002년과 2004년에는 각각 미국 뉴욕현대미술관과 빌바오 구겐하임미술관에서 개인전을 열었다. 이외에도 독일의 경제지인 《카피탈Kapital》은 매년 100대의 작가를 선정하면서 2004년부터 3년 연속 그를 1위로 뽑았고, 프랑스의 《아트 프라이스Art Price》는 2007년과 2008년, 그리고 2010년에 전 세계 사진경매시장에서 거래된 작품 중 그의 사진들이 최고 총액을 기록했다고 보도했다. 이런 성과들은 현대사진계에서 그가 차지하는 비중을 보여주는 대표적인 사례들이라 하겠다.

리히터의 작품들 역시 우리나라를 찾았는데, 2006년 국립현대미술관에 이어 2011년 9월에는 서울 마이클 슐츠갤러리에서 '추상 정신abstract spirit'이라는 모토로 전시회를 가졌다. 20세기 후반 소위 '회화의 종말'에 직면하여, 그는 회화와 사진의 경계를 허무는 방식으로 사진의 새로운 길을 찾았다. 그는 신문이나 잡지에 실린 사진을 회화풍으로 흐릿하게 그려내면서, 사진의 적나라한 현장성과 회화의 모호한 불투명성을 결합했다. 마이클 슐츠갤러리에서의 전시회를 보도하며 중앙일보의 권근영 기자는 "사람은 자신이 하는 일에 믿음을 가져야 하며, 그림을 그리기 위해서는 내적으로 몰입해야 한다. 그것에 한 번 사로잡히면 당신도 결국 회화를 통해 인류를 변화시킬 수 있다고 어느 정도 믿게 된다. 그러나 이러한 열정이 없다면 더 이상 아무것도 할 수 없다. 왜냐하면 회화는 철저하게 바보 같은 짓이니까!"라는 리히터의 청년기 말을 인용했다. 이미 사진에서 회화의 길을 찾아 이 양자의 경계를 허물었던 리히터는 자신만만하게도 "사진은 내가 이전에 미술과 연관시켰던 모든 관습적 규범 없이 다른 비전을 전달해준 이미지이다. 거기에는 양식도, 구성도, 규범도 없었다. 그것은 순수한 이미지였다"라고 선언했던 것이다.

　　회화와 사진, 그러니까 그림과 사진의 경계를 허물려 했던 작가들은 우리나라에도 여럿 있다. 그중에서도 황규태와 한성필을 누구보다 먼저 꼽을 수 있겠다. 이들에게 사진은 더 이상 복제기술의 재현이 아니다. 이들은 사진을 재현예술로 국한해서 보지 않았기에, 다양한 회화적 표현을 확대하기 위해 사진매체를 한껏 활용할 수 있었다. 이런 가능성은 디지털카메라의 등장으로 인해 아마추어와 프로의 경계가 무너진 것과 같이 회화와 사진의 경계를 무너뜨리면서 사진의 회화성을 강조하는 데서 찾을 수 있다.

　　특히 신문보도사진에서 출발한 원로작가 황규태는 1960년대와 1970년대를 거치면서 초현실주의 사진에 몰두했다. 이후 1990년대부터는 컴퓨터 디지털사진에 새로운 관심을 갖게 된다. 그는 사진의 이미지를 수만 배 확대해 새로운 색채와 조형미를 찾아내려 했기에 디지털 카메라와 컴퓨터의 픽셀을 시각화하지 않을 수 없었다. 플루서의 디지털사진철학 이론이 현실적으로 한국에 등장하는 첫 사례라 하겠다. 따라서 1990년대 그의 작품은 "도대체 이게 사진이야, 그림이야?" 할 정도로 감상자들을 헷갈리게 만들었다. 그러나 이것이야말로 이 시대 사진의 큰 흐름인 것이다. 이것을 누가 막을 수 있겠는가!

2011년부터 황규태는 서양 유명 화가들의 명화를 컴퓨터 픽셀로 패러디하여 우리 시대를 풍자하기 시작했다. 보티첼리의 〈봄〉과 로버트 인디애나의 〈LOVE〉 조각 이미지를 합성한 〈스프링 러브〉는 컴퓨터 픽셀이 보여주는 꿈같은 아름다움을 뽑아내는가 하면, 레오나르도 다빈치의 〈최후의 만찬〉을 패러디한 〈패럴랙스〉는 그림을 먼저 촬영한 후 복제하여 반전시킨 다음 요한이기도 하고 마리아이기도 한 두 명이 예수의 어깨에 다정하게 기대는 모습을 보여준다. 더 나아가 〈$$ 바이올린〉에서는 앵그르를 패러디한 만 레이의 작품을 다시 패러디했다. 그는 스스로를 "사진건달"이라고 자칭하면서, "세상을 삐딱하게 보는 시선에 컴퓨터와 이미지를 갖고 노는 것이 나의 사진"이고 "재미있자고 하는 것이 예술이니, 시각적 쾌감이 없는 미술은 죽은 미술"이라고 주장했다. 더 나아가 그는 픽셀로 그리는 사진의 색채감에 대해 "컴퓨터가 부리는 마술"이라고 표현하면서, 스스로 자신의 사진을 "사진 이후의 사진Photography after Photography"이라 평가할 정도로 디지털의 세계에 흠뻑 빠져 있다. 감히 디지털시대의 대표적인 사진작가라고 부를 수 있을 것이다.

이와는 조금 다른 차원에서 젊은 작가 한성필은 눈속임까지도 하

나의 예술이라고 주장한다. 그는 그림과 사진의 경계가 무너지고 있음을 표현하기 위해, 아니 그 경계의 모호함을 노골적으로 극대화하기 위해 밤과 낮이 함께하는 '매직 아워Magic Hour'에 촬영을 감행했다. 그는 건물의 정면 혹은 전면을 뜻하며, 비유적으로는 사물의 외관 허울 등을 의미하는 가림막 '파사드Façade' 작업과 눈속임의 회화 전통을 모두 수용했다. 그 결과 실제로 공사 중인 건물을 완공 예상도로 가리는 가림막을 촬영해 현실과 가상의 관계를 사진으로 표현했다. 이처럼 가상과 현실의 경계를 넘나드는 작업은 그의 오랜 관심사였다. 우리는 여기에서 플라톤을 되살려 "지금 우리의 이 현실이 가상이 아니고 무엇인가?"라고 되묻는 플루서의 한 측면을 정확히 발견할 수 있다. 한성필은 벽화가 그려진 유럽 건축물들의 정면과 후면, 측면을 사진으로 찍은 후 이를 이어 붙여 건물의 조감도처럼 재구성했다. 그 결과 그는 자신의 작품이 어디까지 그림이고, 어디부터 사진인지를 구별할 수 없게 만들어 작품의 모호성을 극대화한다. 이것은 곧 예술적 창조성과 연관된다. 특히 그는 2010년 베를린의 마르크스·엥겔스 동상 해체 작업을 사진영상으로 남기면서 "3차원을 2차원에 재현한 사진을, 다시 3차원으로 되돌린 복제 동상"이라고 말했다. 그 스스로 디지털사진작가임을 자임하지는 않지만, 우리는 그가 디지털사진의 철학이론을 마련한 플루서와 맥을 같이한다고 평가할 수 있겠다. 더구나 "제 작업은 포토샵이나 대형 출력기술 없이는 불가능해요. 기술 발달에 따라 예술도 발달합니다. 제게 사진은 여러 장르가 만나는 통섭의 한 미디어일 뿐"이라고 한 그의 표현은 이런 평가의 방증이라고 할 수 있겠다.

이들 외에도 우리가 관심을 갖고 지켜볼 국내작가들로는 산악사진가인 안승일, 소나무사진으로 유명한 배병우, 란蘭스튜디오의 김재

환, '배움의 길, 기록을 따라가다'의 강신표, 그리고 생활주의 리얼리즘 계열의 임응식, 육명심, 한정식, 강운구, 최민식, 차용부, 김기찬 등의 원로 사진작가들과 권부문, 구본창, 임영균, 권태균 등의 중견 사진작가들, 그리고 차세대를 이끌어갈 구성수, 노순택, 백승우 등이 있다. 이들과 함께 앞에서 이미 언급한 이명호, 한성필 등이 세계적으로 점차 지명도를 넓혀가고 있다. 이외에도 한국 광고사진계의 대부로 알려진 김한용은 30여 년간 광고사진에 몰두하고 있다. 그는 1959년에 이미 광고사진 스튜디오인 사진연구소를 설립하여 가난한 시대에 갖는 풍요로움의 꿈을 사진으로 찍으려 했다.

우리는 일반 아날로그사진에서 디지털사진으로 이어지는 작가들을 염두에 두었기 때문에 앞서 몇몇 작가들과 작품만 간략히 짚어보았다. 왜냐하면 이 책의 궁극적 목적이 사진의 역사를 문예예술사적으로 조명한 발터 벤야민과 디지털사진이론을 체계적으로 정리한 빌렘 플루서의 사진철학에 대한 해석학적 고찰이기 때문이다.

2. 사진과 인간의 의식

우리는 먼저 사진과 사람의 관계를 가시적으로 설명하기 위해 사실의 사진, 의미의 사진, 의식의 사진을 하나씩 검토하면서 그 구체적인 사례를 들어 설명하겠다. 물론 이 세 가지 외에도 수많은 경우의 사진들이 있을 것이다. 하기야 오늘날처럼 볼거리가 지천인 세상에서 사진에 대한 일가견을 갖지 않은 사람들이 얼마나 되겠는가! 더구나 포토로그에는 매일 매일 50여 만 장에 이르는 새로운 사진이 업로드되고, 한 달에 약 20억 장의 이미지가 조회된다고 하니 그 방대한 규모와 사람들의 관심을 가히 짐작할 수 있다. 그러므로 우리가 여기서 몇 가지 문제를 설정하거나 해석을 시도한다 해도 그 한계는 분명하다. 그럼에도 불구하고 사진의 세 가지 유형을 임의로 제시하여 그 특징을 밝혀보려는 것은 그 작업이 사진과 사람의 관계를 부분적으로나마 가시적으로 보여줄 수 있기 때문이다.

사실의 사진

처음으로 볼 사진은 2004년 이후 줄곧 철학고전을 함께 읽어온 우리들을 찍은 사진이다. 모두 몇 명일까? 사진에 보이는 바로는 분명 아홉이다. 그러나 실제는 아홉 명이 아니라 모두 열 명이다. 왜냐하면 사진의 앞면에 보이는 사람들은 분명 아홉이지만, 이 사진을 찍은 또 한 사람이 사진의 뒷면에 있기 때문이다. 사진을 찍어준 사람이 없었다면 아홉 명의 이 사진도 사실상 세상에 존재할 수 없었을 것이다. 그렇게 본다면 우리들에게 더욱 중요한 사람은 사진을 찍은 바로 그 사람이 아닐까? 그렇다면 그는 도대체 누구일까?

앞면의 사진을 아무리 보아도 보이지 않는 이면의 그 한 사람. 그는 지금 우리 눈에 보이지 않지만, 분명히 우리 앞에 서서 우리를 찍었기 때문에 여기 이 한 장의 사진이 남게 되었다. 그는 사진의 한 '피사체'인 우리와 다른 한 사진가이다. 우리는 사진으로 찍히는 대상이고, 그는 우리를 사진으로 찍는 주체이다. 주체와 대상은 물론이고, 사진의 앞면에 나타나 있는 아홉 명도 모습이나 성격, 성별이나 관심이 모두 다르다. 그러나 이 사진은 '철학을 공부하는 스터디그룹'이라는 하나의 사실 단위로 묶인다. 이렇게 하나로 묶인 사실 단위가 사진 뒷면의 또 다른 한 사람과 함께 열 명의 깊은 뜻이나 목적의식을 지목할 때 비로소 사실 단위는 의미 단위로 전이될 수 있다. 이럴 때, 이들 모두는 '지금 여기'의 사실로만 존재하지 않고, 미래의 각기 다른 자기 자신들로도 존재하게 된다. 임신 중의 태아는 동사무소의 주민등록표에는 존재하지 않지만, 이미 한 생명의 생성으로 존재하는 것 아닌가!

필자는 1954년에 일제 카메라를 들고 두 명의 친구와 함께 어느 공원에서 처음으로 사진을 찍었다. 그 후 6, 70년대 독일에서 유학생활을 하면서 Nikon F와 Leica M4 카메라로 유럽 여러 나라 사람들과 자연, 건물 등을 가리지 않고 36mm 필름$_{Dias}$에 그 모습을 담았다. 프랑스 파리는 물론이고 네덜란드, 벨기에, 룩셈부르크, 스위스, 이탈리아의 유명한 장소들, 심지어 영국의 여러 도시들까지 시쳇말로 닥치는 대로 모두 사진으로 찍었다. 그러면서 네가티브 현상도 하고, 수천 장의 슬라이드를 손수 만들어 지금까지 보관하고 있다. 말 그대로 슬라이드를 지금까지 보관만 하고 있을 뿐, '그 당시 나는 이런 사진들을 찍었노라'고 내놓을 수 없다면, 나는 그 많은 시간과 노력은 물론이고 돈을 낭비만 했던 것일까?

그 당시 내가 가진 사진기는 제법 좋은 기종에 속했다. 따라서 사진의 물적 조건과 그 효과는 무척 좋았다. 그럼에도 불구하고 '좋은 사진', 즉 '가치 있는 사진이 아니라'는 사실에 나 스스로 실망할 수밖에 없었다. 왜 좋은 사진들이 될 수 없었을까? 만일 '좋은 사진'이었다면 지금까지 습기 가득 찬 창고에 방치되어 있지는 않았을 것이다. 분명 '좋은 사진'이 아니기 때문에 방치되어왔고, 결국 복제물의 잉여처럼 쓰레기장으로 가게 될 운명일 게다.

그렇다면 과연 '좋은 사진', 즉 '가치 있는 사진'이란 어떤 것일

까? 똑같은 사진인데 왜 어떤 사진은 가치가 있고, 어떤 사진은 가치가 없을까? 그 척도는 무엇일까? 사람일까? 자연일까? 도대체 사진이란 무엇이고, 더군다나 사진철학이란 무엇인가?

의미의 사진

그것이 어떤 일이든 생명에 대한 불상사는 본인과 그 가족에게는 물론이고, 다른 사람 모두에게 큰 아픔으로 다가온다. 왜냐하면 그것은 존엄한 생명에 대한 인위적인 훼손이기 때문이다. 생명의 고리는 우선 생물학적으로 어머니에게 걸려 있다. 그래서 엄마와 자식, 이 관계는 두 생명의 관계로 볼 때 원초적이다. 누구도 이 관계를 임의적으로 차단해서는 안 된다. 비록 차단한다고 해도, 그 차단은 곧 새로운 생명으로 승화되어 의식으로 다시 되돌아온다. 아들은 엄마의 품속에 있고, 그 품속의 아들은 늘 그대로의 아들이다. 아들은 엄마의 분신이고, 바로 엄마 자신이다. 오죽하면 죽은 아들을 가슴에 묻는다고 했겠는가! 그런 아들의 사진은 그저 한 장의 사진이 아니라, 지금도 살아서 엄마를 애타게 부르고 있는 아들 자체이다. 귀에 쟁쟁하기만 한 그 아들이 어찌 내 곁을 떠나갈 수 있단 말인가! 결코 나를 떠날 수 없는 내 아들. 그 아들이 오늘 이 사진 속에만 있다니, 이해가 되지 않는다. 아무리 지금 사진 속에 내 아들이 있다고 해도 그 아들은 내 안에 살아 있지 않을 수 없다. 바로 지금 이 순간에도 그 아들이 나에게 "엄마"라고 부르며 달려 나올 것 같기 때문이다.

  사진 속의 아들이 정말 그대로 살아 있긴 할까? 아니면 이 세상을 떠나 고통도 죽음도 없는 영원한 안식처로 떠난 것일까? 그렇다면 어머니는 왜 저토록 애절하게 그 아들의 얼굴을 쓰다듬고 있을까? 분명

오열하는 천안함 유가족, 2010년 4월 25일, 경향신문 제공

그 아들은 죽지 않았다. 어떻게 어머니가 살아 있는데 아들이 먼저 죽을 수 있단 말인가! 그래서 그는 우리 모두 안에 늘 살아 숨 쉬고 있다. 이러한 모든 여운과 모습을 그대로 가능케 한 것이 바로 사진이라면, 도대체 사진이란 무엇이고, 그 사진의 의미는 무엇일까?

　　세계 최초로 유치원을 창설한 프뢰벨F.W.A. Fröbel(1782~1852)은 아동의 내적인 신성이 자연물과의 친근함을 통해 발현된다고 주장했다. 어린아이의 손에 들린 목각기차가 눈 내리는 크리스마스를 맞아 고향으로 달려간다면, 프뢰벨은 그 기차를 그저 장난감으로만 여기지 않고 실제의 기차로 간주하였다. 어찌 어린아이들에게만 해당한다고 말할 수 있겠는가! 우리 속담 중에서 '마음만 잘 먹으면 북두칠성이 굽어보신다'는 말이 이를 대신한다. 사람은 사실(경제)로만 살지 않고, 의미로도 산다. 물론 그러한 사실의 의미는 인간의 의식으로 지양한다.

의식의 사진

김아타[1]는 '연장노출extended exposures'과 '다중노출multiple layering' 기법을 이용해 자신의 사진작품들을 창작했다. 그가 이러한 기법으로 표현하고자 한 것은 과연 무엇이었을까? 짧게는 몇 분에서 길게는 수십 시간까지 카메라의 조리개를 열어두고 이미지를 포착하는 연장노출은 움직이는 것들의 형체를 모두 사라지게 만들고, 이미지를 수십 번 중첩하는 다중노출은 사물이 원래 가지고 있던 이미지를 흐리게 만든다. 그 결과 본래의 모습은 사라지고 흐릿한 형체만 남는다. 얼음조각의 녹는 장면이 꼭 그렇다. 그는 ON-AIR 프로젝트의 〈셀프 포테레이트〉 시리즈, 〈아이스 모놀로그〉 시리즈, 〈The Sex〉 시리즈 등을 통해 '존재하는 모든 것은 결국 사라진다'는 사실을 표현하려 했다. 이러한 것이 그 자신의 '존재'에 대한 실존론적이고 존재론적인 '세계-내-존재 Das In der Welt Sein'[2]라고 하는 시리즈이고, 절대적 이념에서 일상적 삶으로 흘러내리는 '해체Deconstruction'[3]라는 시리즈이며, 유리관 속의 성과 폭력, 이데올로기 등으로 가득 찬 The Museum 프로젝트라는 시리즈이다.

여러 작품 중에서도 특히 〈아이스 모놀로그〉 시리즈는 사진에 대한 작가의 의식을 직접적으로 보여준다. 얼음은 시간이 지나면 저절로 물이 되어 본래의 얼음이었던 그 존재는 사라지고 만다. 투명하고 딱딱하기만 하던 얼음덩이 '고체'는 형태를 잃어버린 물이라는 '액체'가 되고, 그런 액체는 다시 형태조차 날려버린 수증기라는 '기체'로 변하고 마는 것임을 김아타는 〈아이스 모놀로그〉 시리즈를 통해 표현했다. 그는 마오쩌둥과 마릴린 먼로 등 그 시대의 상징적이고 절대적인 인물들의 모습을 얼음으로 조각한 후 녹아내리는 과정을 스틸사진으로 담아내 세계를 놀라게 했다.

사진이란 참으로 불가능한 순간, 예를 들어 1/125초에서 1/15초의 순간적인 모습을 담아내는 기술이며, 한 순간을 절묘하게 포착하여 영원으로 잇게 하는 예술이다. 순간이 곧 영원으로 이어진다. 그러나 김아타는 사진의 이러한 속성을 보여주기보다는 오히려 정면으로 역행하여 존재의 소멸 과정을 사진의 속성으로 포착했다. 살아 펄떡이는 물고기가 냇물을 거슬러 올라가듯 이는 전통적 사고에 대한 역행이고, 이러한 역행이 그에게는 곧 새로운 창조의 원동력이 되었다. 따라서 그는 초기의 The Museum 프로젝트에서는 박물관에 소장된 유물에 의미를 부여하듯 존재하는 모든 사물에 의미를 부여해 '모든 사물에는 존재의 가치가 있다'는 주장을 담았다. 또 ON-AIR 프로젝트의 8시간짜리 노출 작품에서는 '모든 존재는 결국 사라진다'는 자신의 고유한 철학을 선언하게 된다. 결국 그에게는 The Museum 프로젝트가 ON-AIR 프로젝트로 '해체'되어 되돌아온 것이다.

《뉴욕타임스》는 이런 김아타를 "철학적 사고가 지극히 참신한 작가"라고 극찬함으로써 그를 세계적인 작가로 주목받게 만들었다. 무엇보다 마오쩌둥의 얼굴을 얼음에 조각한 후 녹아내리는 과정을 담은 연작사진은 '아무리 위대한 이념도 세월 앞에서는 얼음처럼 녹아 사라진다'는 자신의 철학을 자신만의 방식으로 표현한 작품이다. 이는 파르메니데스로 대표되는 존재의 철학과 헤라클레이토스로 대변되는 생성의 철학을 얼음조각의 연작사진으로 기막히게 보여준 것이라 하겠다. 빌 게이츠는 이 연작사진을 1억 원 가까운 금액을 주고 구입했다. 도대체 그는 왜 이 사진을 그런 큰돈을 주고 구입했을까? 사진의 미적 매력 때문일까, 아니면 작가의 미적 매력 때문일까? 무엇 때문이었을까? 흘러내리는 얼음조각의 물적인 사진 때문일까? 아니면 그러한 얼음조각의 사진 이면에 있는 사람 때문일까? 만약 그렇다면 이때의 사람이란 작가의 의식을 말하고, 그러한 작가의 의식은 곧 그의 철학을 말하는 것 아닌가! 그렇다면 이는 곧 빌 게이츠가 김아타의 '철학'을 1억 원이나 주고 샀다는 말이 된다. '철학'의 값치고는 대단하다. 그만한 가격이면 누구든 철학을 전공하려고 머리를 싸맬 것이 아닌가! 그러나 현실은 그렇지 않다. 철학 자체는 허공에 뜬 것이 아니던가! 좋게 표현해서는 일종의 이념이 아닌가 말이다. 그런데 바보가 아닌 이상 어느 누가 그만한 거금을 철학 자체에 투자하겠는가!

그럼에도 불구하고 한 가지 분명한 것은 철학 자체는 아니라 하더라도, 사진이라는 것이 현실적이고 실재적이라면, 그 근거가 이미 그러한 철학적 존재 구조에 내재할 때 비로소 가능하게 된다는 사실이다. 따라서 이때의 사진은 필연적으로 장치적 요소를 가지게 되고, 이를 실현하기 위해서는 철학을 전제로 하게 된다. 그렇다면 얼음조각의 이 사진 역시 물物적인 것과 인人적인 것 중 하나가 아니라, 이들을 포괄하는 양자 모두의 논리에서만 가능하다. 대상존재와 자기의식을 함께 아우르는, 다시 말해 현실과 철학을 하나로 가지는 것이다. 이러한 현실과 철학의 통섭이 작가에게는 ON-AIR 프로젝트에서 '존재하는 모든 것은 결국 다 사라진다'라는, 즉 '아무리 위대한 이념도 세월 앞에서는 얼음처럼 녹아 없어진다'는 자기의식의 사진으로 드러나게 된다. 즉 자신의 철학으로 요식화되었고, 그것이 결과적으로 얼음조각 사진의 값을 치올린 것이다. 이렇게 그는 사진작품의 진리를 자신만의 의식방식으로 표현했고, 독창성과 예술성을 자신의 '철학함'으로 표현했다. 이에 그가 여러 가지 방식으로 표현하고 있는 '지속성'과 '동시성'에 대해서도 세계의 사진계는 크게 주목하는 것이다. 최근에도 그는 뉴욕, 베이징, 상하이 등에서 ON-AIR 프로젝트 작업을 통해 시간 속에서 사라지는 존재에 대한 탐구를 지속해왔다.

이 시점에서 특히 주목해야 할 것은 그가 2009년부터 한국을 비롯해 전 세계에서 진행하고 있는 'The Project-Drawing of Nature'라는 작업이다. 이 프로젝트는 전 세계의 성지나 분쟁지역에 '백지白紙, tabula rasa'의 캔버스를 설치해놓고 흙, 모래, 바람, 벌레, 날짐승, 들짐승 등 자연의 모든 것이 흔적으로 남긴 그림을 2년 후에 수거하는 작업이다. 그러고 보면 이 작업은 카메라 대신 캔버스에 사진의 노출기법을 적용한 것이라고 하겠다. 몇 분 혹은 몇 시간의 노출이 아니라 무려 2년이라는 세월을 허용한 다음 새로운 양식의 사진을 찍는 셈이 된다.

이 자체가 그의 기발한 아이디어라 할 수 있다. 이미 미국의 뉴욕, 중국의 베이징과 허난성, 일본의 도쿄와 히로시마, 인도의 보드가야와 건지스 강변, 한국의 DMZ와 향로봉 등 전 세계 30여 곳에 그런 캔버스를 설치했고, 폴란드의 아우슈비츠, 이스라엘의 예루살렘, 이집트의 나일 강변 등에는 2011년부터 캔버스를 설치 중이라고 한다.

그는 왜 캔버스에 자연의 흔적을 그대로 남기려 할까? 자연이 캔버스에 그린 그림은 인간이 그려낼 수 없는 그 장소의 위상과 정체성을 숨김없이 그대로 반영하기 때문이다. 그가 "석가모니가 깨달음을 얻은 보드가야에 설치한 캔버스에는 신기하게도 향불로 구멍을 낸 것처럼, 또 히로시마의 캔버스에는 눈물이 흐른 듯한 자국이 남아 있어요. 사실 캔버스에 정말 향불이나 눈물의 자국이 남았다기보다는 보드가야나 히로시마라는 말을 듣는 순간 우리의 인식 속에 석가모니와 원폭이 작용한 것이겠죠"라고 한 말은 예술의 무한한 상징적 가치와 인간의 무한한 예술적 가치를 결합한 그의 철학적 구상력을 표현한 것이라 하겠다.

2003년부터 2009년까지 그가 진행한 〈인달라〉 시리즈의 연장선상에 '자연이 그린 그림'이 있다. 〈인달라〉 시리즈란 동일한 도시나 동일한 작가의 작품을 1만 컷 이상 찍어, 그 디지털이미지를 층층이 포갠 작품이다. 김아타에 의하면 "뉴욕의 곳곳을 찍은 사진 1만 컷을 포갰더니 회색 면만 남았다"고 한다. 아무것도 없는 것처럼 보이는 회색 면에는 우리가 상상할 수 없는 엄청난 이야기가 들어 있다. 그로 인해 비로소 사진이란 눈앞에 그냥 보이는 사진이 아니라, 우리로 하여금 사유케 하는 사진으로 진화한 것이다.

The Project-Drawing of Nature N37 68 02 E127 85 47 under the ground, 150cm×190cm, 2012

〈캔버스 위를 움직이는 표면들〉

이밖에도 우리는 경주 아트선재미술관에서 있었던 〈캔버스 위를 움직이는 표면들〉이라는 전시회[4]를 눈여겨볼 필요가 있다. 이 전시회의 목적은 인간이 타인과의 관계를 어떻게 마련하고, 더 나아가 세계와의 관계 역시 어떻게 마련하는가를 설명하기 위한 것이었다. 특히 이들 양자의 의사소통 수단이 오늘날에는 필연적으로 미디어 기술일 수밖에 없음을 보여주려 했다. 이에 지금까지는 생소하기만 하던 방법을 채택했는데, 영상의 표면에서 끊임없이 변화하는 의미를 감상자들이 찾아보도록 한 것이다. 이를 위해서 첫 도입부에 백남준의 작품 〈고대 기마인상: Robot on a Horse, 1991〉을 전시했다. 왜냐하면 모니터의 표면 위에서 움직이는 이미지들은 인간의 경험은 물론이고 인간의 인식마저 참과 거짓을 가릴 수 없게 만들기 때문이다.

이 전시회에 참여했던 노순택은 자신의 사진 〈얄웃한 공: the straAnge ball〉을 통해 우리 시각을 획일화하는 미디어 지배의 의미를 짚고자 했다. '얄웃한 공'이라는 표제가 말하듯이 이 작품은 한 장소에서 일어나는 여러 가지 의미연관성을 드러낸다. 사진은 주제만이 아니라, 그 방식 역시 기록적이면서도 새로운 의식을 불러일으킨다. 이런 방식은 정치적이고 사회적이며, 동시에 문화적인 내용까지 모두 드러내 보인다. 그러나 우리는 이들이 사진을 통해 무엇을, 어떻게 표현하고 있는지 눈여겨볼 필요가 있다. 특히 왜 그런 내용을 그렇게 표현해야 하는가의 근거에 대해서도 되물어볼 필요가 있다. 작가 자신의 독창성은 무엇이고, 그 작가의 철학은 무엇이며, 그 표현은 어떠한가? 등이다. 도대체 사진이란 무엇이고, 사진에도 '철학'이 있을까? 있다면 그러한 철학은 도대체 무엇일까?

3. 디지털시대의 사진

사진에 대한 눈높이

취미로 사진을 찍는 사람이라면 사진에 대한 전문적인 지식 없이 상식만 있어도 충분하다고 생각한다. 그러나 상식이란 게 개인적이고 개별적이어서 아주 주관적이다. 주관적이기 때문에 상식적 사고는 상대적이면서 가변적일 수밖에 없고, 그 결과 객관성과 지속성을 유지하기 어렵다. 이처럼 상대적이고 주관적인 일상생활에서 오는 한계를 극복하는 것이 바로 객관적이고 과학적인 사고이며, 그러한 과학적 사고의 결과가 원리원칙에 근거하는 객관적 법칙을 가능케 한다. 법칙은 사태의 진행을 미리 예견하거나 예측할 수 있게 한다. 이로써 과학은 구체적인 지식 획득의 가능성을 보장하면서 합리적 효과를 극대화하고, 따라서 철학적 주장의 의미나 해석을 실험과 검증을 거쳐 확신케 만들기도 한다. 그럼에도 불구하고 과학적 사고의 한계는 그 자체의 논리성 때문에 전체적이고 근원적인 탐구에 대해서는 속수무책일 수밖에 없다. 이에 반해 철학은 그러한 과학의 원리나 법칙을 하나로 통일시켜 원리의 원리까지 사고함으로써 과학의 한계를 극복한다. 그 결과 철학적 사고는 일상적 삶의 상식과 과학적 판단을 내포하면서 그를 초월하는 논리적 합리성과 보편성의 근거를 마련하고, 그 근거를 바탕으로 전체성과 근원성까지 밝혀내려 한다. 그러나 일상적 사고나 과학적 사고는 물론이고, 심지어 철학적 사고까지도 인간의 삶 전체에 연관되어 있다면 그 어느 하나도 소홀히 할 수 없다. 설령 칸트가 경이로움에 감탄하며 철학을 "별들이 반짝이는 하늘과 내 마음속에 생물처럼 흐르는 양심"이라고 선언했다손 치더라도, 철학은 가장 현실적이고 직접적인 물음에서 출발해야만 한다.

　철학은 자명한 사실에 대한 물음에서 시작한다. 그러면서도 동시에 그러한 사실의 의미에 대한 이해에서 시작해야 한다. 1+1은 2이지, 왜 1이 아닌가? 일상적으로 우리는 1, 2, 3과 같은 숫자를 가장 명백한 사실로 간주한다. 하기야 1+1=2라는 것만큼 분명하고 명백한 사실이 또 어디 있겠는가! 하나는 하나이고, 둘은 둘이니, 하나 더하기 하나는 둘이 맞다. 그러나 일상적인 우리의 현실은 이러한 수식으로 모든 게 설명될 수 없다. 옷을 재단하기 위해선 가위가 필요하고, 한잔의 맥주를 마시기 위해서는 병따개가 필요하다. 가위 하나와 병따개 하나는 각각으로 보면 분명 둘이나, 병따개가 달린 가위는 둘이 아니고, 그냥 하나이다. 우체국에서는 우편뿐 아니라, 보험과 펀드까지도 가입할 수 있다. 일석이조, 일석삼조 혹은 그 이상도 가능하다. 요즘 우리가 사용하는 스마트폰에는 카메라는 물론이고, 메일과 각종 사무 처리에 필요한 수십 가지 기능이 모두 들어 있다. 그러니 이제 숫자는 숫자만이 아니다.

　우리가 쓰고 있는 문자 역시 숫자와 전혀 다르지 않다. 그러나 문자는 문자 자체로 중요한 것이 아니라, 문자가 가지고 있는 의미가 중요하다. 따라서 그러한 의미란 이해되어야 하는 것이고, 이해하는 주체는 반드시 살아 있는 사람이어야 한다. 만약 염라대왕이 몇 년 몇 월 며칠 몇 시까지 명부冥府(저승)로 오라는 통지서를 모처에 사는 김 서방에게 전하라는 명을 동자에게 하달했고, 동자가 그 명을 바로 수행했으나, 김 서방이 그 통지문을 받고도 내용을 이해하지 못했다면, 그날 그 시각까지 명부에 도착하지 못했을 테고, 김 서방은 결국 더 큰 벌을 받게 될 것이다. 이처럼 문자는 그 자체가 중요하다기보다는 문자의 내용을 이해하고 실행하는 일이 중요하다. 사람의 눈물도 마찬가지이다. 눈물이란 사실 그 자체로만 보면 맑은 액체이고, 약한 알칼리성을 띠며, 98%의 수분과 나머지 2%는 소량의 소금과 단백질, 인산염 등으로 구성되어 있다. 그러나 눈물의 의미는 눈물의 객관적인 사실과는 다르다. 졸지에 남편을 잃은 젊은 아내의 눈물이나 뜻밖에 아들을 잃은 어머니의 눈물은 그냥 눈물이 아니라 피눈물이다. 이러한 피눈물은 슬픔의 눈물이나 기쁨의 눈물 그 이상의 의미를 갖는다. 이처럼 눈물의 의미가 인생을 가장 상징적으로 표현한다면, 눈물은 곧 인생이 무엇인가라는 인생철학, 즉 인간의 의식을 말해주기도 한다.

여성의 월경에서도 사실과 의미, 그리고 그에 따른 의식이 그대로 나타난다. 사실로서의 월경이란 성 성숙기에 있는 여자의 자궁에서 주기적으로 출혈하는 생리적 현상을 말하지만, 의미로서의 월경은 새로운 생명을 잉태할 수 있다는 가능성을 말해준다. 바울은 고린도전서 13장에서 "사랑은 오래 참고, 사랑은 온유하며, 투기하는 자가 되지 아니하고, 사랑은 자랑하지 아니하며, 교만하지 아니하고, 무례히 행치 아니하며, 자기의 유익을 구치 아니하고, 성내지 아니하며, 악한 것을 생각지 아니하고, 불의를 기뻐하지 아니하며…그런즉 믿음, 소망, 사랑, 이 세 가지는 항상 있을 것인데, 그중의 제1은 사랑이라"고 말했다. 만일 그가 사랑을 '이다'의 논리로만 서술했다면, 사랑은 한정 내지 제한되었을 것이고, 제한을 받는 것은 이미 사랑이라 할 수 없다. 그러므로 그는 '이다'가 아닌 '아니다'라고 하는 부정성의 논리로 인간의식의 사랑을 철학적으로 말할 수 있었던 것이다.

자명한 사실에 대한 물음과 의미에 대한 물음, 그리고 그 의식에 대한 물음을 되물음으로써 우리는 사진이 무엇이고, 사진과 인간의 관계가 무엇이며, 또한 그러한 관계에서 "사진의 철학이란 어떻게 가능한가?"를 물을 수 있는 계기를 마련하게 된다. 이러한 과정을 장치인 사진기와 사진기에 내재된 프로그램을 조작하는 사진가의 관계에서 밝힐 것이다. 또 인간과 인간의 자유에 이르기까지 우리는 사실에 근거한 과학적 사고와 의미에 근거한 해석학적 사고, 또한 이 전체를 포괄하는 철학적 사고에서 짚어내야만 한다. 이러한 것들이 무엇이든 현상들의 이면에 있는 본질로서의 철학은 무엇이고, 그러한 철학으로 본질을 드러낼 수 있는 것이 무엇인가를 우리는 사진을 통해서 살펴보려 한다.

아날로그사진의 역사

사진의 사전적 의미는 "물체의 형상을 감광막 위에 나타나도록 찍어 오랫동안 보존할 수 있게 만든 영상으로, 물체에서 오는 광선을 사진기 렌즈로 모아 필름, 건판 따위에 결상結像을 시킨 뒤, 이것을 현상액으로 처리하여 음화를 만들고 다시 인화지로 양화를 만든다"[5]라고 정의되어 있다. 그러나 처음에는 사진촬영이 불가능하다고 여겨졌다. 왜냐하면 순간이란 어떤 기술로도 포착할 수 없는 것으로 간주되었기 때문이다. 그러면서도 정작 사진기의 단초는 이미 고대 그리스의 아리스토텔레스 시대까지 거슬러 올라간다. '어두운 방dark chamber', 즉 카메라 옵스큐라 camera obscura의 한 면에 구멍으로 뚫고, 그곳을 통과한 광선이 물체의 상을 잡아냄으로써 사진의 가능성을 발견했던 것이다. 그 후 르네상스 시대에는 레오나르도 다 빈치 등 많은 화가들이 그림을 그리기 위한 도구로 이것을 이용하였고, 1550년 카르다노Girolamo Cardano(1501~1576)의 볼록렌즈에 의해 마침내 영상이 나타나게 된다.

그러나 엄밀하게 말해 최초로 영구사진의 기틀을 마련한 인물은 니엡스Joseph Nicéphore Niépce(1765~1833)와 다게르Louis Jacques Mandé Daguerre(1787~1851)였다. 니엡스가 석판인쇄lithography 방식으로 자연의 상을 자연스럽게 헬리오그래피heliography(1826)로 옮겼다면, 니엡스에게 자극받은 다게르는 헬리오그래피보다 짧은 시간 안에 디테일과 톤이 풍부한 상을 얻을 수 있는 다게레오타입Daguerreotype(1837)을 완성했다. 즉 은판 혹은 은도금 동판에 포착한 사진을 만들어낸 것이다. 니엡스가 최초의 사진 이미지를 만들어냈다면, 다게르는 최초의 동판사진을 만들어냈다고 할 수 있다.

1839년에 프랑스 과학아카데미French Academy of Sciences가 마침내 다게레오타입을 인정했다. 또 같은 해에 영국인 탈보트William Henry Fox Talbot(1800~1877)가 칼로타입calotype에 성공하여 종이 위에 이미지를 만들어내면서 오늘날의 사진을 가능케 했고, 복제성의 가치마저 깨닫게 했다. 이렇게 보면 사진은 1839년에 탄생했다고 말할 수도 있다. 그럼에도 19세기 중엽에 이르러서야 비로소 사진다운 사진이 포지티브영상으로 나오게 된다. 1860년대에 이르러 수백만 장의 사진이 복제되어 유통되기 시작했고, 1884년에는 미국의 이스트먼George Eastman (1854~1932)이 롤필름Rollfilm을 만들어 만인을 위한 사진, 소위 사진의 대중화를 열었다. 물론 그 이전인 1861년에 영국인 물리학자 맥스웰James Clerk Maxwell(1831~1879)이 삼원색인 빨강, 파랑, 노랑을 기술적으로 혼합하여 컬러사진을 만들어내는 데도 성공했다. 1860년대에는 이런 컬러사진Kodachrome 덕분에 초기 인물사진이 등장하게 되었고, 사진이 곧 신비로 여겨지기도 했다.

특히 초기 극동지역의 여행사진은 서양인들에게 이국적 호기심을 극대화시켰으며, 크리미아전쟁Crimean War(1853~1856)의 비극은 질병과 굶주림, 그리고 무엇보다 혹독한 기후로 인해 사진의 현장감을 유감없이 발휘하게 만들었다. 특히 미국의 남북전쟁American Civil War (1861~1865) 당시에 사진은 전쟁의 참상을 적나라하게 보여주었다. 이와 함께 그 자신이 이민자였던 리스Jacob August Riis(1849~1915)는 1894년 〈이탈리아 이주민 넝마주이의 집Home of an Italian Ragpicker〉으로 뉴욕의 슬럼가를 들춰내 보여주었다. 이 시대의 스테레오타입 사진은 걸어가는 사람, 달리는 말과 마차의 운동을 보여주는 최초의 사진들이었으며, 눈으로 볼 수 없던 순간을 보여주는 데 성공했다. 이 가운데서도 1900년대에 기록으로서의 현장사진을 남긴 사진작가들로는 나다르, 앗제, 잔더 등을 언급할 수 있다.

프랑스 파리 출신인 나다르Félix Nadar(1820~1910)의 본명은 가스파르 펠릭스 투르나숑Gaspard Félix Tournachon으로, 언론가, 소설가, 풍자화가로 활동했다. 그러던 중 문예인, 정치인, 예술인, 배우 등 당대 유명인들의 초상사진을 찍으면서 그 자신이 더욱 유명해졌다. 특히 모험심이 강했던 그는 기구를 이용해 하늘에서 내려다본 파리 시내의 전경을 최초로 사진에 담았는데, 이후 항공사진에 매료되어 모든 사업을 접고 사진에만 몰두하였다. 1850년대 보들레르, 네르발, 들라크루아, 베를리오즈 등의 초상사진을 찍어 그들의 내적인 심리와 개성까지 모두 표현하였다. 배우들의 사진 역시 단순히 얼굴만을 찍는 초상이 아니라, 배우의 연기 일체를 찍었다. 표정과 분장, 제스처와 의상, 그리고 무대까지 재현하여 오늘날 연예인 화보사진의 원형을 가능케 했다. 특히 그는 이들 부르주아지의 신분 과시나 배우들의 인기 관리를 위한 초상사진의 모델이미지를 메이크업하기 위해 리터칭retouching을 도입했다. 처음에는 촬영과정이나 인화과정의 기술에 한정했으나, 점차 모델을 더

리스, 이탈리아 이주민 넝마주이의 집, 1894

욱 부각시키기 위해 전문 수정가에게 이 작업을 맡기기도 했다. 더 나아가 그는 '명함사진carte de visite'이라는 초상사진의 새로운 기법을 마련하여 4장에서 8장의 다양한 사진을 명함처럼 만들어서 프랑스 부르주아 사교계에 돌풍을 일으키기도 했다.

앗제Eugène Atget(1857~1927) 역시 프랑스 출신이었지만, 그는 어려서 부모를 잃고 어려운 생활을 이어가야 했다. 그래서였는지 그는 길거리의 행상과 소상인들에게 관심을 가졌다. 다만 그는 자신의 생계를 해결하기 위해 화가들이 작품으로 그릴 수 있는 파리의 풍경사진들을 1,000여 장 이상 찍어 '화가를 위한 자료'라는 이름으로 여러 계층의 사람들에게 팔았다. 그는 1927년 사망할 때까지 옛 파리의 수많은 모습과 파리의 다양한 풍광을 찍었다. 오래된 건물, 좁은 골목길, 세느 강의 다리와 선창들, 가게, 아파트의 실내장식, 카페, 상점, 공원과 사람 등 모든 영역의 사진을 찍었다. 풍광뿐 아니라 거리의 창녀들, 술집작부들, 상인들, 그리고 사람이 드문 아침의 모습도 놓치지 않고 사진으로 찍었다. 특히 파리의 화려한 중심보다는 그늘진 구석이나 골목을 더욱 좋아해서 그런 곳을 촬영했다. 적막하고 텅 빈 거리, 그리고 처량하게 서 있는 낡은 건물들. 그는 이런 모습들을 자신의 비참한 현실과 동일시했던 것인지도 모르겠다. 분명한 것은 그가 대상을 아우라에서 해방시키는 수천 장의 사진을 남겨 초현실주의적 사진의 길을 열었다는 사실이다. 그러므로 앗제의 사진들은 그의 낡은 광학렌즈 카메라가 단순한 기계가 아님을 말해주고, 또한 그가 살았던 당시를 회고할 수 있는 기록적인 가치를 우리에게 남겨주었다.

앗제와 달리 잔더August Sander(1876~1964)는 많은 사람들의 초상사진으로 독일의 사회상을 보여주었다. 그는 광부의 아들로 태어나 광

앗제, 파리 6구區 오트페이유 거리, 1898

부로 일하며 자랐다. 슈멕Schmeck이라는 사진가가 광산촌을 찾아와 사진 찍는 것을 본 후, 호기심이 발동해 그에게서 사진 찍는 법을 배우게 된다. 그 후 린츠에서 처음으로 사진관을 열었고, 이후에는 독일 쾰른에서도 개업한다. 그는 사회주의예술론에 관심을 가지고 독일민중 전체를 대상으로 인물사진을 찍어나갔다. 군인, 상인, 시골농부 등을 중심으로 다양한 계층의 사람들을 사진으로 찍었기에 그는 사회주의 사진예술론자로 평가받게 된다. 또 1910년부터 무려 2,500점 이상의 인물사진을 찍어 1929년에 《우리 시대의 얼굴Antlitz der Zeit. Sechzig Aufnahmen deutscher Menschen des 20. Jahrhunderts》이라는 사진집을 발간했고, 그 후 다시 《독일의 국토, 독일의 민중Deutsche Lande, Deutsche Menschen》이라는 사진집을 내놓았다. 그는 평생 동안 인물사진만 찍었고, 그런 인물사진을 통해 기계처럼 돌아가는 사회구조 속의 인간상을 드러내보이고자 했다. 그의 이러한 의지가 독일민중 전체를 사진이라는 기록으로 남기게 만들었고, 큰 반향을 불러일으켰다.

1930년대부터 본격적으로 사진이 뉴스 분야에 등장하게 된 것은 보도사진과 또 보도사진에 짧은 텍스트를 붙인 포토에세이 덕분이었다. 그 선구적인 역할을 한 사람은 헝거리 부다페스트 출신인 로란트 Stefan Lorant(1901~1997)였다. 그는 독일사진신문인 《뮌헨 일러스트 프레스Münchner Illustrierte Presse》의 편집장을 역임했으며 포토 르포르타쥬를 주장하여 현대 포토저널리즘을 활짝 열었다. 그 이후 잡지에서 사진의 전성기는 시들해졌지만, 사진가들의 정보 제공 역할은 여전했다. 이때의 포토에세이가 오늘날 인터넷에서 새롭게 태어나고 있다고 봐도 좋을 것이다.

20세기가 시작되기 이전에 이미 예술로서의 사진을 두고 격심한

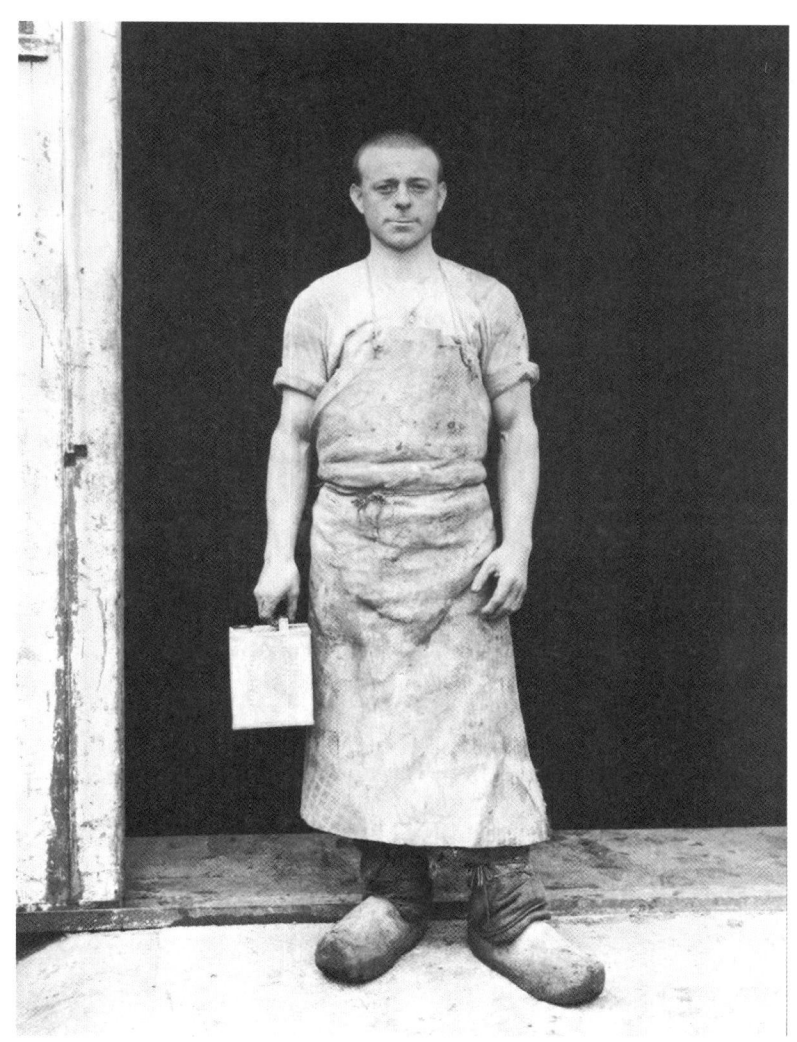

잔더, 도장공, 1930

논란이 일었다. 그것은 바로 '사진이 예술인가, 아니면 과학인가?'라는 논쟁이었다. 정물사진, 풍경사진, 누드사진, 초상사진, 심지어 우화까지도 사진으로 등장하자 1862년에는 마침내 프랑스의 예술가들이 사진은 '영혼이 없는 기계적인 공정'일 뿐이라고 선언하며 들고일어났다. 이에 맞서 사진작가들도 사진이야말로 또 다른 하나의 예술이라고 반박하며 대응했다. 이러한 와중에 사진을 예술로 승화시킨 사람이 르빈슨Henry Peach Robinson(1830~1901)이다. 그는 설명적이고 우화적인 합성사진을 만들어 사진을 고급 예술운동으로 확대하면서 아름다움과 예술적 효과를 극대화시켰다. 그는 자신의 소신을 "사진가는 어떤 기교나 마술도 이용할 수 있다.… 초라하고 빈약하거나 보기 싫은 것을 피하고, 주제를 돋보이게 하며, 이상한 형태를 피하고, 회화적이지 않은 점을 수정하는 것이 사진가의 절대적인 의무"[6]라는 말로 피력했다.

    1880년대 이후 등장한 에머슨Peter Henry Emerson(1856~1936)은 "현실을 직접적인 방식으로 포착하는 카메라의 능력을 충실히 이용할 때만 진정한 사진예술이 가능하다"고 주장했다. 그 결과 예술사진으로서의 자연주의를 표방하는 새로운 운동이 일어나게 된다. 물론 이에 반대하는 주장들도 있었지만, 그는 사진이야말로 이제 더 이상 회화를 모방할 필요가 없으며 사진 자체가 예술임을 확신했다. 이후 세대들은 이 주장에 적극적으로 동참했다. 그러나 20세기에 접어들면서 사진작가들 스스로 사진이 예술일 수 있는가, 하는 의구심을 가지게 되면서 회화주의자였던 예술사진작가들이 드디어 자신들의 예술사진과 일반 스냅사진을 구별하려 했다. 그들은 권위 있는 사진 살롱에 '예술을 위한 예술'이라는 모토를 내걸고, 회화주의운동을 국제적으로 펼쳐 사진의 미학적인 가치를 드높이고자 했다. 이들은 마침내 자연을 인공적으로 재

로빈슨, 임종, 1858

현해온 전통에서 벗어날 수 있었고, 그들 자신이 사진으로부터 자유로울 수 있었다. 더 나아가 예술작품 속에서 이상적인 것을 추구할 수 있게 되었고, 마침내 사진의 민감성에서도 벗어날 수 있게 된다.

이런 가운데 20세기 회화주의 사진운동이 유럽 각국에서 등장했고, 자연스럽게 미국으로 이어졌다. 60년 이상의 경력을 가진 스티글리츠Alfred Stieglitz(1864~1946)는 사진을 예술성의 형태로, 그러면서도 직접성의 형태로 구사했다. 자신의 갤러리에서 당대 최고의 사진작품뿐 아니라 세잔, 마티스, 피카소 등 현대회화작가들의 작품들도 소개했다. 이처럼 그의 초기 관심은 회화적인 인상주의 회화사진이었지만, 차츰 현실을 적나라하게 드러내는 스트레이트사진으로 관심이 옮겨간다. 스티글리츠의 변화에 영향을 끼친 인물은 스트랜드Paul Strand(1890~1976)였다. 이를 두고 스티글리츠는 "객관성이야말로 사진의 가장 핵심적인 부분이다.…이를 가장 완벽하게 실현하기 위해서는 스트레이트사진의 방식을 이용하여 기교적인 처리나 조작이 없어야 한다"[7]고 말했다. 1950년대까지 이러한 스트레이트 예술사진이 주축을 이루었고, 그 전형을 웨스턴Edward Weston(1886~1958)이 이루어냈다. "렌즈는 인간의 눈보다 많은 것을 본다"는 그의 말에서 알 수 있듯이 '있는 그대로의 이미지예술'로서의 객관성이 사진의 핵심이라는 것이다. 이후 많은 작가들이 스트레이트사진 방식을 따랐다.

그러나 20세기에 접어들면서 정치 과학 기술 등 사회 다른 분야와 마찬가지로 예술에서도 새로운 시각들이 많이 등장한다. 대표적으로 표현주의, 야수주의, 입체주의, 초현실주의, 다다이즘 등의 운동들이 예술의 전통적 의미를 바꾸어 놓았다. 특히 미래파 예술운동은 기존의 모티브와 주제를 예술에서 추방하고, 과거의 전통에 대한 숭배를 파괴

스티글리츠, 비 내리는 파리의 가로수길, 1894

하며 모든 형태의 독창성을 찬양했다. 그 중심에 바우하우스Bauhaus의 모호이너지László Moholy-Nagy(1895~1946)가 있었다. 그는 지난 세기의 회화주의에 새로운 시각을 부여하기 위해 사진의 재료부터 바꾸어나갔다. 특이한 앵글, 과학적 왜곡, 다중노출, 연장노출 등을 통해 사진의 시각을 넓혔다. 주류에 대한 반기와 모순은 필연적이었다. 이에 동조해서 파리에 주재하던 미국인 리M. Lee는 "나는 모순을 좋아한다"고 말할 만큼 파격적이었다. 이 말에서 알 수 있듯이 그는 기존의 모든 제약과 모든 질서를 거부하는 무방향운동이며, 또한 반이성주의적-초현실주의적 존재에 대한 모순을 주장한 다다이즘의 이념을 적극으로 따랐다. 이로써 1950년 이후 사진예술은 더욱 심화되면서 예술과 사진의 경계마저 차츰 사라지게 된다.

    사진은 더 이상 현실의 복제에 머물지 않고, 작가의 의식을 재구성하게 되었다. 마침내 사진 과목이 대학과 예술학교의 정규교과과정으로 개설되면서 일반인들의 관심 역시 고조되었다. 사진만 판매하는 갤러리가 여러 곳에 생겼고, 《아트폼Artform》, 《미국예술Art in America》 등의 잡지도 이때 등장한다.

    이와 함께 스위스 출신의 프랭크Robert Frank(1924~)는 미국 전역을 여행하며 미국인의 삶을 자신의 카메라에 담았다. 그는 1958년에 출간된 《미국인들The Americans》이라는 사진집에서 미국의 구체적인 모습보다는 고도화된 물질문명과 현대사회의 냉혹함, 그에 따르는 인간 소외와 인간성 상실의 문제를 적나라하게 표현했다. 그 결과 사회개혁 운동에 그의 사진이 이용되었고, 많은 다큐멘터리 사진작가들이 사회에 관심을 기울이게 되었다. 그러나 사회적 연대의식에서 대중의 공동적 관심사와 공동의 가치의식을 이끌어내기에는 그 자신의 한계가 너무도 명확했기 때문에 결과적으로 독백의 형식을 취할 수밖에 없었다. 1960년 이후 그는 사진을 떠나 소형영화 제작에 몰두했지만, 1970년대에 접어들며 다시 사진계로 돌아와 1972년에 《나의 손금 The Line of My Hand》이라는 자서전적인 사진집을 선보인다. 여기서 그는 눈에 보이지 않는 인간의식의 내면세계를 사진으로 찍어 대상화하려 했다. 따라서 그의 사적인 다큐멘터리도 객관적인 사실이라기보다는 일종의 사적인 진실 추구에 그치고 말았다는 평가를 받을 수밖에 없었다. 이어 화이트 Minor White(1908~1976)가 등장하면서 사진을 두고 벌어진 예술과 과학의 논란은 종지부를 찍게 된다. 그는 기계적인 기록성에 은유적 상징체계를 결합하였으며 자연의 신비성을 표현했다. 여기서 승자는 바로 사진이었고, 사진은 마침내 예술의 반열에 정식으로 오르게 된다.

디지털사진의 등장

그러나 1980년대에 들어서면서 사진은 아날로그시대에서 디지털시대로 넘어가는 계기를 맞이한다. 그 기원은 통상 수평으로 찍힌 이집트 기자 Giza의 피라미드 사진을 수직으로 조작한 《내셔널 지오그래픽 National Geographic》 1982년 2월호 표지에서 찾는다. 이는 새로운 카메라의 등장을 의미하는 것으로, 이런 세대교체는 총 세 번에 걸쳐 이루어졌다. 첫 번째 세대교체는 1920년대 보급형 카메라의 출현을 꼽을 수 있다. 선두주자는 1925년에 독일 베츨라의 라이카에서 생산한 35mm '라이카 A'로, 그 크기나 화질에 있어서 아주 뛰어났다. 이 카메라는 1926년에 1,600대를 시작으로 1930년에는 38,000대까지 보급하여 바야흐로 라이카의 카메라 전성시대를 구가했다. 이어 두 번째 세대교체는 1950년대의 RF Range Finder 방식에서 SLR Single Lens Reflex(렌즈교환)방식으로 바뀌면서 일어났다. 그 당시까지는 피사체에 카메라를 맞추는 방식이었다면, 이제 렌즈만 갈아 끼우면 되는 SLR방식의 새로운 시대가 열린 것이다. 이런 SLR방식을 택한 니콘이나 캐논 등의 일본 회사에서 1950년대 후반 다량의 카메라를 내놓음으로써 제2의 카메라 전성시대를 열었다. 그러나 30여 년 동안 이어진 호황 속에서도 카메라의 속성은 여전히 아날로그였다. 그러던 것이 1980년대에 이르러 마침내 디지털카메라의 시대가 열리면서 세 번째 세대교체가 이루어진다. 1975년에 코닥의 엔지니어였던 세손Steve Sasson(1950~)이 세계 최초로 디지털카메라를 개발하여 필름카메라의 아성에 도전했던 것이다. 그러나 초기의 이 카메라는 무게가 무려 4Kg에 달했고, 화소에서도 역시 문제를 드러내 1만 화소의 이미지센서로 이미지 한 장을 저장하는 데 20초 이상의 긴 시간이 필요했다. 그러나 이런 성능의 한계는 곧 극복되었다. 1981년 소니에서는 기존의 성능을 개량한 '마비카Mavica'를 출시하여 일반에 대량으로 공급했고, 캐논은 2010년에 약 1억2천만 화소에 이르는 CMOS 이미지센서의 개발에 성공했다.

    사진의 매체가 이처럼 디지털기술로 급속히 변화하면서 사진의 생산과정도 디지털 방식으로 바뀌게 된다. 그 결과 현실적 사물과 사건을 사실적으로만 재현하던 기존의 방식에 머물지 않고, 디지털 프로그램을 사용하여 새로운 차원의 미적 감각과 상상력, 혹은 작가의 독창적 예술성을 표현하기에 이른 것이다. 그 당시까지 논란거리가 되어오던 회화 내지 사진의 아우라는 물론이고, 사진의 본질, 사진의 진실성 혹은 프린트의 완성도 문제 등 예술의 모든 영역이 디지털문화의 영상이미지 하나로 수용되기에 이르렀다. 따라서 우리는 이 시점에서 적어도 과학기술에서 예술과 철학에 이르기까지, 그 본질적 의미를 간략하게

나마 짚고 넘어가지 않을 수 없다. 왜냐하면 과학기술로 인해 가능한 사진에서부터, 주체로서의 사람과 장치로서의 사진이 어떻게 사진철학으로 이어지는가를 일별해야 하기 때문이다.

1950년대를 거치며 사진은 이미 예술의 반열에 올랐다. 그럼에도 불구하고 사진은 그 본성상 날로 진화하는 과학기술에 뿌리를 둘 수밖에 없다. 그러나 다른 한편으로는 새로운 아이디어의 예술적 가치를 창조해야 하는 이중적 부담을 가지게 된다. 다시 말하자면 사진예술이라는 것은 태생적으로 과학기술의 메커니즘을 전제로 하는 예술적 창작활동이기 때문에 오늘날 IT기술의 기반 없이는 예술적 창조 자체가 불가능하다는 말이다. 이는 곧 사진기술의 변화가 사진예술의 논리성에 영향을 미친다는 말이기도 하다. 그러나 기술은 존재에 관계하고, 예술은 창작에 관계하는 것이 아닌가! 그렇다면 도대체 존재의 근원은 무엇이고, 창작의 근원은 또 무엇인가?

비록 기술과 예술, 존재와 창작이 그 각각으로는 둘이지만, 그 양자의 근원은 둘이 아니라 하나이다. 구석기시대 후기, 스페인의 한 동굴에 그려진 박진감 넘치는 들소 그림(알타미라 동굴의 벽화)의 예술성과 오늘날 디지털사진으로 그려낸 영상의 예술성이 전혀 다르지 않다면, 예술성의 근원은 하나라고 말할 수 있다. 표현의 방식이나 기법은 시대와 지역에 따라 달라지더라도, 시간과 공간을 초월하는 예술적 행위로서의 표현 본능은 분명 하나이다.

먼저 사진의 진실성은 사진이 현실을 가감 없이 사실 그대로 재현하는 데 있었다. 그래서 과학수사의 결과를 사진으로 입증하기도 한다. 그러나 사진의 진실성은 디지털사진의 조작 가능성으로 인해 종전의 가치를 상실하고 만다. 왜냐하면 그것은 사진이라는 재현기호와 사진이 재현하는 지시대상과의 관계가 수정가능한 일종의 기호학적 관계에서 이루어졌기 때문이다.

여기서 문제가 되는 재현기호와 지시대상이 맺는 본래적 관계는 미국 실용주의철학의 창시자 퍼스Charles Sanders Peirce(1839~1914)가 세 가지 기호범주를 나누면서 등장한다. 세 가지 기호범주란 바로 상징Symbol과 아이콘Icon, 인덱스Index(색인)이다. 먼저 상징이란 재현기호와 지시대상이 전혀 일치하지 않는 징표로, 일종의 '언설언어verbal language'이다. 지역에 따라 상호간 의사소통을 위해 임의적으로 만들어 쓰는 언어기호로, 예를 들어 우리말의 '책'과 영어의 'book', 독일어의 'Buch' 같은 것들이다. 다음으로 아이콘은 재현기호와 지시대상이 상호 유사함의 관계를 나타내는 말로, 초상화나 지도 등과 같이 실질적인 물건은 아니지만, 실재와 흡사한 관계를 맺고 있는 대상표현을 말한다. 마지막으로 인덱스는 재현기호와 지시대상의 물리적 접촉으로 발생하는 것인데, 발자국이나 손의 지문처럼 구체적이고 직접적인 흔적을 의미한다. 이러한 기호학적 특성이 사진에서도 두드러지게 나타난다. 사진이라는 재현기호가 지시대상과 닮아 있다는 사실에서는 사진을 아이콘이라 할 수 있고, 사진이 지시대상에 접촉해서 발생하는 기호라는 의미에서는 인덱스(색인)라고 할 수 있다. 이렇게 보면 사진이란 재현하는 지시대상과 일치하는 인덱스이다.

그러나 IT기술에 기반한 디지털사진이 등장하면서 사진과 사실이 일치하지 않게 되었고, 객관적 타당성도 디지털사진에서는 찾아볼 수 없는 결과를 낳게 되었다. 디지털사진의 재현은 언제든 마음만 먹으면 조작할 수 있으므로 허위일 수 있다는 말이다. 물론 디지털사진도 인덱스일 수는 있지만, 아이콘으로 변모할 수도 있다. 소위 가상의 세계와 허구적 상상력의 산물이 된 사진은 현실에서는 픽션으로 전락하게 된다. 이런 디지털사진 작업은 통상 다음과 같은 몇 단계를 거친다. 먼저 디지털카메라로 촬영하고, 이를 포토샵으로 수정한 다음, 디지털로 전송하여 이를 프린트하는 방식이다. 그 결과, 사실과 허구의 경계가 무너지고, 아이콘과 인덱스의 관계성마저 깨진다. 이 과정에서 한편으로는 재현대상으로서 사진의 아이콘이 창조적이고 독창적인 새로운 가능성을 무한히 열어놓았지만, 다른 한편으로는 그것이 어떤 조작으로 만들어진 사진이든 관계없이 인덱스로서의 사진에 반드시 필요했던 실재의 '진실성Authentizität'은 언제라도 사라질 수 있는 계기가 된다.

그러나 더 큰 문제는 사진의 진실성에 그치지 않고, 새로운 이미지 기술로 무장한 포토샵이라는 프로그램이 우리 삶의 방식과 가치판단의 척도마저 바꾸어놓았다는 사실이다. 소위 디지털사진시대를 맞아 모든 가치전도의 서막이 열리게 된 것이다. 지금까지 사진은 '인덱스적 지시의미론referential semantics'을 보장받아왔지만, 이제 사진은 진리에 대한 표상이라는 '존재론적 의미론ontological semantics'마저 도전받게 되었다. 분명히 디지털기술이 사진의 존재성마저 부정하고, 포토샵이라는 프로그램이 사진에서 새로운 의미이미지를 지시하고 있다면, 이의 "철학적 근거는 어디에 있는가?"라고 되묻지 않을 수 없게 된 것이다. 우리가 그 근거를 현대철학에서 찾으려 한다면, 한편으로는 현대언어이론에서, 다른 한편으로는 기초존재론에서 찾을 수 있을 것이다. 다시 말해 우리는 전자를 비트겐슈타인Ludwig Josef Johann Wittgenstein(1889~1951)의 지시의미론에서, 후자를 존재와 진리에 몰두한 하이데거Martin Heidegger(1889~1976)의 존재의미론에서 찾을 수 있다는 뜻이다.

디지털사진과 비트겐슈타인

먼저 사진의 '인덱스적 지시의미론'에 대한 관심은 새로운 기술이 등장하여 종래의 표현매체를 바꾸어 놓으면서 생겨났다. 따라서 디지털시대를 맞아 전통적 사진이 소멸하는 것은 우연한 사건이 아니라 필연적인 결과이다. 무엇보다 오늘날 사진은 객관적 인덱스로서의 지시의미론을 용납하지 않기 때문이다. 이처럼 디지털기술의 이미지가 사실을 객관적으로 표상한다는 진실성의 재현체계를 부정하면서, 결국 사진의 지시의미론은 위기를 맞게 된 것이다.

비트겐슈타인은 《논리-철학논고 Logisch-Philosophische Abhandlung》(1921)에서 사유를 표현하는 언어의 한계를 밝히기 위해 '그림이론'과 '진리함수이론'을 내놓았다. 전자에서는 '명제들이 세계와 어떻게 관련되어 있는가?'를 묻고, 후자에서는 '명제들 사이에는 서로 어떤 관계가 있는가?'를 묻는다.

언어는 세계와 직접적으로 관계를 맺어야 하고, 그 명제의 진위는 세계에 의해서 결정된다. 그에게 이러한 모든 명제는 세계와 연관된 요소명제로 이해되었고, 그 진위도 요소명제들에 의해 결정된다. 이름은 대상을 지시하기 때문에 이름에 대응하는 대상이 있어야 한다는 의미에서, 그는 "하나의 이름은 하나의 대상을 지시하며, 대상은 이름의 지시물 reference"이라고 할 수 있었다. 다시 말하자면, 하나의 그림처럼 하나의 명제는 그것의 의미를 보여준다는 말이기 때문에, 명제가 참이면 그 명제는 사물이 어떻게 존재하는가를 보여준다는 것이다.

이러한 '그림이론'과 함께 제기한 것이 '진리함수이론'이다. 요약하자면, 요소명제들로 이루어진 명제들은 명제의 진위가 세계에 의하여 결정된 요소명제들과 그런 명제들로부터 이루어진 명제 사이에 일정한 함수관계가 성립한다. 그는 요소명제가 아니라, 모든 명제를 요소명제들의 진리함수의 복합체로 보고 "하나의 명제는 요소명제들의 진리함수"라고 말했다. 이렇게 보면 '그림이론'과 '진리함수이론'은 동일한 맥락이라고 할 수 있다. 그러므로 언어는 진리함수적으로 구성되어 있고, 그 기능은 세계를 서술하지만, 그 한계도 따른다고 하여 "말할 수 없는 것에 대해서는 침묵을 지켜야 한다"[8]는 명언을 남기게 된다.

그러나 사후에 출간된 후기 저서 《철학적 탐구 Philosophische Untersuchungen》(1953)에서 그는 "단어가 무엇을 의미하는가?"라는 물음에 대해 의미가 아니라, 용법이라고 대답함으로써 단어의 언어적인 면과 사회적인 면을 함께 짚어냈다. 비로소 언어란 하나의 목적을 수행하는 단순한 도구가 아니라, 다양한 목적을 수행하는 도구들의 집합이 된 것이다. 따라서 한 문장을 한 도구로 이해해야 하고, 그 의미도 용도로 보아야 어떤 목적으로 그 문장이 말해지는지 알 수 있게 된다. 이러한 용법을 그는 '언어게임 language game'이라고 했다. 게임에는 규칙이 있고, 규칙은 사회적 상황에 따라 다르게 이루어진다. 모든 경기의 규칙이 다 다른 것처럼 언어도 규칙에 따라 달라진다. 이로써 그는 규칙을 따르는 것과 약속을 지키는 것, 혹은 명령을 내리는 것 등을 사회적 삶의 한 형태라고 할 수 있었다. 이처럼 그는 인간 사고에 새로운 패턴을 제시했고, 대상과 세계를 새로운 방식으로 보게 만들었다.

특히 '그림이론'에서 그는 언어와 세계가 어떻게 관련되는지를 짚어내어 언어 자체의 본질과 한계를 명확히 했다. 기호와 그 지시대상이 맺는 관계가 비록 상징이나 아이콘 혹은 인덱스라고 하더라도, 기호가 하나의 명제로 사실대상 혹은 세계를 지시함으로써 그 기호가 세계를 반영하는 기능을 수행한다면, 명제에 대한 그림이론에서는 그 기호가 사실로서 참이라는 말이다. 이런 틀로 보자면, 사진이 현실대상인 세계를 지시의미하고, 그 세계를 반영한다면, 사진은 하나의 명제기호로서 사실이 된다. 이것은 비트겐슈타인이 하나의 요소명제가 그것이 묘사하는 사실과 일치되면 참이 되고, 그렇지 않으면 거짓이 된다고 했던 그 명제의 그림이론과 일치하는 것이다.

이러한 그림이론이 이제껏 사진이 추구해왔던 지시의미론적 중심이었다. 그러나 사진의 지시기능이 세계를 표상하는 참이 되기 위해서는 그 표상적 형식이 참이어야 한다. 한 장의 사진이 참된 상을 지시한다면, 그 사진의 지시적 형식이 참일 때 사진의 지시기능이 명제로서 의미를 갖게 된다는 말이다. 사진이 지시기능으로서 참된 의미를 가지게 되는 것은 사진이 재현대상과 물리적으로 접촉할 때만 확인되는 인덱스적 기능 때문이다. 이러한 인덱스, 즉 색인적 실재와 동일한 논리적 형식을 그는 '진리조건적 의미론truth-conditional semantics'이라 하고, 이의 의미는 실재와 일치하느냐, 하지 않느냐에서 찾았다. 사진의 진위문제 역시 이에 속한다.

정작 사진의 진정한 위기는 이러한 논리적 가치척도의 경계를 무너뜨린 디지털기술이 등장하면서 발생한다. 이후 세계에 대한 표상형식이 바뀌었고, 그 결과 패러다임이 바뀐 것이다. 포토샵에 의해 사진이 조작되고, 디지털카메라에 의해 사진이 날조됨으로써 새로운 표상형식으로서 지시의미론이 논쟁의 한가운데에 서게 되었다. 디지털영상은 숫자 0과 1로 이미지를 수치영상으로 만들었다. 지금까지 아날로그 사진영상의 표본을 이루고 있던 인덱스, 즉 색인적 영상의 표상체계가 디지털영상으로 인해 수치적 영상의 표상체계로 패러다임이 바뀐 것이다. 그 결과 이미 언급한 대로 사진의 진실성은 물론이고, 그 증거력과 신뢰성마저 상실하게 된다. 마침내 디지털사진은 아날로그적 인덱스영상의 존재방식을 뒤엎고, 사진을 디지털로 코드화하기에 이르렀으며 시뮬레이션까지 수행한다.

사진은 더 이상 종전의 사실 혹은 참인 사진일 수 없게 되었고, 사진이 곧 허구라 할 정도로 디지털은 가속도를 더해갔다. 어도비의 디지털 프로그램인 포토샵이 앞장서서 그 작업을 완벽하게 밀고나갔다. 이는 수치영상의 무한분열과 파편화 작업을 통해 기호의 비결정성을 가상적 이미지로 조작해냄으로써 과거의 역사와 사회, 인간과 세계의 모든 관계를 전도시키기에 충분했다.

따라서 필연적으로 자연과 인간, 사회와 문화에 대한 새로운 인식론적 시각이 대두될 수밖에 없다. 디지털영상시대에 다시 자연적이란 무엇이고, 인위적인 것이란 무엇이며, 또한 인간사회란 무엇인가라는 물음을 던지는 일은 결코 우연이 아니다. 왜냐하면 지금까지 아날로그 사진영상은 인간사회에서 분명한 지시의미체로 자리를 잡고 있었기 때문이다. 참과 거짓의 가치척도는 현실의 참이지, 가상의 참이 아니었다. 그러나 디지털영상으로 인해 사진의 원본과 가본, 진짜와 가짜를 더는 구별할 수 없게 되었고, 우리의 현실이 더 이상 참이 아니라면, 참과 거짓의 척도 역시 이미 척도가 아니게 되었다. 재현기호와 지시대상의 관계에 따라 하나의 기호로 작용했던 상징과 아이콘, 그리고 인덱스마저 그 효력을 상실하게 되면서 자연과 인간, 인간과 문화, 더 나아가 모든 현실세계를 가상세계와 구별할 수 없게 되었다.

여기에서 발생하는 문제는 사실의 현실세계를 거짓의 가상세계와 굳이 구별해야 하는가라는 철학적 물음이다. 이러한 물음의 배경에는 지금까지 아날로그사진이, 즉 인덱스인 색인영상이 그 지시대상을 완벽하게 담아냈는가라는 반성적 물음이 자리 잡고 있다. 아날로그사진이 현실세계를 색인영상으로 이미지화하려 한 것이 사실라면, 디지털사진에서는 그러한 현실세계가 표상되는 잠재적 이미지가 없다는 사실에서 문제는 시작한다. 그리고 0과 1이라는 수치영상으로만 현실세계가 프로그램화된다는 사실에서 자연적인 것과 인위적인 것의 통일적 세계에 대한 새로운 인식론의 대두가 사진의 표상적 이미지 체계를 위기로 내몰았던 것이다.

여기서 말하는 자연적인 것과 인위적인 것의 통일이란 엄밀한 의미에서는 인간존재 자체를 범주론적으로 규정하는 생물학적이고 철학적인 탈중심성의 개념[9]이다. 동시에 자연적 인위성 혹은 인위적 자연성이라고 바꾸어 말할 수도 있다. 어떠한 의미에서도 인간이 생물학적으로 자연에서 벗어날 수 없다면, 육체로 표현되든, 신체로 표현되든, 아니면 생명체로 표현되든 인간은 하나의 유기체적 자연임에 틀림없다. 그렇다고 인간이 자연물로 그냥 존재하는 것은 아니다. 살아가야 하고, 행동해야 하며, 또한 목적을 달성해야 한다. 여기에서 곧 자연물 자체인 인간은 그 자연물에 역행하는 인위성, 즉 문화를 생산하는 살아 있는 자로 등장한다. 인간은 자신의 삶을 영위해나갈 때만 살아 있는 존재라고 할 수 있다. 다시 말해 인간 자신이 생존할 때, 삶은 언제나 자연과 도구, 속박과 자유, 존재와 당위성으로 갈라지고, 이처럼 둘로 갈라질 때 비로소 산다는 말이 가능하다. 따라서 인간에게 존재와 당위성이 둘이 아닌 하나로 존재하기 위해서는 행동하지 않을 수 없다. 인간 자신이 자연에 역행하는 자이고, 평화를 교란하는 자이며, 또한 권력을 욕망하는 자라는 사실 자체가 인간문화의 근원이라고까지 할 수는 없어도 그러한 문화 자체가 인간의 탈중심적 위상을 가능케 하는 것만은 분명하다.

그러므로 인간은 자연 그 이상이 아니기 때문에 자연으로서 '육체'뿐 아니라, 자연을 벗어난다는 의미에서 '신체'도 가진다. 이를 통해 탈중심성의 존재로 거듭나며 인위적 도구성을 마련하는 문화의 창조자가 될 수 있었다. 이런 새로운 철학적 입장은 현실세계가 참이 아니라고 해도, 구태여 거짓이라고 정의하지는 않는다. 심지어 종전의 참과 거짓이라는 이분법적 표상체계만이 참이라고 한 의미분석에 대해서도 판단을 유보하고자 한다. 이것은 디지털기술로 인한 현실과 가상에 대한 새로운 인식론적 체계 때문이다.

디지털사진과 하이데거

이 시점에서 우리는 진리에 대한 한 표상으로서 디지털영상시대의 이미지사진의 '기초존재론적 의미론'을 짚어보게 된다. 사진은 초기부터 그 물리적 변천과정 때문에 존재론적인 이해가 시도되어 왔다. 먼저 사진은 찍는 주체인 사람이 있어야 하고, 그 피사체인 대상이 있어야 한다. 또한 이 양자의 관계에서 시간의 의미는 영상의 의미 전체를 좌지우지한다. 연장노출이나 다중노출에 있어서도 사진이미지의 존재론적 변모는 사진존재론의 기본 틀 안에 있어야 한다. 이러한 사진이미지의 존재론적 기본 틀에는 인간존재, 그러니까 사람이 있어야 하고, 그러한 사람을 사람이게 하는 근거로서 존재가 바탕이 되어야 한다.

이런 논의의 역사적인 대부代父로 하이데거를 언급하지 않을 수 없다. 먼저 그의 철학은 실존론적-존재론적 현존재해석이라고 하는 기초존재론이다. 그는 철학의 가장 근원인 존재에 대한 물음을 던졌고, 이 물음을 실존론적으로 제기했다. 그에게 철학의 발단은 '존재자'의 '존재'에 대한 물음이었다. 모든 존재자가 존재를 통해 비로소 현현顯現하게 된다면, 그러한 존재란 도대체 무엇인가?

존재란 존재 그 자체로는 현현할 수 없고, 존재자와 더불어서만 현현하게 된다. 왜냐하면 존재는 자체적으로 무규정성 속에 있는 한 이념으로서 개념일 뿐이고, 현실적으로는 아무것도 없는 무無이기 때문이다. 이러한 존재 자체에 대한 물음을 하이데거는 인간이라고 하는 존재, 그러니까 인간존재에서 찾았다. 왜냐하면 인간만이 자기 자신의 존재에 대해 물을 수 있기 때문이다. 자기 자신의 존재가 무엇인가를 묻기 위해서 인간은 인간 자신인 자기 존재자로부터 존재에로 탈존하지 않을 수 없다. 오직 인간만이 존재자의 한계를 초월할 수 있다는 말이다. 이는 또한 인간이란 존재자 자체일 뿐 아니라, 존재자로서 자기 자신을 이해할 수 있음을 의미한다. 이러한 존재이해가 오직 인간만이 모든 다른 사물을 이해할 수 있다는 사실에 대한 궁극적인 근거가 되고, 모든 다른 학문을 정초하기 위한 전제가 된다. 이런 관점에서 하이데거는 인간을 '존재의 집'이라고 할 수도 있었고, '존재의 이웃'이라고도 할 수 있었다. 이러한 인간존재를 그는 전통철학의 오해에서 벗어나기 위해 주제어로서 본래적인 '현존재Dasein'[10]라 했고, 이 현존재는 세계와 한 연관성 속에서 시간성으로 밝혀져야 했다. 즉 현존재는 존재자의 존재의미로서 시간성으로 드러나게 된다는 말이다.

또한 현존재가 자기 존재를 이해하는 방식으로 존재한다고 해도, 현존재가 존재를 이해하고 해석할 수 있기 위해서는 시간의 지평이 주어져 있어야 한다. 이는 시간을 존재의 지평에서 이해하는 현존재 자체의 시간성으로부터 밝혀야 한다는 말이다. 그렇다면 도대체 우리는 어떻게 존재를 시간해석의 지평에서 존재이해의 지평으로 옮겨가게 할 수 있는가?

하이데거는 결자해지의 의미에서 현존재의 존재의미를 시간성에서 찾았다. 그는 한편으로 인간존재인 현존재를 시간성으로 해석하면서 시간을 존재에 대한 물음의 초월론적 지평으로 밝히려 했다. 그리고 다른 한편으로 그는 존재론의 역사를 존재의 시간성의 틀을 실마리로 삼아 해체하려 했다. 먼저 그에게 시간성이란 현존재 자체의 한 시간적 양식인 역사성의 가능조건일 뿐 객관적 시간의 사건과는 무관한 것이었다. 왜냐하면 이때의 역사성이란 현존재 그 자체에서 일어나는 '생기生起, Geschehen'의 존재구성 틀을 의미하기 때문이다. 어려운 표현이기는 하지만 이것은 인간의 행위가 세계 속에서 일어나기 때문에 역사적이라는 것이 아니라, 인간존재인 현존재 자체가 이미 이 세계에 피투되어 있는 존재로서 역사적이기 때문에 세계사가 가능하다는 말이다. 일종의 코페르니쿠스적 발상의 철학이라 할 수 있다.

이러한 존재론의 탈존적 사유가 하이데거로 하여금 "인간의 본질은 탈존에 있다. 존재가 탈존하는 자로서의 인간을 탈존하는 자 자신에서 존재의 진리를 위한 파수꾼으로 삼는 한, 본질적으로 존재 자체로부터는 탈존이 중요하다"[11]고 말할 수 있게 했다. 이렇게 탈존할 수 있는 현존재의 시간성은 객관적인 시간범주인 몇 분, 몇 시 혹은 몇 년과 같은 비본래성의 시간성이 아닌 실존범주인 본래성의 시간성이다. 이러한 본래성의 시간성은 미래로서 시간화하고, 과거로서 시간화하며, 그리고 현재로서 시간화한다. 먼저 미래로서 시간화는 현존재가 자유로 기투되어 있는 계획 속에서 살고 있기 때문에, 언제나 이미 자기 앞에 존재하는 시간이다. 다음으로 과거로서 시간성은 기재既在의 사건의식을 의식적으로 자기 스스로 짊어지고 있기 때문에 과거에 내재하게 되는 시간이다. 마지막으로 현재로서 시간화란 그때마다의 결단성에 직면하고 있기 때문에 총체적인 현존재를 실존론적으로 받아들이는 순간 속에 존재하는 시간이다. 이러한 실존론적 순간에 시간은 멈추게 되고, 거기에서 순간으로서 시간과 영원이 철학범주를 넘어서는 실존범주로서의 진리모습으로 현현하게 된다.

설령 하이데거의 실존론적-존재론적 진리가 아무리 근원성으로서의 존재를 짚었다 하더라도, 사진에 대해 생각해보면 여전히 아날로그방식의 인덱스적 색인영상의 시간성을 통해 사진의 존재론적 위상을 정위할 수밖에 없다. 그에게 존재는 진리이어야 했고, 근원이어야 했다. 그리고 이는 인식이 아닌 행위를 통해 드러나게 된다. 그러므로 진리의 본질 역시 행위 속에서 발견하는 데 있고, 존재의 가면을 벗기는 데 있으며, 결국 탈은폐하는 데 있다. 오직 인간존재만이 현존재이고, 그렇기 때문에 인간존재도 발견되어야 하는 것이다. 그렇게 되면 진리란 언제나 발견하는 인간존재 자체 내에 존재한다. 이러한 연관성에서 현존재가 존재하는 한에서 진리도 존재한다. 그러나 역으로 만일 인간이 존재하지 않는다면 진리도 존재할 수 없다. 왜냐하면 진리는 오직 은폐성의 반대 극에서만 존재할 수 있기 때문이다.

이렇게 볼 때 앞서 살펴본 비트겐슈타인과 달리 하이데거가 설령 아날로그방식의 색인영상이 필름에 구체적인 영상을 존재론적으로 유지시키고, 영원한 시간까지 원본으로 지킬 수 있다고 시종일관 주장했다손 치더라도, 진리의 본질이 탈은폐하는 데서 비로소 나타난다고 하였기 때문에 아날로그의 순차성을 부정하고, 영상마저 언제든지 삭제할 수 있다는 디지털 수치영상과 일맥상통하는 가능성을 열어놓는 계기가 된다. 그럼에도 불구하고 궁극적으로 그는 있음으로서의 존재와 그러한 존재의 진리를 결코 포기하지 않았다는 사실에서 여전히 아날로그의 입장만 고수했다고 볼 수도 있다.

그렇다면 아날로그사진영상과 디지털사진영상 사이의 존재론적 차이는 무엇일까? 이 양자의 근거는 실재하는 존재와 그러한 존재에 따른 시간성이다. 하이데거는 대표 저작인《존재와 시간Sein und Zeit》(1927)에서 존재를 시간성으로 해석했고, 시간을 존재의 지평에서 밝히려 했다. 그에게 존재는 무無일 수 없었다. 왜냐하면 존재는 존재일 수밖에 없기 때문이다. 이러한 존재에 대한 고집이 그로 하여금 디지털사진영상의 문턱을 넘어서지 못하게 만들었고, 결국 인덱스적 색인영상의 아날로그사진영상에 머물게 했다. 그러나 현대 IT기술은 0과 1의 숫자만으로 데이터를 기록하는 화소영상을 가능케 했다. 이는 원본과 사본의 구분을 용납하지 않으면서 그 변형의 가능성을 언제 어디서나 가능케 함으로써 존재와 무의 공간성은 물론이고, 연속과 불연속의 시간성이라는 모든 고리마저 끊어버리는 탈존재적이고 탈시간적인 디지털사진영상의 존재의미를 새롭게 부각시켰다. 그러나 우리에게는 이러한 하이데거의 존재의미론적 패러다임이건 혹은 비트겐슈타인의 지시의미론적 패러다임이건, 아니면 아날로그사진영상이건 혹은 디지털사진영상이건, 이 양자인 존재와 무의 공간성에서나 혹은 연속과 불연속의 시간성에서나 이 모든 것의 정점에는 언제나 인간이 있다는 사실이 무엇보다 중요하다.

이처럼 인간이 프로그래밍된 사진기라는 장치를 가지고 사진을 찍어 여러 사람에게 정보를 알리는 것이 사진의 궁극적인 목적이면서 철학이라고 주장한 사람이 바로 빌렘 플루서이다. 그는 미디어철학자로서 전통적 인식론의 참과 거짓, 현실과 가상이라는 이분법적 논리를 정면으로 부정했다. 참과 현실은 가치로서 영구적으로 존재해야 하고, 거짓과 가상은 존재하지 않아야 한다는 것이 역사적 통념이었다면, 이런 통념에 대해 새 시대적 반기를 든 것이다. 지금까지 철학자들은 거짓과 가상에서 참과 현실을 고수하기 위해 존재론적으로나 인식론적으로 여러 정당화 작업을 펼쳐왔다. 그러나 디지털영상이 등장하면서, 특히 사진영상이 등장하면서 그러한 이분법적 해법은 더 이상 의미를 갖기 어렵게 되었다. 기술복제시대 이후 예술작품의 '진실성'이라는 아우라는 이미 사라졌고[12], 디지털영상은 이를 가속화시켰다. 더 나아가 가상을 현실로 바꾸어 놓으면서 현실을 가상이라 하고, 가상이 현실이 아니고 무엇인가라고 되물은 것이다. 플라톤이 다시 살아나서 이데아의 세계가 아닌 현실의 세계에 방점을 찍은 꼴이다. 이 현실의 세계가 도대체 가상의 세계가 아니고 무슨 세계란 말인가!

사진의 현장성이 가상으로 변하고, 가상의 이미지가 새로운 현실로 다가오는 디지털사진시대를 맞아 우리는 다음과 같은 질문을 던질 수 있다. 도대체 무엇이 참이고, 무엇이 거짓이며, 그 참과 거짓의 척도는 무엇인가? 여전히 참과 거짓을 가려내는 철학적 인식론이 그대로 유효한가, 아니면 새로운 인식론을 위한 메타이론을 마련해야 하는가? 이때 사진의 역할은 무엇이고, 또 과연 무엇이어야 하는가? 그렇다면 우리는 무엇을 찍어야 하고, 어떻게 찍어야 하며, 무엇보다도 왜 사진을 찍어야 하는지를 되물어야 하지 않는가? 이런 모든 물음이 바로 철학적인 것이다. 더 나아가 이 물음은 궁극적으로 인간이란 무엇이고, 또 인간과 기계의 관계는 무엇이며, 이 양자의 관계에서 인간과 인간의 자유함이 어떻게 사진철학의 필연성일 수 있는가, 하는 그런 질문을 던지는 것이다.

4. 사진의 인간화

우리는 사진과 사람, 그리고 사진철학의 관계를 밝히기 위해 사실의 사진, 의미의 사진, 인간의식의 사진을 구체적으로 살펴보았다. 전통적 의미의 사진은 빛과 피사체, 카메라 렌즈와 필름, 그리고 현상과 인화의 과정을 거치는 아날로그방식이었다. 오늘날의 사진도 여전히 전통적 사진생산의 과정과 유사하게 빛과 피사체, 그리고 카메라 렌즈를 통해야 하지만, 필름과 현상 대신 이미지센서와 컴퓨터 출력이라는 디지털방식으로 변화되었다. 전자와 후자 모두 빛이라는 광학을 전제로 하지만, 전자의 아날로그방식 사진이 일종의 화학적 프로세서를 거쳐 완성되었다면, 후자의 디지털방식 사진은 전자적 프로세서를 거쳐 완성된다는 차이점을 갖는다.

이런 두 방식의 차이에도 불구하고 사진은 예술의 대명사라 할 수 있는 2차원의 회화와 달리 태생적으로 대량복제를 가능케 했다. 그리고 대량복제로 인해 일회성과 영원성, 심지어는 진실성까지 모두 보장해주던 진짜 예술작품이라는 개념을 바꾸어놓았다. 특히 복제품 하나하나가 모두 진품이 되는 현실 앞에서 벤야민이 이미 제기했던 예술작품의 아우라Aura는 어디에서도 찾아볼 수 없게 되었다. 예술작품의 본질적인 변화에 사진이 절대적인 역할을 했다. 이에 그치지 않고 전자의 아날로그사진이 진실성과 확실성은 물론이고 인덱스까지 보장했다면, 후자의 디지털사진은 현실과 가상의 경계를 스스럼없이 무너뜨렸는가 하면, 현실과 가상 모두를 완벽하게 조작해낼 수도 있게 되었다. 지금 여기, 우리고 살고 있는 이 현실이 바로 가상이 아니고 무엇인가, 하고 당당하게 맞선다.

그러나 설령 디지털시대의 사진영상이 인간존재의 인식방식을 바꾸어놓을 수 있다고 해도, 인간존재 자체를 바꾸어놓을 수는 없다. 책의 자리에 디지털기기가 들어서고, 독서공간이 사이버공간으로 대체되는 한이 있어도, 인간존재 자체의 가치가 사라지지는 않을 것이다. 심지어 디지털영상이 오늘날 우리가 사는 정보사회를 완벽하게 관리한다고 해서 인간존재 자체까지 좌지우지하여 관리하게끔 방치할 수 있는 것은 결코 아니다. 왜냐하면 그것은 넓은 의미에서 주객이 전도되는 일이기 때문이다. 또 구체적인 의미로 보면 디지털영상이나 정보란 자기성찰을 할 수 있는 철학적 바탕에 근거하지 않고, 단순히 0과 1이라는 숫자적 가상에 근거하기 때문이다. 따라서 디지털영상이나 정보는 독자적으로 존재할 수 있는 것이 아니라, 오직 부차적인 수단으로만 존재할 수 있어서 인간존재의 철학함에 의존할 수밖에 없다. 만일 살아있는 인간존재의 자유에서 이루어질 수 있는 것이 영상과 정보에서도 이루어질 수 있다면, 그것은 기술적 작업도구의 산물에 불과할 것이고, 결국 도구적 특성과 불가분의 관계로 인해 대량생산을 지향하게 될 뿐이다. 여기에는 살아있는 생명이 있을 수 없다. 설령 생명이 있다고 해도 기술과 정보, 심지어 영상 그 자체는 가상의 생명일 뿐이지, 살아 생동하는 인간 자체의 생명일 수는 없다.

디지털사진영상이 아무리 완벽하다고 해도 인간의 인문학적 상상력이나 인류의 역사적 고통, 그리고 무엇보다도 인간존재의 철학적 추상성, 나아가 '인간됨'의 본래적 가치와 자유, 즉 심연에 대한 무한정성의 힘을 다 찍어내지는 못한다. 왜냐하면 사진영상이라는 기술 그 자체가 어떠한 의식이나 사유능력도 가질 수 없기 때문이다. 무엇보다 자기 스스로를 사유할 수 있는 능력이 없기 때문이다. 이를 관리해야 하는 장본인이 바로 인간 자신이라면, 인간존재 자체에 대한 되물음이야말로 디지털사진영상을 직시할 수 있게 만드는 계기가 아니고 무엇이겠는가! 여기서 다시 한 번 사실의 사진이란 무엇이고, 의미의 사진이란 무엇이며, 의식의 사진이란 무엇인가를 우리는 되물어야 하고, 이때 이 모든 물음을 하나로 답할 수 있는 것은 오직 인간 자신일 수밖에 없다. 도대체 인간이란 무엇이고, 또 그 인간의 인간됨이란 무엇이며, 자유함이란 무엇인가? 우리의 전통적 서당교육에서도 인간을 인간으로 만드는 것이 목적이었고, 근대의 학교교육에서도 인간을 인간답게 만드는 것이 목적이었다면, 오늘날 디지털영상교육도 여전히 궁극적으로는 인간다운 인간을 만드는 것이 목적이 아니겠는가! 인간에 관계하는 인프라가 변했고, 그 지평이 바뀌었다고 해도, 그 정점에 여전히 인간이 존재한다면, 인간의 인간됨의 가치와 그러한 인간의 자유함의 가치실현이야말로 이 디지털사진영상에서도 불변의 진리로 남을 것이다. 인간존재의 방식은 시대에 따라 변해왔고, 앞으로도 달라질 수 있으나, 인간존재의 본래성은 변하지 않고 그대로이다. 그렇다면 사진이란 무엇이고, 사진철학이란 무엇인가라는 물음은 인간이란 무엇이고, 인간이 살아가는 철학이란 무엇인가라는 물음이 아니고 무엇이겠는가! 결국 사진의 인간화 작업이 무엇보다 중요하다는 말이다.

II

사진의 역사와
사진예술

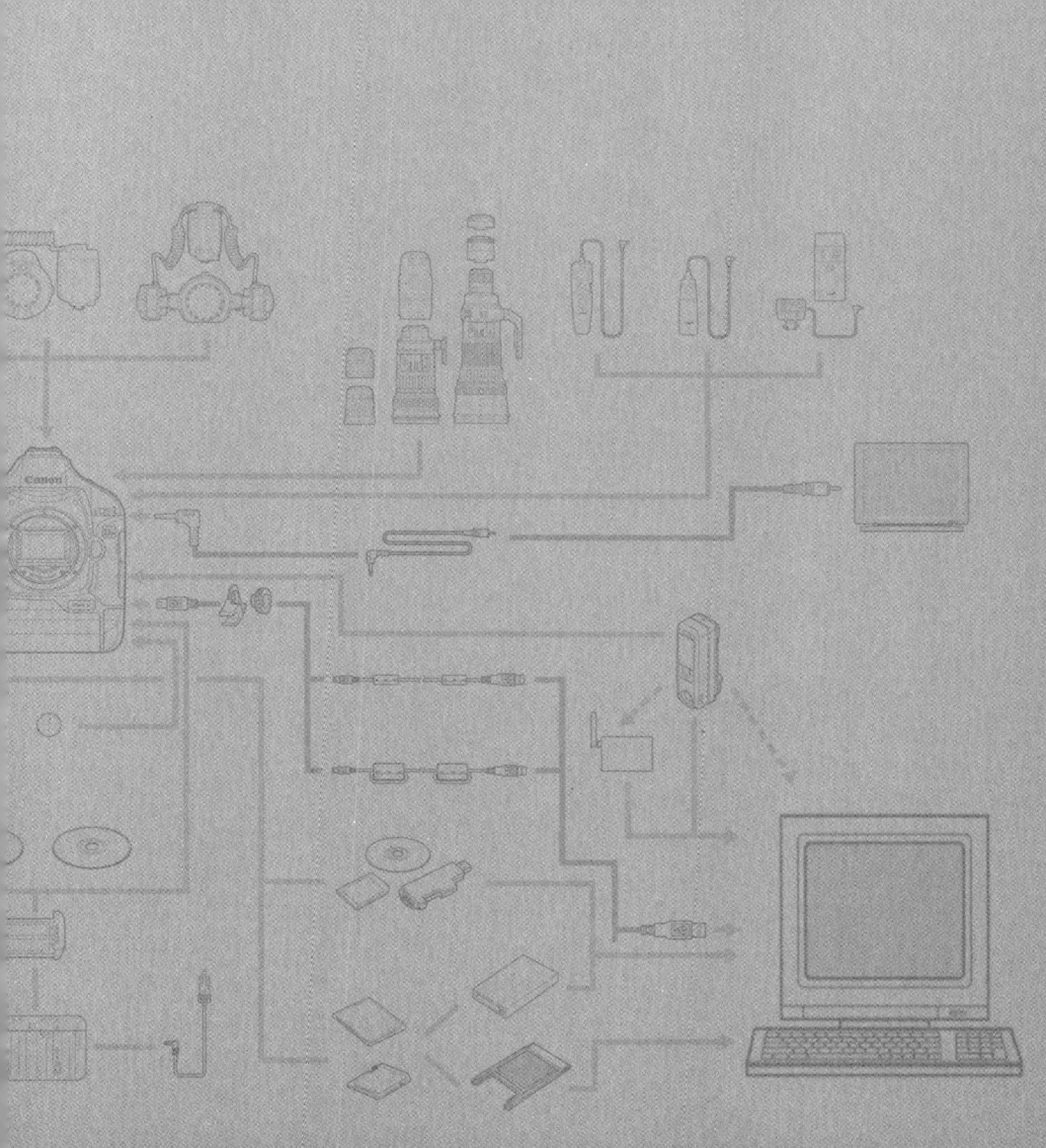

1. 벤야민의 〈사진의 작은 역사〉

발터 벤야민Walter Benjamin(1892~1940)이 사망한 이후 1972년부터 1989년까지 독일에서는 전집의 형태로 모두 12권의 책이 출판되었다. 우리나라에서도 그동안 벤야민에 대해 연구 논문과 책들이 여러 편 소개되었다. 예를 들어《현대 사회와 예술》,《문예비평과 이론》,《발터 벤야민의 문예이론》,《베를린의 유년시절》,《발터 벤야민의 모스크바 일기》,《아케이드 프로젝트》,《일방통행로》등을 언급할 수 있겠다.

하지만 이런 문헌들 가운데서 유독 벤야민의 사진예술론과 관련해서는 참고할 만한 것을 거의 찾아볼 수 없다. 제대로 된 문헌이라고 해봐야 반성완이 편역한《발터 벤야민의 문예이론》(민음사, 1983)이나 최성만이 번역한《기술복제시대의 예술작품/사진의 작은 역사 외》(길, 2007) 정도를 꼽을 수 있겠다. 이 책들도 몇 가지 단편을 모아 번역했을 뿐 그의 사진예술에 관한 담론을 싣고 있지는 않다. 이처럼 벤야민의 사진예술에 관한 연구가 전무한 현실에서 산발적으로나마 인터넷 카페나 블로그에서 그의 사진이론을 논의하고 있어 그나마 다행이라고 생각한다. 이런 척박한 환경을 고려해, 이 책에서는 먼저 발터 벤야민의 사진예술에 대한 입장을 간단하게나마 정리해보겠다.

먼저 반성완이 벤야민의 여러 글들을 모아 번역한《발터 벤야민의 문예이론》을 살펴보면, 그는 이 책을 크게 4부로 나누어 다음과 같은 내용을 싣고 있다. 1부는 벤야민의 자전적 내용, 2부는 문예비평, 3부는 문예이론, 그리고 마지막으로 4부는 언어철학과 역사철학으로 구성되어 있다. 우리의 관심은 당시 사진예술에 대한 벤야민의 입장이기도 하고 무엇보다 〈사진의 작은 역사Kleine Geschite der Photographie〉가 실려 있기 때문에 이 가운데서 3부 문예이론 부분만 살펴보겠다. 참고로 이 책에서는 〈기술복제시대의 예술작품〉, 〈사진의 작은 역사〉, 〈생산자로서의 작가〉, 〈수집가와 역사가로서의 푹스〉 등 네 논문을 하나로 묶어 "벤야민의 문예이론"이라는 제목으로 편집하였다. 그러나 이러한 구성은 편집자의 임의적인 판단에 따른 것으로, 과연 위의 네 가지 주제가 곧 벤야민의 문예이론을 전적으로 대변하는지에 대해서는 여전히 회의적일 수밖에 없다. 이런 한계에도 불구하고 국내에 소개된 문헌 가운데서 거의 유일하게 그의 문예이론을 본격적으로 다루었다는 점에서는 의미가 크다 하겠다.

어떻든 이 책의 3부 '문예이론'의 세 번째 논문인 〈생산자로서의 작가〉(1934)를 먼저 검토해보면, 먼저 이 논문은 유물론적 입장에 근거하고 있다. 벤야민이 유물론적 입장에 섰다는 근거는 〈수집가와 역사가로서의 푹스〉(1937)를 사회문제연구소에서 발행하는 《사회문제연구》에 발표했다는 사실에서도 유추할 수는 있다. 말하자면 벤야민은 1960년대 프랑크푸르트학파의 네오마르크시즘적 사회비판이론을 정초하고 완성했던 호르크하이머Max Horkheimer(1895~1973)와 아도르노Theodor Wiesengrund Adorno(1903~1969)가 창간한 잡지에 자신의 논문을 발표했던 것이다. 사실 여기서 중요한 것은 어느 잡지에 논문을 실었느냐, 하는 점은 아니다. 중요한 사실은 우리가 고찰하려는 〈사진의 작은 역사〉(1931)와 떼려야 뗄 수 없는 〈기술복제시대의 예술작품〉(1936)마저도 이런 유물론적 관점을 취한다는 점이다. 발표 당시 너무도 획기적이었고, 시간이 흐른 오늘날까지도 여전히 지대한 영향을 끼치고 있는 〈기술복제시대의 예술작품〉에서 벤야민은 이처럼 마르크스주의적 이념에 서면서도, 정작 정치적 심미화에 대해서는 거부 의사를 명확히 밝했다.

또한 우리에게는 그의 〈기술복제시대의 예술작품〉과 함께 〈사진의 작은 역사〉가 취하는 이념적 관점이나 예술작품의 본질변화에 대해 갖는 의미해석보다는 논문이 제시하는 새로운 방향성이 무엇보다 중요하다. 더구나 그의 많은 논문들 중에서 〈사진의 작은 역사〉가 사진예술에 관한 벤야민의 유일한 에세이이라면, 그가 여기서 주장한 사진예술의 논의를 통해 벤야민의 문예비평이나 예술이론, 심지어 그의 언어철학이나 역사철학 전체를 조감할 수 있다는 사실 또한 중요하다 하겠다.

유대계 독일문예비평가였던 벤야민은 처음부터 숄렘Gershom Scholem(1897~1982)과 함께 유대교 신학에 관심을 가졌다. 따라서 그는 다가올 미래의 사적 유물론을 모든 문예이론의 기저로 삼았다. 하지만 국경지역에서 뜻하지 않은 자살로 생을 마감하면서, 그는 자신의 독특한 사유체계를 결실 맺지는 못했다. 불행 중 다행으로 벤야민과 같은 유대계 사회철학자이면서 동시에 그의 제자였던 아도르노가 1970년대에 독일에서 벤야민 전집을 발간하면서 소위 '벤야민 르네상스'라고 부를 만한 새로운 붐을 일으켰다. 또 19세기 자본주의의 태고사를 서술했지만 미완에 그쳤던 《파사쥬》가 1980년대에 출판되면서 그에 대한 관심이 전 세계적으로 확대되었다. 특히 1990년대에는 그의 언어철학뿐 아니라, 미메시스 이론, 그리고 특히 그의 산문적 서술양식이 데리다Jacques Derrida(1930~2004) 등의 후기구조주의나 포스트모더니즘과 연관되면서 사회주의적 문예와 철학을 넘어 다양한 문화산업에 대한 새로운 시각을 열어젖히게 된다. 그러므로 연차적인 순서는 바뀌겠지만, 우리는 먼저 〈기술복제시대의 예술작품〉을 간략히 짚은 후에 〈사진의 작은 역사〉를 고찰하겠다.

2. 복제시대의 예술작품과 사진기술

벤야민은 1935년에 이미 〈기술복제시대의 예술작품〉의 집필을 끝마쳤고, 1936년에는 프랑스어로 처음 발표했지만, 독일어 판본은 1963년이 되어서야 출판될 수 있었다. 여기서 그는 파시즘과 투쟁해야 하는 시대적 상황에 직면해 당대의 탈신화적 예술작품 이론을 펼쳤다. 그가 보기에 당대의 복제기술은 예술작품을 동일한 형태로 대량생산하게 만들어 고품격의 예술개념은 물론이고, 예술의 본질에 대한 시각조차 바꾸어 놓았다. 그 결과 수용자들은 유일성과 영원성을 가진 진정한 예술작품에서 더욱 멀어졌다. 복제품 하나하나가 모두 진품이 되어버렸기에 지금까지 위풍당당하던 예술작품의 미묘한 '아우라Aura'(독특한 분위기)도 자연스럽게 사라져갔다. 아우라가 사라지고 없는 작품은 예술의 반열에 오를 수 없다. 왜냐하면 아무리 가까이 있어도 멀리 있는 듯 미묘하게 드러나는 어떤 것이 없기 때문이다.

기존에는 아우라가 예술작품의 제의祭儀적 가치에서도 작품의 유일성을 진정성으로 드러나게 했다. 그러나 1850년경 초상화사진이 등장함으로써 예술작품의 유일무이한 현존성이 제의에서 멀어졌고, 아우라는 더욱 급속히 사라진다. 결국 예술작품의 진정성은 반복 가능한 복제품들의 홍수로 인해 그 가치를 상실하고 말았다. 더욱이 사진기술이 등장하면서 예술작품의 일회성이나 종전의 예술성을 어디에서도 찾아볼 수 없게 되었다.

훗날 플루서는 아우라에 대한 벤야민의 이러한 비판을 자신만의 방식으로 발전시켜서 전통적 아우라로 혹사당하는 순수예술개념을 컴퓨터예술개념으로 바꾸어 놓았다. 컴퓨터예술이란 플루서의 독특한 디지털예술개념으로, 작품에서 직접 나오는 어떤 아름다움이 아니며, 그것은 개별적 인간이 자신의 목적을 위해 장치를 가지고 사이버네틱에서 프로그램화하는 아름다움을 의미한다. 이것은 사람들이 평상시에는 프로그램 속에 들어 있지 않는 어떤 것을 그려내도록 장치를 조작하는 데서 나타난다. 따라서 예측하지 않았던, 아니 예측하지 못했던 어떤 새로운 것들이 여기서 나타나게 된다. 그는 이것을 디지털시대에 걸맞는 일종의 '정보'라 하면서, 그러한 정보를 제공하도록 컴퓨터예술가들이 장치를 조작한다고 말했다. 이러한 예술의 본질적 변화에 대한 사진의 역할은 절대적이었다. 특히 사진기술이 확대되어 새로운 모습의 영화가 등장한다. 그 결과 기존에 통용되던 어떠한 아우라도 더 이상 용납되지 않는 채 새로운 예술장르인 사진이 그 역할을 톡톡히 해내게 되었다. 결과적으로 영화스타의 등장이 아우라를 대신하게 되었고, 그러한 아우라는 카메라의 역할과도 무관하지 않았다.

이러한 연관성 속에서 우리는 〈사진의 작은 역사〉의 내용과 구성을 자세히 고찰해보겠다. 먼저 벤야민의 사진예술은 마르크스주의의 사적 유물론의 이념을 따른다. 다시 말해 벤야민이 종래의 비의秘義적 예술이론에서 유물론적 예술이론으로 입장을 바꾼 후 집필한 것이다. 이 내용 전체를 우리는 '사진기술의 대두'와 '사진기술과 회화기법', 그리고 '예술작품과 사진예술'로 나누어 살펴보겠다. 또 결론으로서 오늘날 디지털시대의 입장에서는 이를 어떻게 평가할 수 있는지 생각해보겠다. 더 나아가 디지털예술을 주장한 플루서와의 관계에서는 어떤 평가가 가능한지도 짚어보려 한다.

사진의 역사를 서술하기 위해 벤야민은 먼저 르네상스시대의 레오나르도 다 빈치Leonardo da Vinci(1452~1519)가 '암실상자camera obscura'

에서 영상을 처음으로 잡아낸 시기를 출발점으로 삼는다. 이어 1839년에 니엡스Niépce와 다게르Daguerre가 근대적 의미의 사진기술을 개발하고, 이후 힐David Octavius Hill(1802~1870)과 카메런Julia Margaret Cameron(1815~1879), 위고Charles-Victor Hugo, 나다르Nadar 등이 사진으로 폭넓은 활동을 하면서 세상의 주목을 받게 되었다는 사실로 점차 논의를 확대한다. 특히 이들이 그 당시 명함판사진을 등장시킴으로써 당대의 예술계 판도를 완전히 뒤흔들어 놓았다고 평가한다. 그 시대의 분위기를 살펴보면, 라이프치히 신문까지 나서서 사진기술이 아무리 훌륭하더라도 순간적인 영상을 잡아 고정하겠다는 것은 불가능한 일이고, 더욱이 그것은 '신을 모독하는 짓'이라고 할 정도였다. 이는 결과적으로 회화기법의 예술이 판을 치던 시대에 영상의 새로운 기술인 사진이 등장하여 인간의 모든 활동을 적나라하게 예술적인 기록으로 남긴 것이다.

벤야민은 대표적인 예로 데이비드 힐의 〈뉴 헤이븐 어부의 아내 Newhaven Fishwives〉를 제시했다. "무관심하면서도 유혹적일 정도의 수줍은 눈길로 땅을 내려다보고 있는 이 여인의 사진에는, 힐의 사진예술을 말해주는 증언 속에서는 찾아볼 수 없는 그 어떤 것, 다시 말해 한때 살았지만, 오늘날에도 생생하게 살아남아 결코 예술 속에는 완전히 병합되기를 꺼려하면서 여인의 이름이 무엇이냐고 끈질기게 묻고 있는, 그래서 도저히 침묵시켜 버릴 수 없는 그 어떤 것이 그대로 남아 있다. 그래서 묻노니 이 치장한 머릿단이며 눈길이 어떻게 지난날의 모습을 감싸고 있는지, 불길도 없는 연기마냥 마구 피어오르는 욕정을 담은 이 입술은 어떻게 입을 맞추었을까?"[1] 이 사진은 회화 이상으로 회화의 대립적인 요소를 가지면서도 정밀한 기술로서 마력적 가치를 한껏 발휘한다.

더구나 현재의 삶을 순간적으로 포착하여 과거의 삶과 미래의 삶을 모두 그려낼 수 있다면, 더욱이 사진기술이 사람의 눈에 띄지도 않는 미세한 부분까지 정확히 잡아낼 수 있다면, 분명 사진은 회화 그 이상일지도 모른다. 이때 회화 그 이상이라는 말은 벤야민에겐 단순히 사변적이거나 형이상학적인 것이 아니라, 가장 현실적이고 구체적인 표현이다. 왜냐하면 그는 이를 두고 카메라 렌즈에 비치는 자연과 사람의 눈에 비치는 자연이 다르다고 말하기 때문이다. 무엇보다 사람의 눈은 자신의 의식 여하에 따라 임의적인 공간을 설정할 수 있지만, 카메라 렌즈는 사람의 의식과 관계없이 기계의 기술적 조작 여하에 따라 필연적인 공간만을 설정한다. 따라서 전자의 공간에서는 영혼이 담겨 있는 훌륭한 초상화가 절대적이라면, 후자에서는 실물이 담겨 있는 적나라한 사진영상이 절대적이다. 이것이 소위 예술작품에 있어서 아우라의 탈아우라논쟁이 제기되는 기점이었다.

이러한 시대적 상황에서 벤야민은 인간의 의식보다 카메라 렌즈를 염두에 두면서, 사진이야말로 가장 미세한 것 가운데 존재하는 사실의 형상세계를 인상학적인 모습으로 보여준다고 단언했다. 여기서 말하는 형상의 세계란 이상세계에서처럼 감추어져 있으면서도 그 모습을 더욱 적나라하게 드러내는 사진의 세계를 의미한다. 이러한 사진세계의 현실적이고 구체적인 경험은 바로 새로운 현사실에 대한 일종의 신비한 체험이기도 했다. 그래서 벤야민은 슈바르츠 Heinrich Schwarz (1894~1974)를 인용하면서 그러한 신비한 체험이야말로 "자연 그 자체처럼 생생하고 사실적으로 보이는 가시적 세계의 영상을 눈 깜짝할 사이에 만들어낼 수 있는 기계장치 앞에 서 있는 의식"[2]이라고 말했다.

이는 벤야민 자신이 느낀 사진의 선명도에서 오는 확실성과 적시성에 대한 놀라움의 표현이기도 하다. 그의 이런 놀라움은 단순한 감정에서 나온 감탄이나 감격에 그치지 않고, 부르주아 지식인이 일반적으로 갖는 사회주의 정치의식으로까지 확장된 것이라고 볼 수 있다.

따라서 그에게는 사진촬영이라는 것도 회화에서의 소묘나 초상화에서의 구도처럼 모델을 한 순간에서 벗어나게 하는 것이 아니라, 오히려 모델을 순간 속으로 들어가게 하는 것이었다. 그러므로 사진의 지속성은 그 어느 회화에서보다 더욱 두드러진다. 한 초상사진의 저고리에 있는 주름들이 지속성을 유지함으로써 그 사진이 불멸의 예술로 남을 것이라고 벤야민이 확신했다면, 그는 사진기술을 전통적인 예술 그 이상으로 간주한 것이다. 특히 '야외화野外畵, Pleinairmalerei'가 화가들에게 새로운 원근법을 제시했다는 사실을 언급하면서, 그는 사진이 회화에서 릴레이 경주의 바통을 이어받았다고 할 만큼 사진을 적극적으로 옹호했다. 그러므로 벤야민은 아무리 고도의 사진기술이라 해도 그것이 기술인 한, 그러한 기술은 타고난 예능적 재능에 의해 이루어지지 않으며, 장인의 감성이나 사회적 수련에 의해 발현된다는 점을 분명히 했다.

이러한 배경에는 벤야민의 지적 정신세계를 형성한 유대교적 뿌리와 함께 브레히트Bertolt Brecht(1898~1956)와의 만남에서 비롯된 사회주의적 마르크스주의가 밑바탕에 깔려 있다. 사실 그는 부르주아지 지식인들과 함께 《역사와 계급의식Geschichte und Klassenbewusstsein》을 집필한 루카치György Lukács(1885~1971)의 영향을 받았고, 프랑스의 프루스트Marcel Proust(1871~1922)와 보들레르Charles Baudelaire(1821~1867) 문학, 초현실주의와 다다이즘에 대해 관심을 갖고 있었다. 그 결과 벤야민은 부르주아지적 문예비평가에서 사회주의 문예이론가로 변신할 수 있었다. 그럼에도 그의 예술이론에 결정적인 영향을 끼친 사람은 역시 브레히트였다.³ 브레히트의 서사극은 물론이고, 드라마와 시에 대한 해설을 보면 벤야민이 브레히트 문학의 옹호자였음을 즉각 알아차릴 수 있다. 엄밀히 말해 현실생활과 정신생활에서는 이 두 사람이 차이를 보였지만, 무정부주의적 입장이나 사회주의적 현실에 대한 관점에서는 폭넓은 공감대를 형성했다고 볼 수 있다.

3. 사진기술과 회화기법

벤야민은 먼저 유물론적 문예이론과의 연관성에서 회화와 사진의 차이를 밝힌다. 예를 들어 회화에서는 대리석이든 아니면 그냥 돌이든 그것으로 만들어진 원주圓柱는 아주 듬직해서 있음직하다는 느낌을 주지만, 사진에서는 전혀 그렇게 보이지 않는다고 설명한다. 왜냐하면 사진에서는 보통 그러한 원주가 양탄자 위에 서 있는 것으로 나타나기 때문이다. 원주 다음으로 제시하는 예가 카프카Franz Kafka(1883~1924)의 어린 시절 사진이다. 경직된 모습이지만 슬픔을 담고 있는 이 사진은 사람의 시선을 끌어 안정감을 전해준다. 기술적으로 초창기 사진은 광선의 명암을 조절해서 사진 전체를 아주 분위기 있게 만들어냈다. 이를 두고 사람들은 '고상한 취미' 혹은 '예술적 완성'이라고까지 평가했으나, 벤야민은 이러한 평가를 오해라고 잘라 말한다. 왜냐하면 초창기 사진들은 수용자의 입장에서 보면 당시로서는 최첨단 기술자인 사진가들이 촬영한 것이지만, 그 사진가의 입장에서는 부르주아계급의 급성장에 따른 사회상을 촬영한 것일 뿐이기 때문이다. 벤야민은 여기에서도 이미 사회계층인 부르주아계급을 언급함으로써 사진의 사회주의적 정치성을 다분히 드러내 보인다. 그의 이런 입장을 따르게 되면 '예술적 완성'이라는 아우라도 카메라의 즉물적 산물이 아니라, 실물과 예술의 관계에서 나온 일종의 허상이 된다. 다시 말해 명암을 조정하는 광학기술로 인해 새로운 스타일의 색상이 등장했을 뿐이라는 말이다.

앞서 우리는 이미 브레히트와 벤야민의 입장 차이를 짧게 언급했지만, 여기서는 다시 카프카에 대한 둘의 입장차를 살펴볼 필요가 있다. 왜냐하면 이를 통해 사진에 대한 벤야민의 입장을 더욱 가시적으로 정리할 수 있기 때문이다. 브레히트는 벤야민이 쓴 〈프란츠 카프카〉를 대체로 수용하는 편이었지만, 그의 신비주의적이고 허무주의적인 요소들에 대해서는 비판을 서슴지 않았다. 왜냐하면 벤야민에게 카프카는 "신비주의의 유혹을 항상 회피하지 않았고", 또 "매일 매일의 삶이 가져다주는 풀기 어려운 행동방식과 해명하기 힘든 발언 앞에 서 있었던 카프카는 어쩌면 죽음을 통해 적어도 자신의 동시대인들도 그와 동일한 어려움을 맛보도록 하고 싶었다"는 식으로 비쳤기 때문이다.

이에 그치지 않고 브레히트는 〈기술복제시대의 예술작품〉과 〈사진의 작은 역사〉의 중심개념인 아우라에 대해서도 신비주의적으로 해석될 가능성이 크다면서 벤야민을 비판했다. 그것은 벤야민이 예술작품에서 아우라를 극복해야 할 대상인지, 혹은 아닌지에 대해 모호한 태도를 취했기 때문이다. 사실 일종의 영기靈氣와 같은 아우라는 라이프니츠Gottfried Wilhelm Leibniz(1646~1716)의 '창문 없는 단자'로 일컬어지는 공간의 아우라와 시간의 아우라로 나뉘기도 한다. 공간의 아우라는 엄숙하고 장엄한 성당이나 그 안에 걸린 성물과 성화 등에서 풍겨 나오는 묘한 분위기를 말하고, 시간의 아우라는 우리의 기억에서 멀어져간 체험의 시간에서 나오는 묘한 분위기를 의미한다. 소위 사진 속의 풍경을 노래의 음색처럼 사진의 음색이라고 말할 수 있는 것이다. 이는 시간과 함께 생기기도 하고 사라지기도 한다. 따라서 앗제는 사진을 두고 과거의 시간을 드러내는 것이라고 했다. 특히 문학에서는 프루스트의 소설《잃어버린 시간을 찾아서À la recherche du temps perdu》에서 이런 내용을 발견할 수 있으며, 한 인간이 자기의 과거를 찾기 시작하면서 지난 날의 삶을 되찾으려고 하는 부분에서 더욱 두드러진다.

그러나 기술복제로 인해 예술작품, 특히 사진에서 아우라의 개념이 사실상 사라졌다고 누구보다 강조한 사람이 바로 벤야민이었다. 이런 맥락에서 그는 연주자와 악기의 관계를 비유로 들며 사진촬영에서 결정적으로 중요한 것은 사진가와 사진기술의 관계라고 주장했다. 연주자가 악기를 통해 음을 조율하는 것처럼 사진가는 기계장치인 카메라를 조작하여 사진을 찍어야 한다. 이런 점에서 그가 유명한 피아니스트였던 부소니Ferruccio Benvenuto Busoni(1866~1924)를 사진작가였던 앗제와 대비시킨 것은 다분히 의도적이었다. 왜냐하면 앗제는 사진의 대상을 아우라에서 해방시킨 장본인이었고, 동시에 벤야민 자신의 정치적 당파성을 옹호해줄 수 있는 초현실주의의 선구자였기 때문이다.

당시 앗제는 괴팍한 성격 탓에 현실과 타협하지 못하면서 유명세를 얻지 못했다. 그는 프롤레타리아트처럼 가난하게 살면서 수천 점에 이르는 자신의 사진작품을 싼값에 마구 팔아넘겨야 했다. 그럼에도 앗제는 놀라울 정도로 인내하며 겸손한 자세로 자신만의 길을 꾸준히 걸었다. 그는 웅장한 광장이나 거창한 상징적 기념물은 거들떠보지도 않았다. 그는 구두가 길게 늘어선 광경, 온종일 손수레가 줄지어 있는 집마당, 식사 후의 어지러운 식탁, 사창가의 풍경 등을 카메라에 담았다. 그런가 하면 이와 다르게는 파리 성곽의 성문도 비어 있고, 화려한 계단도 비어 있으며, 카페의 발코니도 비어 있고, 테르트르 광장도 비어 있는 그런 빈 공간을 카메라에 담았다. 한결같이 이러한 사진들은 괴이하고 공허할 뿐이었다. 지금까지 사람들에게 익숙했던 예술작품의 아우라가 사라지고 사람들에게 낯설기만 한 새로운 사진예술의 즉물성을 드러낸 것이다. 즉 현사실성이 인간을 자신으로부터 소외시키고, 사회로부터 소외시키며, 결국 세계로부터 소외시켜 마침내 자기 없는 자기 세계의 파국을 낳게 했다. 이를 벤야민은 오히려 '유익한 소외'라며 반겼다. 왜냐하면 자본주의사회에서 '따돌림'이야말로 아직 오지 않은 새로운 인간성을 위한 과학적 사회주의사회의 도래를 엿볼 수 있게 만들기 때문이다. 그래서 벤야민은 이런 따돌림이 어찌 바람직하지 않고, 유익한 소외가 아닐 수 있겠느냐고 되묻는다. 낡은 사회, 늙은 역사, 한물간 예술이 이제 막을 내리고 새롭게 등장한 사진예술이 그에게는 새로운 사회, 새로운 과학적 유물론의 역사시대를 열어주고 있었다.

    이로써 앗제는 당대에 유행하던 초상화사진기술을 종식시키면서 사진의 새로운 장르를 개척했고, 마침내 그것이 초현실주의 사진의 길이 되었다. 이미 앞서 언급한 것처럼 그의 일차적인 작업은 사진의 실물대상을 기라성 같던 아우라에서 해방시키는 것이었다. 산 넘어 호수 저편에서 해가 검붉게 타는 듯이 넘어가는 저녁 풍경과 혼연일체가 되어 하나로 되울려 퍼질 때 사람들은 그 산이나 호수의 정령을 연기와 같은 아우라로 가지게 된다. 그러나 사진기술의 발달로 인해 그러한 아우라가 한갓 허상일 뿐이라는 사실을 밝혀내려면, 더욱이 그러한 허상 뒤에 숨어 있는 참다운 세계를, 그러니까 새로운 역사의 필연성을 눈앞의 실상으로 제시하려면, 사진은 당연히 실물대상을 클로즈업하지 않을 수 없다.

이를 위해 그는 지금까지 회화에서 절대적 가치를 누려왔던 일회적인 예술작품의 아우라라는 허상을 퇴위시켜야 했다. 물론 퇴위시키는 최첨단의 수단으로 그는 기술복제를 적극적으로 수용한 것이다. 기술복제는 실물대상을 사진으로, 그러니까 모사模寫를 통해 모든 사람이 그것을 소유할 수 있도록 만들었다. 순간성과 반복성이 모사에서 긴밀하게 얽혀 있는 것처럼 상像에서는 일회성과 지속성이 긴밀하게 얽혀 있다. 이때 모사에서는 같은 것의 되풀이인 반복성이 부각되고, 상에서는 같은 것의 연속성인 항구성이 부각된다. 그 결과 종래의 아우라에서 벗어나게 하는 지각작용이 사진에서는 초현실주의를 가능케 한 것이다. 따라서 앗제에게 카메라는 단순한 기계나 장치가 아니라 삶의 경이를 표현하기 위한 악기였다. 또한 그에게 사진은 적막하고 쓸쓸한 텅 빈 세상을 직접 만나게 하는 일방통행로의 기록이었다. 그의 사진은 기록적인 가치뿐 아니라, 정지된 도심의 장면을 보여주면서 인간 삶의 새로운 세계를 전망토록 했다. 즉 미래의 초현실주의적 가치를 제시한 것이다.

이러한 새로운 시각은 상업화된 초상사진에서 큰 성과를 거두었다. 사실 사진에서 인물을 포기하기란 쉽지 않다. 특히 러시아의 극영화에서는 초상사진을 촬영하기 위해 한 번도 사용된 적 없는 방법으로 카메라 앞에 사람들을 세워놓고 사진을 찍었다. 그것은 종전의 초상화에서 온 초상사진이 아니었다. 그렇다면 그런 사람들의 얼굴이 갖는 실상은 무엇인가? 이 질문에 답하기 위해 벤야민은 잔더의 사진작품을 언급한다. 잔더는 땅에 충실한 농부들을 비롯해, 문명인과 백치에 이르기까지 온갖 사람들의 초상사진을 과학적으로 묶어냈다. I장에서 살펴보았듯이 그는 탄광촌에서 태어나 광부로 일하다 사진을 접하게 되었고, 이후에는 직접 사진관을 경영하기도 했다. 이런 경험이 그를 자연스럽게 사회주의 예술론으로 이끌었고, 독일민중 전체를 대상으로 하는 수천 점의 인물사진에 몰두하도록 만들었다. 그는 인물사진을 통해 거대한 사회시스템 속의 인간상을 파악하려 했다. 사진 속의 인물들은 사회조직 내의 농민, 군인, 교사, 변호사 등과 같은 직업을 대변한다. 더구나 그는 학자의 입장이 아니라, 오직 '자기 눈높이에서 자신이 직접 관찰한 것'에 따라서만 작품 활동을 전개했다. 벤야민은 이를 높이 평가하며 괴테Johann Wolfgang von Goethe(1749~1832)의 "자신을 대상과 긴밀하게 일치시킴으로써 그 자체가 이론이 되는 그러한 섬세한 경험적 세계가 존재한다"는 말을 인용하기에 이른다. 벤야민은 이에 더해 사진작가는 비교사진술을 행한 결과, 사진가의 입장을 능가하는 일종의 학문적 관점도 획득한다고 말했다. 그가 이처럼 잔더의 작품을 사진집 이상으로 평가한 것은, 그 시대가 사회적 변동으로 인해 사람들의 인상을 관찰하고 이해하는 능력이 그 어느 때보다 필요했기 때문이다. 그 결과 잔더의 사진집은 일종의 사회학적이고 인상학적인 지리부도라고 불릴 정도가 되었다.

    이런 가운데 사진연구의 방향은 이미 순수한 미적 존재의 영역에서 사회적 기능의 영역으로 바뀌면서 사회학적으로 더욱 발전할 수 있게 되었다. '예술로서의 사진'이라고 직접적으로 말하면 먼저 예술작품에 대한 미적이고 철학적인 논쟁이 일어, 한없이 복잡하고 어려워질 수 있다. 하지만 '사진으로서의 예술'이라 하면 사회적 위상 설정이 우선하므로 그러한 복잡한 문제로 넘어가지 않는다. 왜냐하면 '예술로서의 사진'에서는 사진의 전제인 예술이 무엇인가라는 내용을 먼저 밝혀야 하고, 또 예술내용의 추상성으로 인해 여러 논란이 일어날 수 있기 때문이다. 하지만 '사진으로서의 예술'에서는 예술의 전제가 사진이기 때문에 사진의 물적이고 사회적인 특성 덕분에 내용구성이 분명해진다. 더구나 여기서는 예술작품을 사진으로 복제하는 일이 예술의 기능면에서 사진을 예술적으로 형상화하는 일보다 훨씬 중요하게 된다. 현실적으로 우리가 '예술로서의 사진'에서 '사진으로서의 예술'로 눈을 돌리면, 그것이 무엇이든 현실보다는 사진에서 훨씬 쉽게 대상을 포착할 수 있다. 이러한 연관성 때문에 벤야민에게는 예술로서의 사진보다는 사진으로서의 예술이 프롤레타리아계급을 계몽하기에 더욱 적합해 보였다. 따라서 그는 사진으로서의 예술을 적극 옹호했다. 더 나아가 사진으로서의 예술에서도 창조적 사진과 구성적 사진을 구분한 후 후자의 입장을 옹호했다. 왜냐하면 창조적 사진에서는 대상 그 자체가 중요하지만, 구성적 사진에서는 대상에 관계하는 인간과 사회가 중요하기 때문이다. 이에 대해서는 이어지는 "4. 예술작품과 사진예술"에서 다시 살펴보겠다.

 벤야민은 사진 전반에 대한 이런 현상을 현대인이 가진 예술감각의 몰락이나 무능으로 돌리지 않는다. 그는 복제기술의 발달과 예술작품에 대한 눈높이가 달라졌기 때문에 이런 현상이 발생한다고 주장한다. 사실 예술작품들은 이제 더 이상 어떤 천재 예술가들의 창조물이 될 수 없고, 복제기술에 의해 대중의 작품으로 전락하고 말았다. 오늘날 예술작품은 그 복제품 하나하나가 모두 진품과 100% 동일하기 때문에 진품과 복제품의 구별이 사실상 사라지고 만 것이다. 이미 영화에서처럼 사진에서도 모두가 한순간에 지나갈 뿐이며 반복 가능하다. 그렇다고 예술과 사진이 완전히 결별하고, 사진만 존속하겠는가! 그렇지는 않을 거라 본다.

4. 예술작품과 사진예술

벤야민은 예술과 사진의 관계를 예술작품과 사진예술 사이에 존재하는 어떤 긴장감으로 이해한다. 왜냐하면 이 둘의 영역은 양분되어 있지만, 서로 연관된 하나에서 나온 두 양상이기 때문이다. 무엇보다 그 당시 대부분의 사진가들이 그림을 그리던 화가였다는 사실이 이를 뒷받침한다. 그렇다면 그들은 왜 사진가로 전향했을까? 화가들은 처음부터 그들 나름대로의 영감이나 한발 앞선 시대적 안목을 가지고 있었다. 따라서 그들은 자연스럽게 자신들의 회화적 표현수단을 생생한 삶의 현장이나 미래에서 찾게 되었고, 그 결과 자신들의 예술작품에 대한 영감이나 기법을 되돌아보게 된다. 이미 언급했듯 벤야민은 이를 두고 사진이 회화에서 릴레이 경주의 바통을 물려받았다고 말하며, 새 시대에 새롭게 태동한 사진예술을 적극적으로 수용했다. 이러한 사진예술의 신기원을 확인하기 위해 그는 먼저 모호이너지를 언급한다. 모호이너지는 새로운 것의 창조가능성이 낡은 형식, 낡은 표현, 낡은 형상화를 극복하면서 비롯된다고 여겼다. 특히 신고전파 화가들이나 사실주의 화가들이 새로운 과학적 기술로 작업했기 때문에 그들이야말로 광학적 조형의 선구자가 될 것이라고 예언했다.

여기에 더해 차라Tristan Tzara(1896~1963)는 고유한 가치인 예술작품의 아우라가 사라지게된 것은 사진가들이 1,000촉이나 되는 전등을 밝히면서 하늘의 성좌보다 더 새롭고 섬세한 섬광을 이용했기 때문이라 말하며, 사진예술의 과학적인 발전에 큰 방점을 찍었다. 그러나 이에 대해 벤야민은 조형예술에서 바통을 이어받은 사진가들이 전위대를 형성할 수 있었던 것은 처음부터 사진의 가장 큰 위험요소였던 예술의 상업화 경향을 대비했기 때문이라고 주장한다. 그가 이러한 주장을 한 속내에는 후기산업사회에서 발생하는 자본주의의 여러 폐해에 대한 우려가 깃들어 있다. 또한 벤야민은 자신의 사회주의적 이념성 때문에 사진예술을 정치적 편견이나 과학적 편견, 혹은 그 밖의 모든 편견에서 벗어나게 할 수만 있다면, 사진예술이야말로 '창조적'일 수 있다는 주장에 대해서도 반대한다. 이것이 바로 그가 사진으로서의 예술을 창조적 사진이 아닌 구성적 사진에서 찾고 있다는 증거라 하겠다.

그래서 벤야민은 사진예술이 '창조적이다'라는 말에 따옴표를 달았다. 사진기는 앞에 있는 피사체를 포착하는 일을 하고, 사진은 아주 자유로운, 어떤 의미에서는 자기 신념이라고는 없는 작가가 있는 그대로를 드러내 보이도록 한다. 그리고 그 정신은 기계이며 그것을 극복하는 여러 성과를 삶의 의미로 해석하는 일을 한다. 그렇다면 '창조적'이란 말은 무슨 의미인가? 엄밀한 의미에서 창조란 "무에서 유를 창조한다"처럼 전에 없던 것을 처음으로 만들어 내는 일을 말한다. 하지만 그의 사적 유물론에서 보자면 창조의 본질이란 현재까지와는 완전히 다른 어떤 변형을 의미한다. 이를 두고 벤야민은 의미론적으로 창조란 모순을 아버지로 삼고, 모방을 어머니로 삼는다고 표현했다.

분명 사회질서의 위기가 고조되면 될수록, 또 생명 없는 대립이 경직되면 될수록 사회적 연관성에서의 창조는 그 본래 의미를 잃고, 어떤 대상물에 초자연적인 힘이 내재한다고 믿는 물신物神주의에 빠지게 된다. 사실 사진에 창조적인 면이 있다면 그것은 유행에 대단히 민감한 물신주의적 성격에 기인한다. 다시 말해 사진촬영의 창조성은 유행에 따르는 결정 덕분에 생기는 것이다. '세상은 아름답다'라는 말이 바로 그런 유행의 전형적 구호이다. 그러나 사진의 이러한 물신주의적 특성이 그 자체의 맹점으로 인해 인간관계의 어떤 내용도 파악하지 못한 채 사진의 상업성만을 드높이게 된다면, 사진의 창조성은 기껏해야 사실의 폭로나 구성에서 찾을 수 있을 거라고 벤야민은 주장한다. 왜냐하면 사진의 창조성은 광고나 그 연상효과에 있기 때문이다. 소위 이것이 그의 구성적 사진에 대한 주장이다. 이를 뒷받침하기 위해 그는 브레히트를 인용한다. 본질적인 것의 현실은 기능이 대신하게 되고, 인간관계의 물화현상은 인간관계를 더 이상 드러내 보여주지 못한다. 따라서 뭔가를 구성하는 일, 뭔가 인위적이고 인공적인 것을 구성하는 일이 필요하다는 것이다.

　　벤야민은 이러한 인위적이고 인공적인 인간관계에 의한 구성적 사진기술과 초현실주의자들에 의한 창조적 사진기술 사이에서 발생하는 문제의 해결책을 러시아 영화에서 찾았다. 왜냐하면 러시아에서는 사진예술이 어떤 간접적인 자극이나 묵시적인 암시에 의미를 두지 않고, 사회주의적 경향성에 따른 직접적이고 현실적인 실험이나 교육에 목표를 두고 있었기 때문이다. 여기에서 그는 사진기술에 대한 비에르츠Antoine Joseph Wiertz(1806~1865)와 보들레르의 입장을 대비시키면서 후자에 무게를 싣는다. 비에르츠는 사진기가 발명된 후 사진예술의 새로운 시대가 열릴 것이라고 기대하면서 이를 극찬했다. 사진기가 바로 붓이 되고, 팔레트가 되고, 물감이 되고, 경험이 되고, 표본이 되어 결국 회화의 정수가 될 거라고 호언장담했다. 이에 반해 보들레르는 보다

신중하게 새로운 기술, 새로운 사진에 대해 비판적 입장을 취한다. 왜냐하면 그에게 예술은 여전히 자연의 충실한 재현이기 때문이었다. 만일 사진이 더 많은 기능으로 예술을 보완한다면 예술작품은 사진에 밀려 완전히 사라질 것이고, 결국 사진예술은 사진 본래의 역할인 학문과 예술의 시녀로 되돌아가지 않을 수 없다는 주장이다.

사진예술에 대한 이들 두 사람의 찬반입장을 대립시키면서 벤야민은 이들 모두가 사진의 '진정성Authentizität'을 놓치고 있다고 지적한다. 르포르타주와 같은 것으로는 사람의 마음속에 있는 효과만을 연상시킬 수 있을 뿐, 그 자체로는 부족하다는 말이다. 카메라는 순간적이고 은밀한 이미지들까지 포착해낼 수 있기 때문에 사진은 인간 삶의 모든 상황을 문예화하고, 문학화하는 데 기여해야 하는 목적적 표제를 달아야 한다. 여기서 문학화한다는 말은 벤야민 자신의 문예이론이나 문예비평을 지목하는 것이고, 현대적 의미의 캡션과 같은 표제를 달아야 한다는 뜻은 사회주의적 의식화작업을 통한 목적 달성을 지목한 것이다. 이것이 바로 벤야민이 강조한 사진의 표제에 대한 해석학적 의미이다. 사실 사진의 표제가 없다면 모든 사진의 구성은 불확실할 수밖에 없다. 이를 재확인하기 위해 그는 "미래의 문맹자는 문자를 모르는 사람이 아니라 사진을 모르는 사람이 될 것"이라는 말을 인용한다. 나아가 사진가가 자신의 사진을 읽을 수 없다면 그 또한 문맹자라고 한 것도 사진의 표제를 강조하기 위해서였다. 표제를 다는 일, 다시 말해 벤야민은 사진의 표제설명이 미래 사진예술의 가장 중요한 구성요소가 될 것임을 예언한 것이다. 그의 사진예술이론이 갖는 사회주의적 진면목이 여기에서 다시 한 번 드러나게 된다.

5. 사진의 예술화

발터 벤야민의 〈사진의 작은 역사〉는 단순히 유럽의 사진가나 사진의 역사를 기술하는 데 그치지 않는다. 사진의 발전 양상을 정리한 글이라기보다는 예술작품의 패러다임이 어떻게 회화예술에서 사진기술로 변했고, 또 기술적으로 어떻게 형성되었으며 사회적 효과는 어떠했는지, 그리고 앞으로 사진기술이 어떤 방향으로 가야 하는가를 당시의 역사적 사명의식으로 집필했다고 보는 것이 타당하다. 우리는 벤야민의 이런 의도를 이해하기 위해 사진기술의 태동을 비롯해 사진기술과 회화기법의 근본적 차이점을 먼저 짚었고, 결과적으로 그에게는 왜 예술작품이 아니라 사진작품이 중요했는가를 고찰했다. 사진기술의 등장은 영상을 통해 불가능하다던 순간포착을 가능케 만들면서 작품의 아우라를 사진기술의 새로운 패러다임으로 바꾸어 놓는 계기가 되었다. 이런 결과는 현실에서 현실을 떠나 적나라한 사실만을 즉물적으로 표현하는 초현실주의 사진 덕분에 가능했다. 화가의 눈이 아니라, 카메라 렌즈가 사진의 아우라까지 벗겨내 초현실의 무의식적 세계를 드러내게 했던 것이다. 이를 가능케 한 인물은 물론 앗제였으나, 다른 측면에서 보자면 사진의 방향을 미적 존재에서 사회적 기능으로 바꾸어 놓은 장본인은 잔더였다. 그는 여러 사람들의 초상사진을 집단적으로 유형화하여 이를 가능케 했다.

    그렇다면 벤야민은 왜 이들 두 작가를 전면에 내세웠을까? 직접적으로는 자신과 아드로노의 관계 때문이었고, 사상적으로는 자신의 사회주의적 문예비평의 경향성 때문이었다. 그럼에도 불구하고 엄밀한 의미에서 그는 사회주의의 경색된 필연성의 역사관에서 벗어나 있다.

오히려 그에게 있어 역사는, 사회주의적 필연성의 역사가 아니라, 단편적이고 파편적인 역사였고, 더욱 적극적으로는 고통의 역사였다. 그를 되살려냈던 아도르노 역시 철학적 인식 자체를 행복이라기보다는 불행, 불행이라기보다는 인류역사의 필연적인 고통이라고 하여 벤야민을 자신의 영역으로 끌어들이려 했다. 그렇다고 하여 우리들마저 벤야민을 사회비판이론의 틀에 가두려는 것은 결코 아니다. 사실 벤야민은 그런 틀로 가둘 수 없는 유대교적이고 비의적秘義的인 예술비평가이면서 문예비평가였고, 더 나아가 진정한 자유인이었다.

 이런 이유로 벤야민은 지금까지도 다양한 모습으로 우리에게 나타난다. 다만 다양한 모습 중 단편적인 한 부분이 그의 사진예술에 대한 입장에서 엿보일 뿐이다. 그가 사진예술에서 놓칠 수 없었던 것은 '사진의 진정성'이었다. 이는 극단적으로 보자면 창조적 사진이 아니라 구성적 사진의 표제를 의미한다. 표제 없이는 사진의 구성뿐 아니라, 사진의 내용도 불투명하게 된다는 것이 그의 한결같은 입장이었다. 어떻게 표제 없는 사진이 사진의 역할을 할 수 있겠는가? 그런 말이다. 앞으로도 사진에서 가장 중요한 구성요소는 바로 표제일 것이라고 벤야민은 전망했다. 그렇다고 그가 사진의 표제를 절대적인 목적으로 설정하지는 않았다. 말하자면 그는 사진이 살아 있는 인간생명의 모습을 담는다고 보지는 않은 것이다. 그는 오히려 사진을 인간 삶의 상황을 문학화하고 예술화하는 데 기여하는 수단으로 간주했다. 우리는 이 사실을 반드시 기억할 필요가 있다. 이게 바로 사진의 예술화인 것이다. 그렇게 본다면 그는 역시 시대사적 문예이론가였고, 문예비평가였다.

 그러나 적어도 우리가 여기서 간과해서는 안 될 한두 가지 문제를 지적하자면, 그 하나는 벤야민이 그토록 집착했던 사진의 표제문제이고, 다른 하나는 7, 80년이 지난 오늘날 우리가 내리는 그의 사진예술에 대한 평가문제이다. 이 두 가지 물음이 내용적으로 완전히 다른 것은 아니지만, 그 방식에서는 다음과 같이 구별할 수 있다. 전자는 미시적인 논지의 결론에 해당하고, 후자는 거시적인 전망에 해당한다.

먼저 사진의 구성문제를 살펴보자. 표제란 일반적으로 책이나 연설 혹은 연극의 제목을 말한다. 음악에서는 표제음악을 절대음악과 구별한다. 절대음악이 음악 본래의 아름다움을 목적으로 한다면, 표제음악은 음악의 구체적인 내용을 목적으로 한다. 표제음악의 대표적인 예로 베토벤Ludwig van Beethoven(1770~1827)의 6번 전원교향곡은 단순한 음화音畵가 아니라 자연에서 느끼는 사람의 감정을 표현한 표제음악이다. 그렇다고 해서 절대음악을 제치고 그러한 표제음악이 서양고전음악 전체를 대변할 수는 없지 않겠는가? 이와 동일한 구조로 봐서 창조적 사진이 절대음악에 해당하고, 구성적 사진이 표제음악에 해당한다면 그 결과도 마찬가지일 것이다. 그러니까 사진에 표제설명이 없다고 해서 그 사진이 반드시 무의미하지는 않다. 어찌 사진의 표제만이 시대를 초월하여 그 가치를 발휘할 수 있단 말인가! 진정 사진의 표제설명이 벤야민에게 자신의 정치적 이념을 실현하기 위한 일종의 수단에 지나지 않았다면, 더 나아가 사진의 가장 중요한 구성요소가 앞으로도 영원히 사진의 표제일 것이라고 벤야민이 우겼다면, 그는 경직된 시대적 상황에 얽매여 자유하지 못했을지도 모른다.

다음으로 벤야민의 사진예술에 대한 전체적인 평가를 검토해보자. 벤야민은 자신의 문예적인 영감에도 불구하고, 사진의 현장성 때문에 사진기술에 대한 기대와 역할을 극대화하는 문제점을 드러낸다. 그는 미래의 문맹자야말로 사진을 모르는 사람일 거라고 할 만큼 사진기술을 예술 이상으로 극찬했다. 순수예술의 시대는 가고, 새로운 사진예술의 시대가 도래할 것으로 내다봤다. 왜 그는 사진기술을 예술 이상으로 평가했을까? 진정 오늘날 예술작품은 모두 사라지고 사진기술 내지 사진예술만 살아남았는가? 현상적으로만 본다면 대세는 사진으로 기울어져 있지만, 역설적이게도 예술작품이 여전히 사진 앞에 서 있다고 생각한다면 무리일까? 장르가 다른 두 예술작품을 과연 하나의 가치척도로 평가할 수 있을까? 그렇다고 쉽게 말할 수는 없는 노릇이다.

그러나 한 가지 분명한 사실은 사진기술의 중심에는 '과학'이 있고, 예술작품의 중심에는 '사람'이 있다는 점이다. 전자에서는 사실이나 대상이 최고이고, 후자에서는 사람이나 자유가 으뜸이다. 그럼에도 사진예술의 가능성이 과학과 사람의 관계, 사람과 작품의 관계 덕분에 가능하다면, 작품과 예술을 하나로 이어주는 고리가 무엇인가라는 물음은 여기서도 여전히 중요하다. 그 고리가 바로 사람이라고 할 수도 있고 아니면 사회라고 할 수도 있다. 벤야민은 분명 후자인 '사회'에 방점을 찍었다. 왜냐하면 그가 유대적인 이념의 넓은 스펙트럼을 가지고 있었다고 해도, 또한 그의 언어와 비평이 시적 텍스트처럼 해석되어야 한다고 해도, 그가 시종일관 고집한 것은 예술가의 사회적·정치적 실천이었지, 결코 인간존재의 본래적 자유, 더욱이 실존적 자유는 분명 아니었기 때문이다. 한마디로 그는 어떤 의미에서건 정치적으로 가변적인 '사회'만을 보았지, 사회 속의 살아 있는 '사람'이나 '생명' 혹은 자유 자체는 보지 못했다. 설령 그가 휴머니즘이라는 인본주의적 슬로건을 내걸어 사진의 예술화 길목을 텄을망정, 그것이 인간의 심연에서 우러나오는 '자유'는 아니었다. 그에게서 칸트는 너무 멀기만 했고, 그의 자유도 허공에 머물렀다.

그러나 얼마의 시간이 흘러 카메라 렌즈를 통해 인간을 보고, 그러한 인간의 자유를 표방하는 한 사람이 등장한다. 벤야민처럼 유대인이었던 한 사람. 그러니까 벤야민의 〈사진의 작은 역사〉가 발표된 후 50여 년이 흐른 1983년에 《사진의 철학을 위하여》라는 책을 들고 나타난 미디어 철학자 빌렘 플루서가 바로 그 주인공이다. 그는 과학적인 사고의 미디어프로그래밍을 주장하면서도 칸트의 이성철학과 자유의 필연성, 부버의 대화와 담론적 정보, 심지어 니체의 영겁회귀와 하이데거의 존재론적 도구성, 더 나아가 자유와 필연 중 어느 하나만을 고집하지 않으면서 이 양자의 통일을 인간실존의 철학적 논리로 전개한 야스퍼스까지 모두 수용한다. 그는 이 모든 철학을 한통의 용광로 속에 집어넣어 하나의 새로운 문화패러다임인 디지털미디어 사진철학의 상(象)을 마련했다.

III

사진의 정보와 사진철학

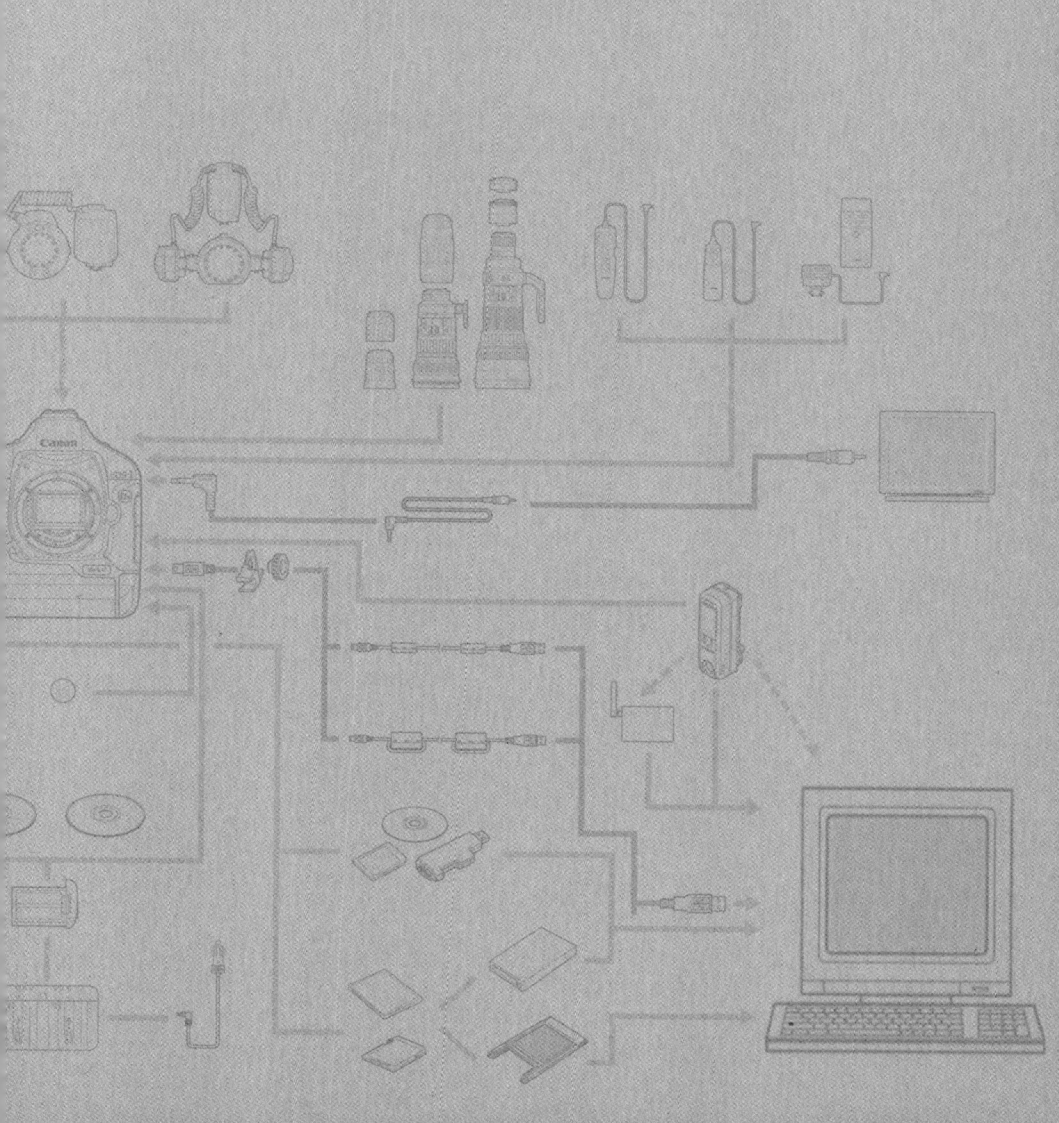

1. 플루서와 《사진의 철학》

플루서의 생애

빌렘 플루서는 1920년에 체코 프라하의 유대인 집안에서 태어났다. 그의 아버지는 프라하 소재의 카를대학교 수학과 물리학과 교수였으며, 플루서 또한 그 학교에서 한 학기 동안 철학을 공부했다. 하이데거도 그때 처음으로 접했다. 그러나 나치가 프라하를 침공하여 유대인을 박해하자, 1939년에 자기 부모와 또 나중에 자신의 부인이 되는 바르트 Edith Barth와 함께 영국 런던으로 망명한다. 잠시 동안이지만 그곳에서 철학을 계속 공부하다가 1940년에는 브라질로 망명하여 상파울루에 머문다. 그 당시 함께 망명길에 오르지 못했던 어머니와 여동생은 아우슈비츠에서 살해되었고, 아버지 역시 바이마르 근교의 부헨발트에서 희생되었다. 그는 유대인이라는 인종적 서러움에서 줄곧 벗어나지 못했지만, 자신에게 망명의 길을 열어준 브라질의 상파울루에서 새로운 삶을 개척한다. 이주민의 어려운 생활 여건에서도 그는 학문의 끈을 놓지 않았으며, 특히 철학에 대한 열정은 식을 줄을 몰랐다. 마침내 그의 연구 성과는 그때까지 하이데거 철학에 대해 생소했던 브라질 철학계를 깜짝 놀라게 만든다. 그러나 엄밀하게 말해 플루서의 철학적 관심은 존재론에 머물렀던 하이데거 철학이라기보다는 자신의 독자적인 '글쓰기'에서 나온 디지털철학에 있었다.

플루서는 40여 세라는 적잖은 나이에도 신예학자다운 면모를 보이며 활동한다. 그는 자신의 새로운 철학적 주장을 상파울루 일간지 등에 칼럼으로 게재하면서 마침내 유명세를 얻게 된다. 그 덕분에 브라질 철학회의 정회원이 되었고, 1963년에는 드디어 상파울루대학교의 커뮤니케이션 디지털 철학전공 정교수로 임용된다. 그의 언어능력은 천부적이어서 모국어인 체코어는 말할 것도 없고 독일어, 헤브라이어, 영어, 프랑스어, 포르투갈어 등을 유창하게 구사할 수 있었다. 이처럼 많은 언어들을 섭렵하고 있었기 때문에 그는 유럽풍의 철학과 문화적 내용에 브라질의 다문화적이면서 다인종적인 요소들을 쉽게 접목시킬 수 있었다. 그는 소위 브라질의 문화적 정체성을 확립하는 데 앞장설 수 있었고, 마침내 브라질의 문화사절로 유럽과 북미를 오가게 된다. 그러나 1964년에 브라질에서 군사쿠데타가 발생하여 민주주의가 위축되고 군사정권의 탄압이 날로 심해지자, 그는 1972년에 브라질을 떠나 또다시 망명길에 오른다. 그가 선택한 곳은 프랑스 남부의 프로방스 지방이었다.

그러나 자신의 고국을 떠났던 첫 망명 때와 달리 그는 브라질에 대한 향수를 쉽게 떨쳐낼 수 없었다. 브라질철학회 회원직을 그대로 간직했으며, 자신의 저작 일부를 유럽보다 브라질에서 먼저 출판했다. 더구나 돌발적인 교통사고로 인해 사망했을 당시, 그는 자신의 브라질 여권을 여전히 소지하고 있을 정도였다. 그렇다고 그가 엄밀한 의미에서 그저 브라질인이었을까? 그건 아니다. 또한 그가 단순히 브라질인이 아니었던 것처럼 체코인도 아니었고, 프랑스인은 더더욱 아니었다. 설령 그가 악셀 프로방스, 마르세유 등 프랑스의 여러 대학에서 커뮤니케이션 철학을 강의한 교수였다 하더라도, 그는 한 지역에 머문 '지역인'이 아닌 '세계인'이었다. 무엇보다도 그는 새로운 미디어시대의 '철학자'였다. 텔레마틱 사회와 테크놀러지에 의한 인간문화의 패러다임 전환을 주장한 미디어시대의 철학자였고, 탈중심적 커뮤니케이션의 새로운 사회연구를 필생의 과제로 삼은 참신한 학자로서 수많은 에세이를 지속적으로 발표했다. 그러면서 그는 점차 벤야민의 문예 학풍에서 멀어져갔다.

그 가운데서도 1983년에 독일어로 처음 출판한 책이 《사진의 철학》(1983)이었고, 그 다음이 《기술적 영상들의 우주 속으로》(1985)와 《디지털시대의 글쓰기: 글쓰기에 미래는 있는가》(1987)였다. 이 책들은 한편으로는 인류 최초의 그림과 문자, 그리고 영상의 관계를 전前역사와 역사, 그리고 탈역사의 연관성에서 밝히려 했고, 다른 한편으로는 미디어네트워크의 정보사회 발전과 커뮤니케이션의 새로운 미래사회를 밝히려 했다. 이외에도 《피상성 예찬: 뉴미디어세계로의 상상력》, 《코뮤니콜로기》, 《그림의 혁명》 등의 저서와 《디자인의 작은 철학》, 《일방통행로》, 《제스처》, 《심연》, 《영상들의 혁명》, 《미디어 문화》, 《탈역사》 등의 여러 논문집과 강연 모음집 등을 남겼다.

왕성한 활동을 펼치던 1991년 11월 27일, 플루서는 그 누구도 예상치 못한 비운의 마지막 날을 맞게 된다. 추방 이후에 처음으로 그는 자신의 출생지였던 프라하를 방문하여 독일어로 미디어혁명에 따른 역사의 '패러다임 교체Paradigmenwechsel'[1]에 관해 강의를 하였고, 독일로 돌아가던 길에 독일과 체코의 국경 근처에서 교통사고를 당한다. 이로써 그는 한 많은 긴긴 유랑자의 삶과 명성을 모두 접은 채, 저세상의 객이 되고 만 것이다. 그토록 그리던 고향을 떠난 지 71년 만에 그는 결국 불귀의 객이 되어 고향땅으로 돌아왔고, 그곳에서 멀지 않은 프라하의 유대인 공동묘지에 프란츠 카프카Franz Kafka(1883~1924)와 나란히 묻혀 영원한 안식을 취하고 있다. 그가 사망하고 2년이 지난 1993년부터 볼만Bollmann출판사에서는 플루서의 전집을 전14권으로 출판하고 있다.

플루서의 사진철학

지금부터 우리가 고찰하려는 《사진의 철학》은 플루서가 환갑을 넘긴 후 처음으로 출판한 저서였다. 무엇보다 우리는 이 책의 길지 않은 〈머리말〉을 눈여겨볼 필요가 있으며, 이 〈머리말〉은 크게 두 부분으로 나뉜다. 먼저 앞부분에서는 사진철학을 위한 거시적 의미에서 볼 때 총체적 문화인류사에는 상호 대립되는 두 전환점이 존재한다는 가설을 전제로 한다. 그 첫 번째 전환점은 기원전 2000년대 중반경의 '선형문자 lineare Schrift'의 발명이었고, 두 번째 전환점은 현재 시점인 서기 2000년대에 이룩한 '기술영상 technische Bilder'의 발명이다. 이어서 뒷부분에서는 이런 가설에 따른 자신의 독자적인 연구 내용의 정당성을 확보하기 위해 기존의 연구물을 인용하거나 참고문헌 등을 언급하지 않을 것이라고 서술한다. 다만 기존 방식의 고전적 글쓰기를 배제하겠다는 간략한 말과 함께 자신의 새로운 주장(개념)에 대한 오해를 최소화하기 위해 간단한 용어해설만을 책 말미에 덧붙일 것이라고 말한다.

사실 수천 년의 인류문화사 전체를 이처럼 어떤 기점을 전후로 양분하여 서술하는 것은 지금까지의 철학적 사유로는 쉽게 납득되지 않는 논리다. 오늘날 문화적 패러다임의 변화가 아무리 획기적으로 이루어졌다 해도, 분명 이해하기 힘든 거시적인 분류 방법인 것이다. 그러나 다른 한편으로 뒤집어 생각해보면 솔직히 아무도 걸어가지 않았던 디지털시대의 텔레마틱 사회에서 어떻게 종래의 철학적 논리와 논거가 새로운 글쓰기방식으로 타당하겠는가 싶기도 하다. 그렇다고 이러한 글쓰기방식에서 그 대상이나 목적조차 생략하거나 디지털화하여 영상으로 남길 수는 없는 법이다. 이를 위해 플루서는 일종의 학문적 연구 가설로서 《사진의 철학》의 목적이 '사진 찍기'에 대한 '철학적 정신'에 있음을 명시적으로 밝히지 않을 수 없었다. 이런 설명에도 불구하고 《사진의 철학》은 머리말을 포함해 책 전체가 전형적인 디지털시대의 영상적 글쓰기의 표본이라고 할 수 있다. 이 때문에 우리는 그의 글쓰기 방식과 내용에 대해 철학적-해석학적 이해의 진폭을 더더욱 넓히지 않을 수 없다.

그는 기원전 2000년의 원시적 인류문화에서부터 서기 2000년의 디지털문화코드까지, 이 모두를 오늘날의 정보라는 장치 속에 담으려 했다. 따라서 그에게는 평면적 대안방식보다는 입체적 대안방식이 필요했고, 우리도 이해의 진폭을 더욱 넓히지 않을 수 없다. 그는 '대화Dialog'의 모듈이 아니라 '담론Diskurs'의 모듈이 필요했던 것이다. 그러나 이 양자는 모두 서로를 전제로 하고 서로를 필요로 한다. 즉 이 양자는 상호 일자 없이는 성립이 불가능한 것이다. 왜냐하면 대화에서는 새로운 정보들이 생산되지만, 담론에서는 그러한 정보들을 새로 엮어주기 때문이다.[2] 사실 그에게는 역사시대 이전의 평면적인 그림과 역사시대의 직선적인 문자, 그리고 역사시대 이후의 소위 탈역사시대의 기술적인 영상까지, 이들을 포함하는 모든 장면들을 1과 0, 그러니까 전체와 무로 한꺼번에 투시해야 할 새로운 담론의 방법론이 필요했다. 바로 입체적 디지털의 영상 이외에는 어떤 다른 방법도 없었던 것이다.

그렇다면 그는 왜 그림에서 문자, 그리고 영상으로 이어진다고 생각했을까? 그림 이전에는 아무것도 없었을까? 아니다. 분명 2차원의 그림 이전에 형상을 갖춘 3차원적인 입체 조각상이 먼저 있었고, 그런 조각상 이전에는 시공간 내 존재하는 4차원의 현실세계가 어떤 형태로든 있었다. 그러나 현실세계는 시공간적으로 유한할 수밖에 없고, 이런 유한성을 극복하기 위해 영원성으로 추상화된 것이 바로 입체적 조각상이다. 그리고 이런 조각상이 다시 화폭이라는 평면 위에 나타난 것이 회화고 그림이다. 결론적으로 시공간의 4차원적 현실세계가 입체적 형태의 조각상을 거쳐 회화로 나타나는 것이다.

이런 연관성에서 플루서는 플라톤을 비롯해 데카르트와 칸트, 니체와 하이데거, 심지어 부버와 하버마스, 그리고 야스퍼스를 끌어들인다. 그 결과 새로운 모습의 텔레마틱 사회를 4차원적 시공간의 현실세계에 점의 디지털영상세계로 설정했다. 《사진의 철학》은 그런 영상의 철학적 정신이 결과물로 나타난 것이다. 이 책에서는 칸트보다는 플라톤이, 하이데거보다는 니체가 더욱 매력적으로 보이고, 무엇보다 사진철학의 필연성을 위해서는 야스퍼스가 더욱 빛난다. 왜냐하면 플라톤은 시종일관 오직 무엇이 참이고 거짓인지, 아니면 무엇이 현실이고 가상인가를 탐구했기 때문이다. 또 니체는 칸트의 인식론이나 하이데거의 존재론처럼 그 자체의 구별보다는 훨씬 더 미학적이고 심미적이며, 심지어는 정치적인 생동성의 입장을 짚었기 때문이다. 그에게 플라톤은 참된 현실을 가상이라는 거짓으로부터 지키려는 현자賢者로 보였고, 니체는 인식론적으로 무엇이 현실이고 가상인가를 판단하기보다는 생동적 고유성을 폭로하려는 철학자로 보였다. 따라서 플루서의 사진철학에는 이들의 사상들이 종횡으로 엮여 있지만, 종래의 사진이나 사진이론 같은 것들은 설 자리를 잃게 된다. 다만 그의 사진철학에는 장치와 사람이 있고, 그에 따른 필연성과 자유만 있다. 그리고 그러한 참 모습이 그의 사진철학을 새로운 디지털시대의 가상에서 또 다른 실상의 참 모습으로 우리 앞에 등장시킨다. 이제 우리는 그가 이런 참 모습을 어떤 방식으로 풀어 보일지, 그의 논지를 따라가보겠다.

《사진의 철학》 목차를 자세히 살펴보면, 1장 '그림'과 2장 '기술적 영상'을 제외하면 3장부터 마지막 9장까지의 모든 주제어가 '사진'이라는 사실을 발견할 수 있다. 1장의 그림 또한 2장의 기술적 영상을 풀어내기 위한 근거로 이용되었다. 따라서 그림의 결론은 기존 그림의 위기 극복으로서 기술적 영상으로 이어진다. 이런 '그림'과 '영상'[3]은 분명하게 구별된다. 그림은 2차원의 평면에서 이루어지지만, 영상은 0차원의 점인 화소에서 이루어지기 때문이다. 이점만 보더라도 우리는 디지털시대의 글쓰기를 표방한 그가 사진 전반에 대해 얼마나 폭넓고 면밀하게 고찰했는가를 확인할 수 있다. 이를 검증하기 위해 우리는 이제부터 그림과 영상, 사진기와 사진술, 사진과 정보, 그리고 사진의 철학으로 각각 나누어 고찰하겠다.

2. 사진철학의 근거인 현실세계

제1장 그림

그림이란 무엇이고, 영상이란 무엇인가? 사실 이 물음을 던지기에 앞서 그림이 있기 이전에 무엇이 있었는가를 물어야 하고, 또 그림 이후에는 무엇이 있었는가를 되물어야 한다. 이러한 전후관계를 먼저 묻지 않고서는 그림이 무엇이고, 영상이 무엇인가를 묻는 물음의 의도를 전혀 알 수 없고 전망할 수도 없게 된다. 모든 사물들처럼 그림도 현실세계를 떠나 있을 수 없고, 영상 역시 현실세계를 떠나 있을 수 없다. 그림과 영상 모두가 현실세계에서 비롯된다면, 이러한 현실세계가 무엇인지를 먼저 물어야 한다. 간단히 말해, 현실세계란 현재의 사실로 존재하는 인간 삶의 세계이다.[4] 인간 삶의 세계는 시공간의 제약 속에서

늘 변화한다. 아무리 위대한 사람도 태어나서 살다가 언젠가는 반드시 죽는다. 사람은 누구라도 죽음을 피할 수 없기 때문에 그를 오래 기억하기 위해 이미 고대사회에서는 조각상을 만들어 기념했다. 이후에는 조각상보다 화폭에 인물을 담아 회화(그림)로 남겼고, 이어 전기傳記 같은 문자의 텍스트로 남겼는가 하면, 오늘날에 와서는 디지털영상으로 남기게 되었다.

　따라서 그림이 무엇이냐는 물음의 근본 의도는 그림 자체가 아니라 영상에 있다. 영상을 밝히기 위해서 그림이 무엇이냐고 먼저 묻는 것이다. 그림이 무엇인지 밝혀지면, 그에 따라 영상의 복잡다단한 내용도 쉽게 풀릴 수 있기 때문이다. 그렇다고 그림이 쉽게 풀릴 수 있다는 말은 아니다. 무엇보다 그림이 평면적이라고 해서 평면에서만 그림을 다 풀 수는 없고, 또 역으로 평면 위에 그려져 있다고 해서 모두가 그림인 것도 아니다. 여기서 말하는 평면은 사실로서의 평면 자체를 말하는 게 아니라, 의미를 드러내는 평면으로서의 그림을 뜻하기 때문이다. 그렇다면 왜 플루서는 그림을 평면으로 규정했을까?

　그가 그림을 평면으로 규정한 것은 이미 영상을 전제로 하고 있기 때문이다. 사실 그림과 영상은 서로가 평면으로 연결되어 있고, 그 연결의 가능성은 언제나 새로운 상호 연관성을 열어놓는다. 물론 무게중심은 영상에 있지만 말이다. 이렇게 되면 그림은 우리들로 하여금 4차원의 시공간으로부터 3차원의 입체(조각)를 거쳐 2차원의 평면(회화)으로 그 의미를 표상케 한다. 동시에 역으로 2차원의 의미표상을 다시 4차원의 시공간 속으로 환원시켜 재투영하게 만들 수도 있다. 여기에서는 아직 1차원의 직선(문자)과 0차원의 점(영상)에 대한 언급은 필요하지 않다.

이 관계를 분명히 하기 위해 플루서는 일단 소박하지만 과학적인 의미에서 1차원의 시간과 3차원의 공간을 통합한 현실세계를 4차원이라고 하면서, 사람의 마음속에 그려지는 대상의 상像이라는 의미에서 '표상Vorstellung'(1쪽)이라고 지칭한다. 사실 표상이라는 이 말은 칸트나 쇼펜하우어 같은 철학자들이 이미 사용해온 개념으로, 인간의 구상력에 따라 인간의식에 나타나는 외적 존재의 상을 의미한다. 특히 쇼펜하우어는 세계를 그 자체로 의지라 규정하면서, 그 세계가 하나의 표상이라고 했을 뿐 아니라, 더 나아가 세계란 이성으로 인식되는 것이 아니며 의지를 통해 체험되는 것[5]이라고까지 말했다. 대체로 이런 표상은 지난 과거에 대한 기억의 표상을 의미하지만, 엄밀하게는 우리의 미래에 관계한다는 점과 지각의 자유로운 변형을 가능토록 한다는 사실을 이해하고 있어야 한다. 왜냐하면 플루서가 이 어려운 표상이라는 개념까지 동원한 것은 그림을 영상으로까지 변형·확장시킬 수 있는 구상력을 필요로 했기 때문이다. 그는 4차원의 현실세계에서 3차원의 조각을 거쳐 2차원의 그림을 수학적으로 해석해내고, 그 그림에 대한 의미까지 모두 해석해내는 것을 일종의 암호해독으로 판단했다. 또 암호의 의미를 풀어내는 그런 특수한 능력을 일단 '상상력Imagination'(1쪽)라고 규정한다.

일반적으로 상상력이란, 철학에서는 경험하지 못한 사실을 사유를 통해 구상할 수 있는 능력을 말하고, 심리학에서는 현실의 지각에는 없는 사물의 심상을 마음으로 생각하여 그려내는 힘을 의미한다. 그렇다면 플루서에게 상상력은 그림의 제작과정과 그 과정에 대한 암호해독을 위한 전제가 된다. 본래 암호해독[6]은 야스퍼스의 형이상학적 개념이었다. 야스퍼스는 그 암호의 영역을 자연과 역사, 인간과 예술 등으로 지목하면서, 그 암호해독의 장소를 인간실존Existenz에 설정했다. 이와 달리 플루서는 그 장소를 인간존재가 아닌 컴퓨터 모니터에 설정한다. 왜냐하면 의미를 드러내는 평면으로서의 그림을 2차원의 상징으로 풀어내기 위해서였다. 이로 인해 상징을 이해하여 해독하는 능력이 필요했고, 그에게는 일종의 정신적 경첩인 상상력이 그 역할을 맡았다.

이러한 연관성에서 플루서는 먼저 그림의 공간문제를 짚는다. 그렇다고 이 고찰이 철학적이고 원론적인 공간 개념을 해명하기 위한 것은 아니었다. 그는 먼저 그림의 의미를 물으면서 그 의미를 오늘날까지도 여전히 그림이라는 '평면' 위에서 찾아왔다고 진단한다. 그러면서 이제는 더 이상 그런 2차원의 '평면'이라는 회화 공간이 아니라, 모니터로서의 '표면'이라고 하는 공간에서 의미를 찾는다. 이 개념은 우리에게는 생소하지만 그에게는 창조적인 의도로서 자신의 미디어네트워크 작업을 위한 공간이며, 이는 현실적인 디지털공간을 의미한다. 평면이란 평평한 겉면으로 그 반대가 곡면이라면, 표면은 거죽으로 드러난 면으로 그 반대는 이면이다. 따라서 이러한 디지털공간에서 나타나는 그림의 영상은 당연히 과거부터 통용되던 겉면으로서의 평면이 아니라, 컴퓨터의 모니터라는 표면을 눈으로 쭉 훑어보는 '스캐닝scanning'(2쪽)을 할 때 더욱 적나라하게 드러난다. 그리고 이의 실현가능성은 한편으로는 그림의 구조에 달렸고, 다른 한편으로는 감상자의 의도에 따라 이루어진다. 그러므로 그림의 구조는 구체적이고 객관적이며, 형태적인 사물, 즉 여기서는 모니터라는 기계에서 현실화되지만, 감상자의 의도는 추상적이고 주관적이며, 내용적인 인간에게서 가시화된다. 따라서 그림의 의미는 그림의 구도와 감상자의 의도가 하나로 일치될 때 나타난다는 것이 플루서의 생각이다. 이런 주장을 근거로 해서 그는 그림을 외적인 상징복합체가 아닌, 내적인 상징복합체라고 할 수 있었다. 외적인 것은 가시적인 것으로서 일의적인 반면, 내적인 것은 불가시적인 것으로서 다의적이다. 그러므로 이에 따른 다양한 해석의 가능성도 필연적이라고 할 수 있다.

공간문제에 이어 그는 그림의 시간문제를 짚는다. 여기서도 물론 시간 자체가 중요한 것은 아니다. 다만 그림의 구성요소들을 하나하나 짚어나가면서 그러한 요소들 사이에서 일어나는 연관성의 관계를 이해하기 위해 시간을 짚는 것이다. 그러니까 그림의 표면 위를 쭉 훑어보고 알 수 있는 스캐닝을 통해 이미 그려진 그림의 구성요소를 되짚어 볼 수 있는 시간이 있겠고, 또 그 역으로 이전의 그림에서 아직 밝혀지지 않은 그림의 구성요소를 앞으로 밝혀질 것으로 볼 수 있는 시간이 있겠다. 이렇게 과거와 미래, 존재와 생성을 재구성할 수 있는 시간을 그는 니체에게서 빌려와 '동일자의 영겁회귀die ewige Wiederkehr des Gleichen'의 시간이라고 말한다.[7]

플루서는 왜 갑자기 니체의 '동일자의 영겁회귀'를 들고 나왔을까? 도대체 무슨 의미이고, 무엇을 강조하기 위해서일까? 지금까지 우리는 여러 차례 되풀이해서 시공간의 4차원적 현실세계를, 조각상의 3차원적 입체를, 그림의 2차원적 평면을, 그리고 문자적 선형의 1차원적 직선을 적시해왔다. 이 전체를 다시 양분하여 문자 이전의 시대를 선사시대라고 하면, 문자 이후의 시대는 역사시대가 된다. 또 이 둘을 다시 통틀어서 아날로그시대라고 하면, 오늘날의 시대는 디지털시대가 된다. 이런 디지털시대는 어떠한 차원도 용납하지 않는 영상의 시대로, XY라는 두 직선이 맞닿는 자리로서 위치만 있고 크기나 넓이가 없는 0차원의 점만 표기한다. 이것이 모니터에서는 화소pixel로 표현된다. 이러한 0차원의 점은 모든 방향으로 회전이 가능한 기점이 된다. 현재에서 미래로는 물론이고, 과거로도 전향할 수 있고, 그 반대도 가능하다. 모든 것은 가고, 모든 것은 되돌아오며, 모든 것은 부서지고, 모든 것은 새로이 이루어지며, 존재의 집은 영원히 세워지고, 중심은 도처에 있으며, 모든 순간에도 존재는 다시 시작된다. 인과의 매듭은 되돌아오고, 나를 다시 창조함으로써 나 스스로가 영겁회귀의 인과에 속해 있노라고 말할 수 있는 것은 이 모든 것이 디지털시대에서는 용납될 수 있는 일종의 정보현실이기 때문이다.

그렇다고 플루서가 니체의 영겁회귀에만 집착하지는 않는다. 오히려 그는 시간을 발판으로 삼아 그림의 구성요소들 사이에서 산출되는 의미의 연관성을 짚어낸다. 현실적으로 의미의 연관성은 어떠한 그림도 하나의 특정한 구성요소로 환원될 수 있고, 또 그렇게 환원될 수 있기 때문에 그림의 구성요소들 사이에서 이루어지는 그림의 의미체로 나타난다. 소위 이것이 의미복합체이다. 하필이면 그는 왜 의미복합체라는 어려운 개념을 썼을까? 그것은 그림을 구성하고 있는 한 요소가 다른 구성요소에 대해 의미를 부여하기도 하고, 또한 그림의 다른 구성요소로부터 그림 자체의 고유한 의미를 획득하기도 하는 상호작용적 의미공간을 상징적으로 표현하기 위해서였다. 다시 말해 의미공간이라는 개념도 그 자체로는 이해하기 어렵지만, 스캐닝을 통해 언제나 재구성될 수 있는 공간과 그러한 공간에서 나타나는 의미라고 하면 더 쉽게 이해할 수 있다는 말이다.

이어서 플루서는 그림의 공간과 시간에 대한 이해를 통합하여 그림 속에 고유하게 존재하는 시공간의 현실을 '마술'의 세계(3쪽)라고 표현한다. 마술이란 사람의 마음을 호리는 오묘한 요술이다. 어떻게 공간과 시간의 의미로 이해된 그림이 요술과 같은 마술의 세계가 될 수 있을까? 플루서에게 그림은 모니터 위에 나타나는 화소들이 적재적소에서 제각기 역할을 하면서도 그 이상의 묘한 의미연관성을 드러내주는 표면세계이기 때문에, 그림의 의미는 그에게 마술적일 수밖에 없다. 마술의 세계에서는 모든 것이 되풀이되고, 모든 것이 그 안에서 하나의 의미를 재생산한다. 여기에는 과거도 없고, 미래도 없다. 그 경계마저 없다. 오직 현재의 한 기점인 디지털영상만 가능하다. 오가는 것이 하나이다. 이는 영상세계에서만 가능하다. 이런 마술적 세계는 선형線形과 같은 1차원의 역사적 세계와 구별된다. 역사적인 세계에서는 어떠한 것도 반복을 허용하지 않고, 오직 종적인 흐름 속에서 사건의 원인과 결과만을 짚어낸다. 그는 구체적인 예로, 역사적 세계에서는 일출이 수탉이 울어대는 원인이라고 하지만, 마술적 세계에서는 그렇지 않다고 설명한다. 마술적 세계에서는 일출시간이 곧 수탉의 울음소리를 말하고, 그 울음소리가 또한 일출시간을 의미한다는 것이다.

    이런 해석은 2차원의 평면 위에 그려진 그림의 의미가 마술적임을 가시적으로 보여주는 한 표본이다. 1차원의 역사적 세계에서는 선이 중추적인 역할을 하지만, 0차원의 마술적 세계에서는 점$_{pixel}$(화소)이 중추적 역할을 맡는다. 따라서 역사적 세계에서는 '사건'이 중요하고, 마술적 세계에서는 '정보'가 중요하다. 또한 그림의 마술적 성격은 그림 표면에 나타나는 그림의 암호를 풀어낼 때 비로소 드러난다. 왜냐하면 정보는 그림 속에 고착화된 사건들이 아니라 사건들에 대한 해석에 있기 때문이다. 이러한 그림의 암호를 해독하기 위해서는 먼저 그림을 역사적인 사건에서 정보로 전환시켜야 한다. 동시에 그런 사건들을 모니터의 표면 위에 현실장면으로 옮겨놓아야 한다. 이때 그림이 앞에서는 사태의 정보로 나타나고, 뒤에서는 장면의 시공간으로 나타난다. 또한 그림의 마술적인 힘은 그림의 표면 위에서만 가능하다.

지금까지 우리는 공간과 시간, 그리고 시공간에서 그림의 의미까지 짚었다. 여기서 플루서는 이러한 그림의 의미를 인간과 세계의 관계성으로 설정하여 인간을 '탈존ek-sistieren'(4쪽)하는 존재로 규정한다. 철학적 논리로 이를 뒷받침하기 위해서는 하이데거의 존재론적 개념이 반드시 필요하지만 플루서는 반대로 자신의 논리를 전개한다. 하이데거에게 있어 탈존은 인간만이 자기 자신의 존재에 대해서 물을 수 있기 때문에 존재자에서 존재로 탈출하는 것이었다면, 플루서에게 있어 탈존은 자기 자신에게서 벗어나 세계로 나아가는 생존이라고 할 수 있다. 전자가 존재론적 근원으로 되돌아가려 했다면, 후자는 세계적 표상으로 뛰어넘으려 한 것이다. 이로써 탈존하는 인간은 그림을 통해 비로소 세계를 표상할 수 있게 된다. 다시 말해 인간과 세계의 관계를 맺어주는 매개물이 바로 그림으로, 그런 그림의 매개가 없다면, 인간은 세계와 아무런 관계도 맺을 수 없어 무화無化되고 만다는 것이다. 이것은 그림이 스스로를 인간과 세계의 관계로 정립할 수 있기 때문에 가능하다. 따라서 가시적인 것이 그림이다. 이때 그림은 일반적인 지도일 수도 있고, 벽에 걸리는 작품일 수도 있다. 여기에 기호논리학에서 말하는 재현기호와 지시대상의 관계성으로서 아이콘의 존재론적 성립 가능성이 존재한다.

그렇다고 그림 자체가 세계를 표상하는 것은 아니다. 그림은 이미 4차원의 현실세계에서 두 단계나 떨어져 나온 2차원의 평면이며 오직 세계의 위상을 바꾸어 놓았을 뿐이다. 따라서 우리는 그림이 가지고 있는 암호를 해독하려들지 말고, 그림에서 벗어나脫存 그 암호를 바깥에 존재하는 세계 속에 투영시킬 필요가 있다. 이때 현실세계 자체가 인간에게는 바로 그림이 된다. 이처럼 그림의 기능이 뒤바뀌는 현상을 플루서는 '그림숭배Idolatrie'(4쪽)라 하면서, 그 원인을 현대 미디어영상기술의 마술적 구조변화에서 찾는다. 여기서 그는 논리적 비약을 무릅쓰면서까지 가장 큰 문제를 '망각Vergessen'(5쪽)이라고 주장한다. 이러한 연관성에서도 우리는 여전히 '존재 자체가 아니라 존재의미에 대한 물음이 오늘날 망각상태에 있다'고 한 하이데거의 '존재망각'[8]이라는 개념을 유념할 필요가 있다. 이와 유사하게 플루서에게도 망각은 인간이 현실세계 속에서 그림에 맞춰 자신의 좌표를 설정하기 위해 자기 자신이 그림을 생산한 존재라는 사실을 잊고 있음을 의미한다. 그렇게 되면 인간은 더 이상 그림을 해독할 수 없게 되고, 그때부터 인간은 자기 자신에게 고유한 영상의 기능 속에서만 생존하게 된다. 다시 말해 지금까지 우리가 상상 속에서 생활해왔다면, 이제는 '환상Halluzination' 속에서 생존하게 되었다는 말이다. 상상의 시대가 환상의 시대로, 그림의 시대가 영상의 시대로, 그렇게 패러다임이 바뀐 것이다.

여기에서 플루서는 논지를 바꾸어 인류문화의 두 가지 역사적 전환점에 대한 자신의 가설 중 첫 번째인 기원전 2000년대 중반에 이룩한 '선형문자'의 시대를 짚는다. 2차원의 그림으로부터 인간의 소외는 이미 그 당시에도 있었다. 그때 사람들도 그림의 배후에 숨어 있는 본래적인 의도가 무엇인지를 기억해내려 애썼고, 그 시도 덕분에 그림의 구성요소를 표면으로 끌어내어 선형의 1차원적 행으로 배열하는 데까지 이어졌다. 그것이 바로 일직선으로 이어지는 '선형문자'의 발명이었다. 선형문자가 발명되면서 2차원적 마술의 순환적 시간은 자연스럽게 역사의 1차원적 선형의 시간으로 코드가 바뀐다. 이것이 객관적 사건으로서는 소위 역사의 시작이고, 동시에 실존론적 인간의 입장에서는 역사의식의 시작이었다. 전자에서는 역사적 사실이 중요하고, 후자에서는 실존적 인간이 중요하다. 이후 그림에 대한 역사의 문자적 해석과 마술에 대한 역사의식의 해석이 인류 전체의 역사를 새롭게 이끈다. 사실 문자를 쓰게 되면서 개념적 사고방식이 가능하게 되었고, 이러한 사고방식이 새로운 능력으로 우리의 삶으로 들어온 것이다.

    이러한 개념적 사고능력의 본질은 전통적 철학 내용과 달리 그림의 표면에서 직선적인 선형을 추상화했다. 즉 문자로 된 텍스트를 생산하고 해독한 것이다. 이를 통해 플루서는 텍스트를 구성하고 있는 문자의 개념적 사고가 투명하지 않을 뿐더러 오히려 그림의 이면에 있는 상상적 사고보다 더 추상적이라는 사실을 짚으려 했다. 1차원적 선형문자의 사고가 2차원적 그림의 사고보다 더 추상적이고 더 공허하다는 말이다. 왜냐하면 개념적 사고라는 것은 현상에서 모든 차원의 내용을 선형의 형태로만 추상화시키기 때문이다. 문자를 발명함으로써 인간 자신도 오히려 현실세계에서 한 단계 더 소외되었다는 것이 그의 주장이다. 그러므로 텍스트 역시 이제는 더 이상 현실세계 자체를 의미할 수 없게 되었다. 따라서 텍스트는 세계를 갈기갈기 찢어놓은, 그러니까 개념적 사고를 가지고 분석해놓은 그림으로 이해되어야 한다. 결국 텍스트를 해독한다는 것은 텍스트가 표현하고 있는 그림을 발견한다는 말이 된다. 더구나 텍스트의 본래 의도가 개념의 이미지인 표상을 가능토록 하는 그림을 설명하는 것이라면, 텍스트란 분명 그림의 메타코드로 간주될 수 있다는 것이 미디어에 대한 플루서의 기발한 해석학적 결과물이다. 그에게는 역사시대의 텍스트가 곧 선사시대의 그림인 것이다.

여기서 1차원적 텍스트와 2차원적 그림의 관계는 역사의 핵심적인 문제가 된다. 중세의 그림숭배에 대한 텍스트의 반격이, 그리고 근세의 이념숭배에 대한 과학의 반격이 결과론적이지만 오히려 그림과 이념을 더욱 숭배케 했고, 그 관계를 일종의 변증법적 관계로 더욱 발전시켰다. 이러한 변증법적 관계성은 양자의 관계에서 나온다. 첫째는 문자의 텍스트와 그림의 관계에서, 둘째는 개념적 사고방식과 마술적 사고방식의 관계에서, 그리고 마지막으로는 코드 전환에서 나온다. 첫째로 문자의 텍스트가 평면의 그림을 설명하면서 그 설명은 그림 자체에서 더욱 멀어지지만, 동시에 그림 또한 그 텍스트에 들어가게 되면서 텍스트를 형상화할 수 있다는 의미에서 관계가 성립한다. 둘째로 개념적 사고방식은 그 투명성으로 인해 마술적 사고방식을 용납하지 않지만, 그 역으로 마술적 사고방식이 개념적 사고방식 속으로 들어와 의미를 부여한다는 차원에서 관계가 성립한다. 이로 인해 그림은 더욱 더 개념적인 것이 되고, 텍스트는 더욱 더 상상적인 것이 된다. 전자의 1차원적 개념성은 2차원적 그림 속에서, 더 나아가서는 컴퓨터의 0차원적 영상 속에서 형상화되고, 후자의 상상력은 텍스트 속에서, 또 더 나아가서는 모니터의 화소 속에서 형상화된다. 그리고 마지막 결과로 코드의 위계가 정보로 바뀌게 된다. 그림의 메타코드인 텍스트가 그 자체로 그림을 메타코드로 취하게 된다는 말이다.

이런 설명만으로는 1차원과 2차원의 관계인 텍스트와 그림의 관계 문제를 모두 해명할 수는 없다. 텍스트란 궁극적으로는 문자를 의미하고, 문자 그 자체는 이제껏 우리가 고찰해온 그림과 마찬가지로 하나의 변증법적 매개물이다. 왜냐하면 문자와 그림의 관계가 외적으로만 모순관계에 있는 것이 아니라, 내적으로도 모순관계에 있기 때문이다.

즉 문자가 인간과 인간이 그린 그림을 매개한다면, 문자는 그림을 묘사 혹은 설명한다기보다는 엄밀한 의미에서 오히려 그림을 왜곡시킬 수 있다. 더구나 문자 자체를 인간과 그림 사이에 개입시키면서 결국에는 인간이 자기 텍스트의 암호를 해독할 수 없게 되고, 또 텍스트가 의미하는 그림을 재구성할 수도 없게 된다는 말이다. 이처럼 텍스트를 표상할 수 없고, 형상적으로 파악할 수 없게 되면, 인간은 텍스트의 흡인력에서 벗어날 수 없게 된다. 즉 문자의 옹고집에서 벗어날 수 없게 되는 것이다. 이때 비로소 '텍스트에 대한 숭배Textolatrie'(8쪽)가 일어나고, 이 마력은 단순한 우상숭배를 넘어 환상에까지 이른다. 플루서는 기독교와 마르크스주의를 이에 대한 전형적인 사례로 든다. 성서의 자구는 일점일획도 달라질 수 없고, 사적 유물론의 역사적 필연성도 수정이 불가능하다. 왜냐하면 성서라는 텍스트는 저 바깥 세계를 신앙의 세계로 투사한 것이고, 역사적 필연성은 세계를 과학적 인식의 신앙으로 투영한 것이기 때문이다.

이에 따른 과학적 담론 역시 우연이 아니다. 과학적 세계에서는 사실상 표상이라는 것이 불가능하다. 과학적 표상은 궁극적으로 암호를 해독하는 것이 아니라, 사실과 사실관계를 확인하는 것이다. 상대성이론의 방정식을 어떻게 표상할 수 있단 말인가! 그럼에도 불구하고 개념치고 표상을 의미하지 않는 것이 없다면, 과학 역시 표상될 수 있을 것이고, 그렇지 않다면 과학은 공허한 세계일뿐이라며 플루서는 과학과의 인연을 끊지 않는다. 이러한 맥락에서 그는 텍스트 숭배가 지난 19세기에 이미 끝났기에 역사의 종말에 이르렀다고 선언한다. 사실 텍스트가 표상될 수 없어 더 이상 설명할 수 있는 것이 없어지면, 지금까지의 역사는 종말을 고할 수밖에 없다. 그 근거로 다음의 세 가지 사실들의 위기를 언급한다. 첫째로 그는 역사가 그림으로부터 개념에 이르는 진보적인 코드로 전환되었다는 사실, 둘째로 표상을 선형적인 형태로 전개된 어떤 것으로 설명하고 있다는 사실, 셋째로 일종의 진보적으로 탈마술화된 개념화라는 사실이다. 텍스트의 이런 위기로 인해 새로운 그림의 시대, 즉 기술적 영상의 시대가 열렸음을 그는 선언할 수 있게 된다.

제2장 영상

그렇다면 새로운 시대의 '영상'[9]이란 무엇인가? 플루서는 0차원인 점으로서의 영상을 여전히 그림으로 정의한다. 물론 이때의 그림은 앞에서와는 달리 장치Apparat(10쪽)를 이용해서 만들어진 영상그림을 의미한다. 또 그에게 장치는 우리의 사고를 시뮬레이션하는 유희도구를 지칭한다. 현실적으로 장치는 과학기술적 텍스트의 생산물로서 영상을 가능케 하는 기구이기 때문에 종전의 그림과는 구별된다. 그는 지금까지의 2차원적 그림이 구체적인 세계를 추상화시켰으므로 그림을 제1단계의 추상물이라 하고, 이에 반해 영상을 제3단계의 추상물이라고 한다. 왜 영상이 3단계의 추상물일까? 첫째로 영상은 텍스트로부터 추상화된 것이고, 둘째로 그 텍스트는 전통적인 그림으로부터 추상화된 것이며, 셋째로 그 그림은 다시 구체적인 세계로부터 추상화되었기 때문이다. 특히 그는 이러한 그림과 영상의 관계를 거시적이기는 하지만 먼저 역사적·철학적 관점에서 고찰한다. 구체적으로 말해 존재론적 입장에서 평면 위의 2차원적 그림을 전역사적인 것으로, 점의 0차원적 영상을 탈역사적인 것으로 보았다.[10]

왜 그럴까? 먼저 역사 이전을 의미하는 '전역사'라는 개념은 '암호해독'이라는 개념과 마찬가지로 야스퍼스의 역사철학 내지 실존철학적 개념이다. 전역사란 선사시대의 역사로서 알려지지 않은 미지의 세계사[11]이다. 그러니까 문자가 없던 시기에 그림이 일종의 문자 역할을 하던 시대의 역사로, 이것은 본래 인간이 무엇이고, 인간이 어디에서 왔는지를 누구도 알지 못하는 역사 이전의 역사를 말한다. 역사 이전의 역사시대에서는 그림이 인간으로 하여금 세계를 표상 가능토록 했다. 한 예로 우리는 기원전 15,000년에서 기원전 10,000년 사이에 그려진 스페인 동굴의 들소 벽화를 생각할 수 있다. 이런 그림이 가장 현실적인 세계를 오히려 추상화시킨 것이라면, 오늘날 과학기술시대의 영상은 역사 이전의 그림과는 다르지만, 여전히 일종의 그림으로 작용한다. 물론 그 그림은 장치가 모니터 표면 위에 그리고 묘사하는 디지털세계의 그림이다. 이러한 그림으로서 디지털세계의 원천은 문자를 영상으로 변환시킨다. 다시 말해 텍스트를 영상 코드로 전환하는 기능이 있기에 가능한 것이다. 전환된 영상은 3차원인 입체의 조각과 다르고, 2차원인 평면의 그림과도 다르며, 1차원인 선형의 문자와도 다르다. 오직 화소의 0차원인 점으로서 픽셀일 뿐이다. 이러한 점으로서의 픽셀은 사건의 선후관계도, 역사의 인과관계도 전혀 용납하지 않는다. 그러면서도 존재의 현실과 가상을 동시에 모두 포괄하는 마법상자와 같은 역할을 한다. 왜냐하면 영상에서는 가상이 시공간을 넘어 언제나 구체적인 현실로 드러날 수 있기 때문이다. 여기에서 어떻게 역사적인 연관성을 말할 수 있겠는가! 영상에는 오직 '탈역사적'인 계기들만 존재할 뿐이다. 이러한 탈역사Nachgeschichte(11쪽)는 엄격한 개념에서 이미지인 표상을 가능케 한다.

그러나 이런 내용을 존재론적 관점에서 보게 되면 전통적인 그림은 현상을 의미하고, 영상은 개념을 의미한다. 물론 그림이 현상을 의미한다는 말은 이해할 수 있지만, 영상이 개념을 의미한다는 말은 쉽게 납득되지 않는다. 그림은 보고 알 수 있는 시공간 내의 사물에 대한 상象이라는 의미에서 이해할 수 있다면, 영상은 그렇게 간단치가 않다. 이는 플루서의 입장에 따른 역사적 맥락 속에서만 이해될 수 있다. 이는 마치 객관적 사건에 대한 사실 기록을 역사라 하고, 그러한 사실 기록을 주체적인 인간의식으로 재수용하여 표상하는 것을 역사성[12]이라고 말하는 것과 같다. 이때 역사는 그림으로부터 개념에 이르는 진보적인 코드 전환을 가능케 한다. 역으로 말해 영상을 해독한다는 것은 결국 영상으로부터 개념의 위상을 밝혀내는 것을 의미하기 때문이다.

    사실 영상을 해독한다는 것은 쉬운 일이 아니다. 심지어 플루서는 영상을 해독할 수 없을 거라고까지 말했다. 얼핏 보기엔 영상의 의미라는 것이 모니터의 표면 위에 그대로 묘사되어 나타나기 때문에 손쉽게 이해될 수 있을 것 같고, 더 나아가 영상이 그 영상의 의미와 동일한 현실표면 위에 자리 잡고 있는 것처럼 보인다. 하지만, 우리가 해독해야 하는 것은 세계 자체의 어떤 상징이 아니라, 세계의 '징후Symptom'(12쪽)이기 때문에 쉽게 이해될 수 없다. 그렇다면 여기서 말하는 상징이란 무엇이고, 또 징후란 무엇인가? 상징이란 개념으로는 설명하기 어려운 추상적인 어떤 대상을 구체적인 징표로 나타내는 것을 뜻하고, 징후는 어떤 일이 일어날 수 있는 현실적인 징조를 의미한다. 전자가 내적이고 소극적이면서 정적이라면, 후자는 외적이고 적극적이면서 동적이다. 그렇게 본다면 영상세계는 상징이 아니라 징후일 수밖에 없다. 그럼에도 징후에는 상징의 그림자가 내포되어 있는 것도 사실이다. 단적으로 말해 영상의 특성은 외적 상징을 통해서가 아니라, 자체의 징후를 통해서 세계를 드러낸다고 할 수 있다.

　　이로 인해 영상은 관찰자에게 더 이상 단순한 그림이 아니라, 세계를 바라보는 창문의 역할을 한다. 영상이 곧 눈인 것이다. 그런데 이런 영상을 그림이 아닌 세계관으로 비판하려 들면, 이는 영상의 생산에 대한 분석이 아니라 세계에 대한 분석이 된다. 이때 영상의 객관성에 대한 회의가 일어나는 것은 첫째로 영상 자체의 기술성 때문이고, 둘째로 영상이 텍스트를 배제하기 때문이다. 사실 영상은 그 본래적인 상징성의 요인 때문에 전통적 그림 이상으로 추상적인 상징복합체를 묘사한다. 지금까지 의미를 나타내는 평면으로서의 그림과 그 그림을 설명하는 선형으로서의 텍스트, 그리고 사고를 시뮬레이션하는 장치가 생산하는 영상이라는 전체 연관성을 되돌아보면, 결국 영상이란 텍스트의 메타코드이지, 저 바깥에 있는 단순한 외부세계를 의미하는 것은 아니다. 바로 텍스트를 의미하는 것이다. 그러므로 영상의 능력은 개념의 코드를 텍스트에서 영상으로 전환시키는 힘이고, 세계에 대한 새로운 암호화의 개념을 밝혀내는 정보라 하겠다.

　　이에 반해 전통적인 그림에서는 상징이 쉽게 관찰된다. 예를 들어 전통적 의미의 화가는 그림과 그 그림의 의미 사이에 스스로를 위치시킨다. 이는 의미의 관계를 맺어주는 사람, 즉 화가에 의해서만 그림의 상징이 드러날 수 있다는 말이다. 자신이 머리로 상상하는 것을 붓으로 그려 화폭 위에 옮겨놓으면, 그러한 상상이 현실의 그림으로 나타나게 된다는 것이다. 역으로 현실의 그림을 다시 해독하려면, 화가의 머릿속에서 구상되었던 코드화의 과정을 우리가 역추적한 후에 상상속의 그림을 되가질 수 있게 된다. 그러나 영상에서는 이러한 사태의 과정이 분명하게 드러나지 않는다. 물론 영상에서도 그림과 마찬가지로 영상과 그 의미의 관계를 이어주는 요소가 있기는 하다. 즉 카메라와 카메라맨 사이의 어떤 복합체 기능이 영상과 그 의미의 관계를 인풋in-put과 아웃풋out-put의 관계로 작용케 하는 것이다. 하지만 이러한 관계 작용의 과정 자체, 다시 말해 들어오고 나가는 복합체의 상호연관성에 따른 구조적 내용은 누구도 알 수가 없다. 일종의 '블랙박스Black Box'(14쪽)인 셈이다. 이 기술적 영상의 모든 코드화는 블랙박스 안에서 이루어진다. 그러므로 영상에 대한 어떠한 비판도 자연히 그 블랙박스의 내면을 조명할 수 있을 때만 가능하다.

    여기에서도 플루서는 기술적 영상이 세계를 바라보는 창문이 아니라 여전히 그림이라는 사실을 확신한다. 그림이 되기 위해서는 2차원의 평면이 필요했고, 그러한 평면 위에서는 모든 것이 사물 그 자체로서가 아니라, 사물들 사이의 관계로 의미를 드러내주어야 한다. 이때 영상 역시 전통적 그림과 마찬가지로 마술적으로 작용을 할 수 있게 된다. 그러나 영상에서 나오는 마술적 매력은 전통적 그림에서 유래하는 마술과는 질적으로 다르다. 전통적 그림의 마술이 동굴벽화나 선사시대 무덤의 프레스코화에서 경험할 수 있는 매력이라면, 기술적 영상의 마술은 오늘날 우리가 쉽게 접할 수 있는 텔레비전 화면이나 영화관 스크린에서 나오는 매력이라고 할 수 있다. 플루서는 전자를 '낡은 마술'이라 하고, 후자를 '새로운 마술'이라고 칭한다. 그는 또 낡은 마술을 인간의 역사의식보다 더 오래된 전역사적인 것으로, 새로운 마술을 인간의 역사의식 이후에 나타나는 탈역사적인 것으로 생각했다. 왜 그랬을까? 전역사란 역사 이전의 역사를 의미하며 그림의 시대를 칭한다. 이에 반해 탈역사는 역사 이후의 역사, 그러니까 디지털코드의 시대를 말한다. 여기에는 역사시대가 없다. 그렇다면 전역사와 탈역사의 분기

점은 무엇일까? 그 분기점은 바로 인간존재의 역사시대, 다시 말해 알파벳의 문자시대인 것이다.

오늘날의 이러한 새로운 마술은 우리의 현실세계와 무관하지 않다. 오히려 우리의 현실세계와 관계하는 논리적이고 필연적인 개념을 지목한다. 그것이 바로 제2단계의 마술이 되고, 그러한 마술의 역할을 플루서는 '추상적 환상작용 abstraktes Gaukeln'(15쪽)이라고 말한다. 여기에서 플루서는 낡은 마술과 새로운 마술의 차이를 다시 한 번 정식화하여 전역사적인 낡은 마술을 '신화'라는 모델로 제시하고, 탈역사적인 새로운 마술을 '프로그램'이라는 모델로 제시한다. '신화'의 주체인 신은 커뮤니케이션 과정의 저편彼岸에 자리 잡고, '프로그램'의 주체인 인간(작동인)은 커뮤니케이션 과정의 이편內部에 자리 잡는다. 손으로 잡을 수 없는 저편이 아니라, 손으로 잡을 수 있는 이편에서 영상의 기능은 역사시대의 인간의식을 제2단계의 마술의식으로 대체시키고, 더 나아가 개념의 능력마저 제2단계의 상상력으로 대체시킨다. 이 결과 개념적 사고방식이라는 문자적 필연성은 탈역사시대의 마술적 영상으로 인해 역사시대의 텍스트 의미를 상실하고 만다.

이를 요약하면, 문자인 1차원의 텍스트가 기원전 2000년대에 발명되어 그 당시의 그림을 탈마술화시켰던 것처럼, 19세기에는 0차원적 영상의 사진기술이 최초로 발명되어 텍스트를 탈마술화시켰다고 할 수 있다. 사실 사진기술의 발명은 문자의 발명만큼이나 큰 역사적 사건이었다. 문자의 등장과 함께 그림숭배라는 우상에 대한 투쟁의 '역사'가 시작되었다면, 사진의 등장과 함께 텍스트 숭배에 대한 투쟁의 '탈역사'가 시작된 것이다. 이를 재확인하기 위해 플루서는 다시 한 번 문자의 해독 능력을 기준으로 삼아 19세기의 문화를 세 가지 유형으로 구분한다. 첫째가 미적 순수예술의 유형, 둘째가 과학기술의 유형, 셋째가 사회계층의 유형이다. 즉 예술적 유형, 과학적 유형, 정치적 유형을 말한다. 첫 번째 예술적 유형에서는 그림에 대한 논리적이고 개념적인 설명이 가능했고, 두 번째 과학적 유형에서는 고차원적이고 문헌학적인 텍스트 이해가 가능했으며, 세 번째 정치적 유형에서는 보편적이고 정치적인 통념이 그대로 통했다. 그러나 플루서에게는 이러한 문화의 세 유형 자체가 중요한 것은 아니었다. 이러한 유형 모두를 감당할 수 있는 대안이 바로 영상이고, 이 영상이 곧 디지털사회 전체에 대해 타당성을 갖는 '코드'(18쪽)라는 사실이 중요했을 뿐이다.

그렇다면 그에게 영상이란 어떠한 의미인가? 첫째는 전통적인 그림을 일상생활로 다시 끌어들인다는 의미이고, 둘째는 텍스트를 과학적으로 표상할 수 있도록 한다는 의미이며, 셋째는 일상의 텍스트 속에서 영향을 끼쳤던 마술을 다시 가시화한다는 의미이다. 이렇게 본다면 영상은 예술과 과학, 정치를 하나로 묶어내는 기저를 의미한다. 다시 말해 영상은 역사시대의 진선미를 동일한 시공간에서 실현할 수 있는 보편타당성의 코드를 뜻하는 것이다. 그래서 플루서는 난관에 부딪힌 오늘날의 문화 위기를 새로운 디지털 코드가 극복할 수 있을 거라고 내다보았다. 이러한 주장은 전통적인 1차원의 논리개념을 포기하고, 오로지 디지털의 프로그래밍된 마술만을 수용할 때 가능하다. 이를 위한 영상의 기능은 엄밀한 의미에서 다음의 세 가지 사실에 근거한다. 첫째, 영상의 기능은 전통적 그림을 일상생활 속으로 단순히 환원시키는 것이 아니라, 재생산을 통해 전통적인 2차원의 그림을 대신한다는 사실에 있다. 둘째, 영상의 기능은 해석학적인 텍스트의 표상을 가능토록 하는 것이 아니라, 그러한 텍스트의 표상을 왜곡시키고 있기 때문에 과학기술의 내용을 사물 상호간의 관계의미로 바꾸어 놓아야 한다는 사실에 있다. 셋째, 영상의 기능은 역사 이전의 마술을 가시화하는 데 있지 않고, 새로운 차원의 마술, 즉 디지털의 프로그래밍 내에서 이루어지는 마술을 가시화하는 데 있다.

이처럼 영상의 의미는 실제적인 영상의 기능으로 환원되고 만다. 이로써 예술, 과학, 정치를 하나로 묶어내는 통합의 공통분모였던 이전의 문화가 더 이상 한 가지 유형으로만 존재할 수 없게 되었다. '닫힌 것conjunctive'이 '열린 것disjunctive'이 되고, 거대한 형이상학이 하잘것없는 하나의 역설과 반어가 되어 마침내 '큰 역사Grand Histoire'가 단순한 '작은 이야깃거리Petit Histoire'로 대체된다. 그 결과 오늘날의 대중문화는 전통문화와는 달리 점멸하는 픽셀로서 그때그때마다 이루어지고 그때그때마다 사라진다. 어디에도 '모던Modern'은 없고, 어디든지 '포스트모던Postmodern'[13]이 빈틈없이 자리를 꽉 매운다. 이 모든 것이 영상에서 이루어지고, 영상은 이 모든 것을 표면에 나타낸다. 이러한 영상에서는 전통적인 그림(예술)도 영원히 재생산될 수 있고, 과학도 그 코드가 사태로 바뀌어 마술적 성격을 가지게 된다. 또한 보편적 가치인 정치도 사회라는 순환의 기억 저장소를 만들어낸다. 영상으로 처리되지 않는 것은 아무것도 없다. 모든 것은 다 영상 속에서 영원히 반복된다. 이것이 바로 니체의 '동일자의 영겁회귀'를 위한 논리적 근거이다. 따라서 역사적 의미는 모두 사라지고, 오직 마술적 의례와 영원히 순환하는 운동만이 남는다. 플루서는 이러한 징조가 이미 드러나기 시작했다고 적시한다. "모든 행위와 번뇌가 끊임없이 순환하고 있는 시간이 농축된 덩어리로 나타나고 있다. 오로지 이런 묵시론적apokalyptisch 시각을 통해서만"(20쪽) 인식할 수 있다. 진정, 탈역사의 디지털시대라고 해서 인간의 인간성도, 역사의 역사성도 모두 사라지고, 오로지 1과 0의 디지털화소만이 남겠는가? 그렇지는 않을 것이다. 아무리 디지털시대라 해도 사람 없는 디지털은 이미 디지털이 아닐 것이다. 무엇보다 사람은 육체로도 존재하지만 의식으로도 존재한다. 이 말은 사진과 사람, 그리고 사진철학을 하나의 연관성에서 보아야 한다는 것을 의미한다.

3. 사진철학을 위한 사진의 도구적 장치

제3장 사진기

지금까지 살펴본 영상의 기능과 연관해서 우리는 이제 더욱 현실적이고 직접적으로 영상이 어디에서 형성되고, 어떻게 생산되며, 또 그러한 양자의 관계가 무엇인가를 고찰하겠다. 다시 말해 도구적 장치인 사진기와 사진기의 작동, 그리고 이들의 관계인 사진기술을 살펴본다는 말이다. 이 물음의 주제는 여전히 영상이고, 이 영상은 일종의 장치인데, 구체적으로는 사진기를 통해서 이루어지는 상象이다. 그러므로 먼저 사진기가 무엇인지를 밝혀내야 한다. 그런데 사진기 역시 일종의 기계적 장치라면, 장치의 특징 내지 장치의 본성을 짚어낼 때 사진기 속에 이미 내재하고 있는 도구적 장치의 본성도 그대로 알 수 있을 것이다. 따라서 '사진기가 무엇인가?'라는 물음에 앞서 '장치가 무엇인가?'를 물어야 한다. 특히 영상이 전통적 그림과 달리 어떤 특정한 장치를 통해 이루어진다면, 더더욱 그렇다. 현실적으로 사진기라는 것이 사진을 찍을 수 있는, 다시 말해 영상을 생산하는 장치를 의미한다면, 사진기는 처음부터 영상을 태아의 원시선primitive streak처럼 장치의 원시선 형태로 존재케 하는 것이다. 이러한 원시선의 모습은 태아의 출생 이전과 마찬가지로 아무도 알 수 없다. 세상 밖으로 나와야, 즉 모니터에 나타나야 비로소 그 모습을 알 수 있게 된다. 그 자체로서는 아직 미지의 세계이다.

이러한 논의는 사진기라는 것이 현재와 미래를 규정하는 장치의 원형이라는 사실을 강조하기 위한 의도로 전개되었다. 이는 사진기라는 장치를 본격적으로 고찰해야 한다는 것을 의미한다. 장치란 현실적으로 그 규모가 너무 크거나 너무 작으면 잡기 어렵다. 마치 사람이 16Hz에서 2만Hz까지의 소리만 들을 수 있고, 그보다 낮거나 높은 소리를 들을 수 없는 것과 같다. 플루서는 이 '장치$_{apparatus}$'의 개념을 먼저 어원적으로 짚으면서 "어떤 것을 예기하면서 애타게 기다리는 하나의 사태"(22쪽)라고 해석한다. 여기서 우리는 이 장치라는 개념을 그가 아주 능동적인 의미로, 그러니까 만반의 준비를 하고 있으면서도 인내심을 가지고 때를 기다렸다가 어떤 사태에 '막 뛰어드는 존재$_{Auf\ dem\ Sprung-Sein}$'로 해석한다는 사실에 주목할 필요가 있다. 더 나아가 장치라는 개념 속에 이미 어원적으로 "맹수적 본성"의 의미가 들어있다는 것이다. 그러나 한 개념을 어원적으로만 정의하면 그 개념 자체의 한계를 스스로 제한하는 결과가 된다고 진단하며 장치라는 개념의 형성 과정을 문화사적 관점에서 먼저 고찰한다.

여기에서 철학 내지 철학사적 관점이라 하지 않고, 문화사적 관점이라고 한 것은 인간의 정신적 활동에 대한 철저한 논리적 개념이나 철학적 논증보다는 역사적이고 사회적인 현사실성을 필요로 했기 때문이다. 이러한 과정이 플루서에게는 도구적 '장치의 존재론적 위상 설정'이다. 즉 장치란 일반적으로는 만들어진 사물을 말한다. 이렇게 만들어진 사물의 근원은 이미 존재하는 자연으로부터 가능하다. 그러나 이러한 설명만으로 장치의 존재론적 성격을 밝히기는 어렵다. 그럼에도 불구하고 포괄적인 의미에서, 자연으로부터 만들어진 사물의 총체성을 '문화'라고 부른다면, 분명 도구적 장치란 문화의 한 부분이고, 역으로 문화의 한 부분으로서 장치임을 우리는 알게 된다. 우리가 소리를 듣고자 기다리는 청각기관을 청각장치 Hörapparat(23쪽)라고 부른다면, 일종의 문화개념을 자연에 적용시키는 것이다. 이로써 문화개념도 존재론적 위상을 획득하게 된다고는 하지만, 철학적 논증으로서는 여전히 부족하다.

어떻든 플루서는 이러한 문화개념을 전제로 하여 문화의 대상을 크게 두 가지 종류로 나눈다. 그 하나는 대상을 쓰기 '좋은' 소비재라 하고, 다른 하나는 소비재의 생산에 '좋은' 것으로서 도구라고 한다. 이 양자에 공통점은 '좋다$_{gut}$'는 것이고, 좋다는 것은 가치영역에 해당한다. 이때 가치척도의 주체는 인간이지만, 그 가치는 인간이 의도적으로 생산한 도구에 있다. 이러한 논지의 이면에는 작게는 문화개념을 자연에 적용시키려는 의도가 숨겨져 있고, 크게는 플루서 자신의 '장치의 존재론적 위상설정'을 확보하려는 의도가 감춰져 있다. 이를 정당화하기 위해서 그는 자연과학과 문화과학의 차이[14]를 말하지 않을 수 없게 된다. 자연과학은 인간과 대상 사이에 존재하는 공통점만을 찾아 오직 보편적인 법칙을 정립하고, 이를 통해 현실을 과학적으로 설명한다. 따라서 가치와 무관한 자연을 설명하는 데는 적합하지만, 인간의 삶과 가치를 이해하는 데는 한계를 드러낸다. 그러나 문화과학은 대상을 보편화하여 법칙화하지 않고, 오히려 그 특수성의 의미를 개성화하여 가치화한다. 따라서 현실의 다양한 역사적 산물에서 나타나는 가치와 함께 사물의 배후에 숨어 있는 의도를 탐색하는 것이 바로 문화과학의 특성이 된다.

플루서가 여기서 자연과학과 달리 문화과학을 배후에 숨어 있는 의도를 탐색하는 학문으로 해석한 것은 다음과 같은 이유에서이다. 첫째로 문화과학이 본질적으로 "왜warum"라는 인과관계만을 다루지 않고, "무엇을 위해wozu"라는 목적도 함께 다루기 때문이다. 둘째로 사진기의 배후에 어떤 의도가 있는가를 짚어낼 수 있기 때문이다. 분명 전자의 의미보다는 후자의 의미 때문에 그는 전통적인 문화과학의 개념을 디지털시대에 맞게 쇄신하여 쓰고 있다. 이로써 그는 사진기를 하나의 장치인 작업도구로 해석할 수 있었고, 그러한 작업도구의 의도가 사진을 생산한다고 말할 수 있었다. 그렇다고 모든 문제가 해결되는 것은 아니다. 무엇보다 그는 사진 한 장이 신발 한 켤레나 사과 한 개와 같이 하나의 소비재에 불과하고, 또 사진기가 신발을 생산하는 가위와 같은 하나의 작업도구에 불과하단 말인가라고 되묻게 된다. 이러한 물음을 통해 그는 다시 한 번 자연과 문화의 관계를 되짚으면서 정보와 노동, 그리고 작품이 어떻게 인간과 관계를 형성하는지 밝히려 했다. 그것은 결국 사진과 사진기, 그리고 사진가의 관계를 포괄적으로 밝혀내려 한 것이다.

먼저 작업도구Werkzeug(23쪽)란 무엇인가? 작업이란 목적을 달성하기 위한 일을 말하고, 도구는 그러한 목적 달성을 위한 수단을 말한다. 전체적으로 작업도구란 도구의 주체인 인간이 자연과의 관계 속에서 그 자연을 인간 자신의 영역 안으로 끌어들이는 수단을 말한다. 여기에서는 그 대상의 형식이 전도된다. 즉 자연이 인간으로 전도되면서 수단의 틀이 바뀐다는 말이다. 수단과 방법이 바뀐다는 것은 새로운 사실의 등장을 의미하고, 이는 곧 '알림'으로서의 대상에 대한 '정보'("in-formieren": 안으로 형식화하다, 24쪽)를 의미한다. 이를 플루서는 어원적으로 해석하여 자연적 대상이 더 이상 자연이 아닌 반자연, 그러니까 자연의 필연성은 물론이고 그 개연성마저도 용납하지 않는, 다시 말해 문화로 전도되는 과정에 대한 내용 분석을 '정보'라고 규정한다. 또한 자연적 대상을 인간을 위한 생산물로 만들면서 정보를 제공하고 전달하는 과정을 '노동'이라 하고, 그러한 노동의 결과를 작품 혹은 '제품Werk'이라고 한다.

이러한 정보와 노동, 그리고 제품의 관계를 그는 구체적인 예를 들어 밝힌다. 사과는 재배하여 생산되지만, 정보가 전달되지는 않는다. 신발은 정보가 강하게 전달되지만, 비개연성의 형식만을 전달할 뿐이다. 사과를 따는 가위는 정보를 전달하지 않는 일상적 도구에 그치지만, 신발을 생산하는 바늘은 정보를 전달하는 작업도구가 된다. 왜 그럴까? 사과나 가위는 소비재에 직결되어 있어 정보를 떠나 있지만, 신발이나 바늘은 생산재에 직결되어 있어 정보를 제공해주기 때문이다. 아니 제공해주어야만 한다. 전자의 중심에는 분리와 분산이 자리 잡고 있으나, 후자의 중심에는 단결과 단합이 자리 잡고 있다. 전자는 현재라는 기점에서 과거형으로 존재하지만, 후자는 미래형으로 존재한다. 전자는 역사 이전의 역사를 지향하고, 후자는 역사 이후의 역사를 지향한다. 이를 통해 플루서는 사진이야말로 확실한 정보를 가지고 있기 때문에 앞으로의 포스트모던 세계를 열어줄 디지털미디어라고 판단할 수 있었다. 이에 따른 논리적 근거는 XY가 맞닿는 자리로서 위치만 있고 크기나 넓이가 없는 0차원의 점만을 표기하는 디지털시대 영상의 한 화소pixel에 있다. 이러한 0차원의 점이란 모든 방향의 회전을 가능토록 하는 기점이 된다. 이에 따라 그는 사진기를 바늘과 같은 미래지향적인 작업도구라고 할 수 있었다.

이와 같은 연관성에서 한 걸음 더 나아가 그는 작업도구를 인간 신체기관의 확장으로 보면서, 그 한계를 자연으로까지 넓힌다. 이렇게 자연으로 연장된 기관을 작업도구는 이제 경험을 떠난 선험성이 아니라, 현실적인 경험과학의 기술로 시뮬레이션하여 모니터에 바로 띄울 수 있게 된다. 화살은 손가락을, 망치는 주먹을, 괭이는 발가락을 시뮬레이션하여 보여준 것이다. 마치 쇼펜하우어가 되살아난 것 같기도 하다. 이러한 결과로 작품은 대량생산될 수 있고, 대량생산의 역할은 기계Maschine(25쪽)가 담당했다. 기계가 곧 작업도구라면, 작업도구와 인간의 관계, 즉 기계와 인간의 관계는 상호 밀접한 관계를 이룰 수밖에 없으나, 시대에 따라 그 주역이 역전되곤 했다. 산업혁명을 기점으로 하여 그 이전에는 인간이 기계에 우선했기 때문에 작업도구인 기계가 변수였고, 인간이 상수였다. 하지만 그 이후에는 기계가 인간에 우선했으므로 인간이 변수가 되었고, 기계가 상수로 부상했다. 이전의 시대에서는 기계가 인간의 활동범위 내에 있었으나, 이후의 시대에서는 인간이 기계의 기능범위 내에 있게 되었다. 이렇게까지 플루서가 이 양자의 시대적 특성을 극단화하여 대비시킨 것은 사진기 역시 하나의 도구 내지 장치인 기계이기 때문에 위의 사실을 사진기에도 그대로 적용시키기 위해서였다.

논지가 이렇게 무리한 형태로 전개되는 것은 플루서가 유년시절을 보냈던 동구의 사회주의적 사적 유물론에 기인한다. 그것은 바로 가진 자와 갖지 못한 자, 즉 유산자계급과 무산자계급간의 투쟁사라고 하는 마르크스적 명제다. 비싼 기계를 소유한 자본가와 기계의 기능에 얽매인 노동자라는 두 계급. 유산자계급은 자신들의 이해관계를 충족시키기 위해 기계를 관리하며, 무산자계급은 임금노동을 위해 기계에만 몰두한다. 기계의 관리는 곧 노동의 관리가 된다. 이러한 논리를 그는 사진기에도 그대로 적용시켜 사진가를 무산자로, 사진을 자본가로 간주할 수 있는 가능성을 언급한다. 그러면서도 정작 그 자신도 이러한 거친 논리를 그대로 전개할 수는 없었다. 다만 그가 기계인 장치를 '정보를 전달하는' 기술적 신체기관으로 시뮬레이션하기 위함이었다면, 그러한 설정이 단순한 맹목적인 구상은 아닐는지도 모른다. 사실 그는 이를 통해 인간 자신이 장치의 기능 속에서 활동하고 있음을 말하고자 했다. 실제로 노동의 이면에 자본이 자리하고 있는 것과 같이 기계라는 장치 뒤에는 사진가의 의도가 숨겨져 있다. 그렇다고 그러한 의도가 장치의 결정적인 요인은 아니다. 왜냐하면 장치라는 것이 산업사회의 결과물이기는 하지만, 거기에는 이미 탈산업사회라는 방향성이 내재되어 있기 때문이다. 이렇게 보면 장치란 또 다른 의미에서는 탈장치이므로 이를 위한 새로운 범주가 그때마다 필요하게 된다.

전통적 산업사회의 기본 범주는 노동(27쪽)이었다. 노동은 도구와 기계를 통해 이루어진다. 플루서는 여기에서 도구와 기계를 장치라는 개념과 구별한다. 기계는 노동을 수행하지만, 장치는 어떠한 노동도 수행하지 않는다. 그러므로 장치는 세계 자체를 변화시키는 것이 아니라, 세계의 의미만을 변화시킬 수 있다. 사실과 의미의 차이는 실물과 상징을 표현하는 구체성과 추상성의 차이로서 상징성에 해당한다. 이러한 상징성과 연관해서 사진가는 노동은 하지 않지만, 분명 어떤 일을 하고는 있다. 즉 의미의 상징성을 생산도 하고, 처리도 하며, 저장도 한다. 마치 작가가 책을 쓰고, 화가가 그림을 그리며, 작곡가가 악보를 쓰는 것처럼 사진가는 자신의 일을, 그러니까 일거리를 생산해낸다. 플루서는 그런 일거리라는 대상들을 소비되는 대상물로 보지 않고, 정보의 전달체로 본다. 전달체란 그 자체로는 목적일 수가 없고, 다만 수단일 뿐이다. 이것은 새로운 디지털시대의 새로운 시각이다. 이러한 새로운 시각을 가지고 플루서는 종전의 일거리를 이제는 장치가 대신한다고 하며, 그러한 장치를 정보의 대상으로 삼았다. 그 결과로 이제 사람은 노동을 프로그래밍하고 통제하는 장치에만 몰두하여 일을 하면 된다. 소위 '노동'의 패러다임이 '정보'의 패러다임으로 바뀐 것이다.

이러한 과정을 거쳐 플루서는 장치 일반인 사진기와 사진, 그리고 사진가인 사람과의 관계를 짚는다. 사진기는 영상으로 담아낸 상징을 생산한다. 사실 사진기는 사진을 생산하도록 프로그래밍되어 있으므로 유사하거나 똑같은 사진도 반복해서 찍을 수 있다. 그리고 그 나머지 사진들은 잉여의 사진들로서 새로운 정보를 지니지 못하기 때문에 아무런 가치도 없게 된다. 그러나 다른 한편으로는 사진의 또 다른 세계가 다음과 같이 펼쳐질 수 있다. 즉 사진가는 사진의 모든 프로그램의 가능성을 실현하기 위해 자신의 능력을 최대한 발휘하여 백방으로 노력한다. 그는 장치의 겉과 속을 관찰하고 작동하며, 또한 기능의 역할과 조정까지도 모두 시도한다. 그럼에도 불구하고 그는 장치를 통해서 흥미진진한 세계를 주시하려 하지 않고, 사진의 프로그램을 활용해서 혹은 새로운 가능성을 찾기 위해서 장치를 가지고 정보를 생산하려 든다. 따라서 자연히 사진가의 관심은 장치에 있게 되고, 세계란 것도 그에게는 장치의 실현가능성에 달려있게 된다.

이런 논리 전개를 통해 플루서는 결국 사진가가 '노동하지도 않고, 세계를 변혁시키지도 않지만, 정보만은 추적한다'(30쪽)라는 사실을 부각시킨다. 이때 사진기와 떼어놓을 수 없는 것이 정보라는 개념이다. 그러면서도 사진가는 다른 장난감처럼 사진기를 가지고 놀기도 한다. 따라서 사진기는 '작업도구'가 아니라 '유희도구'가 된다. 그 결과 사진가 역시 상품을 생산하는 노동자가 아니라 유희하는 사람, 즉 호모 파베르homo faber, 工作人가 아닌 호모 루덴스homo ludens, 遊戲人라고 할 수 있었다. 이에 플루서는 인간과 장치의 관계까지 짚는다. 사진가는 여전히 장치를 떠나 존재할 수 없다. 사진가라는 개념 자체가 이미 장치를 전제로 하기 때문이다. 인간과 장치의 관계는 함수관계이고, 이러한 관계에서 인간은 상수도 아니고 변수도 아니다. 오히려 인간과 장치는 하나로 혼연일체가 된다. 따라서 사진가는 장치의 작용으로 인해 기능을 행사하는 사람이라는 보다 적극적인 의미로 '작동인Funktionär'(31쪽)이 된다. 이는 장치를 다루는 사람이라는 말이다.

 이러한 장치 속에 내장되어 있는 잠재능력, 그러니까 사진기의 사진 프로그램은 그러한 장치를 작동하는 사람의 능력보다 크다. 즉, 사진가 자신의 능력보다 훨씬 더 크다는 뜻이다. 그렇기 때문에 전문 사진가라 해도 프로그래밍된 사진기의 내장을 전부 알 수는 없다. 그래서 플루서는 이러한 사진기를 '블랙박스'라고 부른다. 그러나 엄밀한 의미에서 보면 아무리 복잡다단한 사진기의 프로그램이라도 그것이 기술적으로 프로그래밍화된 이상 과학기술에 의해 설명되어야 하고, 또 설명될 수밖에 없다. 그렇게 본다면 사진기가 인간 이상일 수는 없는 것 아닌가! 무엇보다 사진가는 부분적으로나마 사진기의 블랙박스를 위한 인풋과 아웃풋을 통해 장치에서 원하는 바를 행할 수 있게 된다. 물론 여기서 한두 가지 유의해야할 점이 있다. 첫째는 사진가가 장치를 통해 행하는 것이 타의에 의한 '생산'이 아니라, 자의에 의한 '유희'라는 사실이다. 둘째는 장치를 통해 이루어지는 프로그램이 자의에 의한 '유희'가 아니라, 타의에 의한 '상징'이라는 사실이다. 이처럼 유희는 인간으로부터 가능하고, 상징은 장치로부터 가능할지라도, 이러한 상징과 유희는 그 장치의 기능에서 서로 조화를 이룰 수 있다는 사실이 무엇보다 중요하다.

사실을 확인하기 위해 플루서는 먼저 글쓰기를 짚어본다. 작가는 언어라는 장치의 작동인이며, 언어 프로그램의 상징인 단어들(글)을 써내려감으로써 유희한다. 그러나 이때의 언어는 장치가 아니기 때문에 원칙적으로 신체기관이 시뮬레이션화될 수는 없다. 그럼에도 불구하고 디지털시대의 언어 자체가 장치화되어 가고 있다면, 그러한 시뮬레이션이 가능하게 된다. 바로 워드프로세서가 그런 것으로, 이것이 작가의 역할을 하면서 정보까지 생산해낼 수 있다. 이처럼 작가와 워드프로세서가 정보를 정적으로 제공하는 데 반하여 정보를 동적으로 제공하는 장치도 있다. 인공지능을 갖춘 작업도구인 사진기가 바로 그렇다. 이러한 작업도구는 영상을 자동적으로 생산하기 때문에 사진가는 장치의 도구적 측면을 떠나 오직 장치와 유희하는 데만 전념하면 된다. 왜냐하면 장치가 인간의 노동을 대신하기 때문이다. 다시 말해 인간을 노동의 강제성으로부터 해방시킨다는 뜻이다. 이로써 인간은 장치의 유희적 측면에서 자유를 만끽할 수 있게 된다.[15]

사실 사진기에는 장치의 도구적 프로그램과 장치의 유희적 프로그램이 서로 얽혀 내장되어 있다. 전자는 장치로 하여금 사진을 생산토록 하고, 후자는 사진가로 하여금 유희를 즐기도록 한다. 물론 이 밖에 다른 프로그램도 들어 있다. 프로그래밍에 따라 또 다른 프로그램이 가능하기 때문에 장치에는 최종적인 프로그램이라는 것이 있을 수 없다.

장치는 이제 더 이상 단순한 기계가 아니다. 그러므로 장치 자체의 소유보다는 오히려 장치의 프로그램이 중요하며, 그 프로그램의 소진이 더욱 중요하게 된다. 또 다른 한편으로 장치 그 자체는 물적인 것으로서 딱딱한 '하드웨어'에 속하지만, 장치의 프로그램은 부드러운 '소프트웨어'에 속한다. 딱딱한 사물의 하드웨어는 가격이 폭락하고, 부드러운 소프트웨어의 프로그램은 가격이 폭등한다. 왜냐하면 후자에서 그 가능성의 진폭이 훨씬 크기 때문이다. 이로써 탈산업사회가 이루어지고, 결국에는 역사시대 이후의 디지털정보사회가 등장하게 된다. 소위 물적인 세계에서 상징적인 세계로, 가치전도의 시대가 도래한다는 말이다.

이의 전형적인 사례는 프로그래밍, 데이터프로세싱, 정보, 상징 등이라고 할 수 있으며, 이 모든 내용은 장치에서 비롯된다. 한편으로 장치는 통상 인간으로 하여금 유희를 가능케 하는 도구이지만, 다른 한편으로는 프로그램 자체 속에 내장되어 있는 상징적 내용 때문에 장치가 인간 자신에게서 벗어나 있다. 장치는 처음부터 사고과정을 시뮬레이션하기 위한 것이므로 장치 자체를 어떤 선형적이고 역사적인 사고방식보다는 숫자적인 사고방식으로 표현하는 것이 더욱 적절했다. 전자의 사고방식은 4차원의 현실세계에서 3단계나 멀어진 문자적 1차원의 세계에서 비롯되었으나, 후자의 사고방식은 새로운 디지털시대의 0차원적 세계에서 비롯될 수 있다. 이처럼 문자적 사고방식을 숫자적 사고방식으로 바꾸어 놓는 경향은 데카르트 이후 과학적 담론에서 이미 설정되었다. 데카르트는 사물이라는 실체의 속성을 연장으로 보고, 그렇게 연장된 사물이 점 단위의 구성으로 기능할 수 있는 근거를 문자가 아닌 숫자에서 찾았다. 그러므로 숫자의 단위로 구성된 장치는 인간의 유희와는 달리 그 자체로 0과 유사한 상징성을 기계화하는 일종의 과학적인 블랙박스이기도 하다.

여기에서 플루서는 어떤 경우에도 과학이나 기계가 사람보다 더 잘, 그리고 더 완벽하게 사고할 수 있을 거라고 자신한다. 더구나 미래에는 사람들이 점점 더 사고하기를 싫어하여 결국에는 모든 사고행위를 장치에 그냥 맡겨버려야 할 정도로 기계화될 것이라고 장담한다. 이미 아이패드라는 하나의 장치만 봐도 그럴 듯해 보인다. 하지만 엄밀한 의미에서 기계라는 것이 스스로 판단하지 못한다는 점을 생각하면, "과학은 스스로 사유하지 못한다"[16]는 하이데거의 명제를 우리는 기억할 필요가 있다. 그렇다면 플루서가 확신한 대로 반드시 그렇게 되리라는 법은 없다. 물론 플루서는 오늘날의 모든 미디어시스템이 디지털화(기계화)되어 있는 이 현실에 서서 장치로서의 사진기와 이의 관계만을 조명하고 있기 때문에 그렇게 장담할 수 있었을 것이다. 따라서 우선 이 시점에서는 그의 최대 관심사였던 사진기를 가지고 사진 찍는 행위를 살펴보겠으며, 다시 한 번 사진가와 사진기, 그리고 사진의 관계를 고찰하겠다.

제4장 사진 찍기

플루서는 먼저 사진 찍는 사람의 행동을 옛 툰드라지대의 넓은 초원에서 사냥꾼이 사냥감을 뒤쫓던 그러한 몸짓에 비유한다. 사냥꾼은 사진을 찍는 사람, 즉 사진가가 되고, 툰드라의 넓은 초원은 문화대상의 수풀과 같은 멀티미디어시대의 정보사회가 되며, 덫을 놓던 길은 문화라는 타이가Taiga가 된다. 이러한 비유에서도 우리는 자연적 대상이 문화적 소산으로 전환된 후에도 여전히 흔적으로 남아 있음을 알게 된다.

이러한 문화적 소산에서 인간의 몸짓을 알 수 있듯이 사진 찍는 사람의 몸짓을 우리는 사진에서 판독해낼 수 있다. 사실 사진의 숲은 인간이 의도적으로 마련해 놓은 문화의 대상들로 꽉 차있다. 이렇게 드러나 있는 문화적 대상들의 의도를 피하기 위해 사진가는 대상들의 사잇길로 가서 길들여지지 않은 맹수와 같은 장면을 찍는다. 이렇게 찍힌 사진 속의 문화적 조건은 '네거티브'하게 나타나기 마련이다. 왜냐하면 자연적인 것이 문화의 대상으로 바뀌면서 그 본연이 왜곡될 수 있기 때문이다.

따라서 사진비평은 반드시 있어야 한다. 무엇보다 비평의 방향은 사진을 본연 그대로 되돌려놓을 수 있어야 하고, 이를 위해 사진가의 문화적 조건을 사진으로부터 재구성할 수 있어야 한다. 이때 문화 자체의 구조는 사진 찍기의 '행위' 속에서 지양되겠지만, 결코 사진 찍기의 '대상' 속에서 지양되는 것이 아님을 우리는 인지해야 한다. 지양이란 헤겔적 의미로 '없애 가져 높임'[17]을 말한다. 여기에서 우리는 사진가의 사진 찍는 행위를 대상에서가 아니라 주관에서, 자연에서가 아니라 문화에서, 그러나 임의성으로서가 아니라 일종의 범주로서 이해하지 않을 수 없다. 왜냐하면 그에게는 사진 속에 나타나는 모든 내용이 문화 전체라는 그물망의 '코'를 통해 들어오는 것이기 때문이다. 플루서는 여기서 기발하게도 사람들이 철학의 철옹성이라고 말하는 인간이성의 인식 가능성을 위한 틀인 칸트의 선험적 범주론을 들고 나선다. 칸트의 범주론은 초월론적 인식을 확보하기 위한 순수자연과학의 인식 틀로서 양질 관계 양상에 관계하는 12범주들이다. 이러한 범주들이 플루서가 말하는 그물망의 코에 해당한다. 일종의 사진 자체에 대한 눈높이이다.

사진기 자체가 과학기술의 산물이기 때문에 플루서는 자연과학의 전형인 칸트를 내세워 사진기의 범주문제를 짚은 것이다. '범주 Kategorie'(40쪽)[18]란 그 이상 일반화할 수 없는 가장 기본적이고 보편적인 최고의 유개념을 말한다. 이러한 유개념으로서 사진기의 범주는 한편으로 사진기 자체, 그러니까 사진기의 몸체에 내장되어 있는 프로그래밍이고 기록 내용이다. 이러한 기록 내용이 사진을 위한 시공간의 범주가 된다. 순간과 지속이라는 시간 속에서 일어나는 사진기의 모든 작동, 즉 번개처럼 지나가는 찰나의 시간구역이나, 명상처럼 차분한 사념을 위한 시간구역, 그리고 여기와 저기라는 공간 속에서 일어나는 사진기의 모든 작동, 즉 눈앞의 모든 시야를 위한 공간구역과 아주 먼 시야를 위한 공간구역 등이 그러한 시공간의 범주들에 속한다. 이런 범주들 속에서 사진 찍기의 작동이 이루어진다.

다른 한편으로 플루서는 사진 찍기를 사진가가 그때마다 시공간의 한 형식에서 시공간의 다른 형식으로 바꾸어 시공간적 사진범주들을 새롭게 조율하고 조합하여 작게는 유희의 구조로, 또 크게는 문화 자체의 구조로 읽어낼 수 있도록 했다. 이때 사진가에게는 자기 스스로 대상을 선택할 수 있는 자유가 주어져 있기 때문에 사진기의 작동도 그의 자유의사에 따르게 된다. 그러나 이는 역으로 사진가의 자유란 무한정한 자유가 아니라 유한한 자유, 그러니까 사진기의 자유, 즉 사진기에 프로그래밍되어 있는 자유에 한정된다는 말이 된다. 사진가는 오직 사진기라는 장치가 실행할 수 있는 것만을 찍을 수 있기 때문에, 사진가에게는 새로운 범주가 필요하다. 이러한 새로운 범주의 범위를 플루서는 미학적이고, 인식론적이며, 정치적인 범주로 나눈다. 이 모든 범주들은 장치의 프로그램에 전체로, 그러면서도 각자 하나하나로 종속되어 있을 뿐이다. 그럼에도 이에 따른 각기의 영상들을 만들어내기 위해서 사진가는 사진기를 적절하게 작동해야 한다. 이것이 영상시대에서는 장치를 통한 기술적 작동이고, 문자시대에서는 사유를 통한 개념적 서술이다. 전자에서는 그 중심에 0차원인 점點이 자리를 잡고, 후자에서는 1차원인 선線이 자리 잡고 있다. 따라서 영상에서는 모든 방향의 전환이 가능하지만 문헌에서는 그 자체가 불가능하여 오직 개념으로서 참이거나 거짓만을 용납하면서 인과론만을 허용한다.

이제 우리는 개념과 영상의 관계를, 더구나 기술적 영상을 위한 문헌학적 개념을 먼저 짚어낼 것이다. 이를 통해 사진의 속성을 역사적 단절성에서만이 아니라 역사적 연속성에서도 밝히려 한다. 사진기라는 장치를 가지고 예술적, 과학적, 정치사회적인 영상을 마련하고자 한다면, 사진가는 예술과 과학, 그리고 정치사회라는 텍스트의 개념을 먼저 가져야 한다. 그렇지 않고서는 제아무리 능력 있는 사진가라 해도 미학적, 인식론적, 정치적 범주개념들을 기술적 영상으로 바꾸어 놓을 수 없다. 이에 플루서는 사진이란 문자시대의 문헌학적 개념을 영상화한 것이라고 신중하게 진단할 수 있었다. 이 과정에서 얻어진 중요한 결과는 다음과 같다. 즉, 사진가가 가지고 있는 모든 범주는 장치의 프로그램 속에 '개념'으로 내장되어 있다는 사실이다. 내용적 개념으로 내장된 장치 프로그램에서 사진가는 아직 드러나지 않은 가능성들을, 아니 아직 알려지지 않은 정보의 영상들을 추구해야 한다. 따라서 자연히 사진가에게는 사태가 이루어지지 않는 저기 저 바깥의 세계도, 그리고 장치 프로그램의 개념이 이루어지는 여기 이 안의 세계도 현실적인 것이 아니게 된다. 그렇다면 사진가에게 현실적인 것이란 과연 무엇인가? 플루서는 '사진'만이 현실적이라고 답한다. 세계와 장치 프로그램은 영상을 위한 전제로서 실현되어야 할 가능성일 뿐이다.

여기에서 문제가 되는 것은 의미 벡터Vektor(45쪽)의 역전이다. 이러한 역전이 모든 장치적인 것과 탈산업적인 것 일반을 특징짓고, 그 결과로 의미가 아니라 의미하는 것으로서 정보와 상징이 현실적이 된다. 사진기의 작동은 사진가에 달려 있다. 사진가는 촬영의 순간에서 어떻게 할 것인가를 두고 적극적으로 탐색을 시도한다. 탐색을 시도한다는 것은 일종의 망설임이고, 그러한 망설임이라는 의미의 탐색을 플루서는 좀 어색하지만 '회의'라고 말한다. 물론 이때의 회의란 과학적 사실에 대한 회의도, 종교적 신앙에 대한 회의도 아니다. 그렇다고 실존적 문제의식에 대한 회의도 아니다. 다만 현장에 부딪쳤을 때 사진가는 한 목표물인 대상에 초점을 맞추게 되지만, 동시에 사진기가 자신에게 수많은 다른 관점의 가능성을 열어놓고 있다는 사실을 알게 된다는 의미에서의 회의이다. 즉, 어떤 가능성을 택할 것인가를 두고 망설이게 되는 회의를 말한다. 사실 사진가는 그때마다 어느 하나도 다르지 않으면서, 그럼에도 대상에 대해 갖는 관점의 다양성을 접하게 된다. 그러나 그에게는 하나의 특별한 관점이 중요한 것이 아니라, 가능한 한 많은 관점들을 드러내는 것이 중요하다. 이를 통해 플루서는 사진가의 선택이 질적인 것이 아니라, 양적인 것임을 강조한다.

이어 그는 사진기의 작동이 지금 나타나 있는 하나의 현상을 여러 관점에서 촬영할 수 있다는 의미에서, 또 동시에 그 촬영대상을 앞에 두고서 망설여진다는 의미에서, 현상과 회의라는 말을 합쳐 '현상학적 회의'(46쪽)의 작동이라는 개념을 쓴다. 우리가 일상적으로 말하는 현상은 본질이나 객체의 외면에 나타나는 상을 의미한다. 이에 비해 훗설 철학의 전문용어인 현상학은 본질 자체에 관한 학學이 아니라 본질직관, 즉 본질을 바라보는 의식에 관한 학이다. 현상학의 중심개념인 의식은 어떤 것에 대한 의식인 '지향성Intentionalität'[19]이다. 이에 비해 본래의 회의는 데카르트철학의 중심개념으로, 그는 진리의 절대성을 보장하는 방법으로서 감각적 회의와 지각적 확실성을 '명석하고 판명한clara et distincta' 진리의 척도[20]라고 제시했다. 명석이란 지각대상이 직접 의식에 나타남을 말하고, 판명은 지각대상이 다른 지각대상과 구별되어 의식되는 것을 말한다. 이런 전통적 관점과 달리 플루서는 더 큰 틀에서 장치라는 사진기 프로그램 속에 이미 그러한 회의의 수학적 구조가 내재하여 있다고 본 것이다. 사진기와 연관된 그러한 회의란 과연 어떤 것일까?

플루서는 너무도 현실적인 측면에서 두 가지를 지목한다. 첫째로 사진가는 언제나 반反이데올로기 내지 탈脫이데올로기적이다. 왜냐하면 이데올로기라는 것이 하나의 최고이념만을 고집하는 것이라면, 사진촬영에서는 그러한 이념적인 하나만을 용납할 수 없기 때문이다. 촬영의 가능성은 그 진폭으로 인해 열려 있고, 사진가 자신의 선택도 자유롭다. 둘째로 그렇다고 사진가가 그런 자유로움을 무한정 만끽할 수 있는 것은 아니다. 자유로움은 이미 마련된 프로그램에 한에서만 가능하다. 아무리 능력 있는 사진가라 해도 프로그램들 자체로부터 자유로울 수는 없다. 오직 프로그램 내에서만 융통성의 자유를 가질 수 있을 뿐이다. 따라서 사진가의 사진기 작동이란 이미 프로그래밍된 한 행동으로서 이데올로기와는 무관하게, 그러면서도 제한된 자유에서 진행된다. 이러한 진행 과정에서 셔터를 누름으로써 최종 결정을 내린다. 이것 역시 궁극적인 결정이 아니라, 여러 결정들의 가능성 가운데서 가능한 최종적인 결정일 뿐이다.

결국 어떠한 최종 결정도 일련의 사진만이 사진가의 의도를 말해

주지만, 그 결정 역시 사진에서는 입자화된 채로 나타난다. 이에 사진가는 몇 가지 영상만을 선택하여 입자화를 피하려 하지만, 그에게는 끝내 점과 같은 망설임과 자기결정에 따른 회의라는 양자적인 선택만 주어져 있을 뿐이다. 사진가는 명석하고 판명한 일련의 표면으로부터 몇 가지 표면을 선택할 수밖에 없기 때문이다. 그래서 플루서에게는 사진기의 작동이 일종의 사냥하는 행위와 같다. 왜냐하면 설령 사진가와 사진기가 혼연일체가 되어 기능적으로 합동한다고 해도, 그 결과는 새로운 사태, 아직 알 수 없는 상황, 그야말로 비개연적인 것이고, 그것은 마치 숲에서 맹수에게 뛰어들어 사냥해야 얻어지는 미연未然의 것과 같기 때문이다. 그럼에도 분명한 것은 그 동작이 탈이데올로기적이면서도 프로그래밍된 것으로서 '정보'를 사냥하는 것이지, 결코 '정보의 의미'를 사냥하는 것은 아니라는 사실이다.

제5장 사진술

지금까지 우리는 사진기와 그 작동을 전체적으로 고찰해왔다. 이제부터 이에 근거해서 플루서의 사진술을 살펴보겠다. 그는 사진술을 단독의 테마로 설정하지 않고, 전체 연관성에서 서술한다. 그래서 사진술에 대한 원론적인 내용은 한 줄도 없다. 다만 그의 첫마디는 언제 어디서나 흔하게 볼 수 있는 여러 종류의 사진이야기이고, 이러한 사진들이 의미하는 바가 무엇인가를 묻는다. 그러면서도 정작 그는 직답을 피하면서, 대신 앞에서 고찰한 내용을 다음과 같은 명제로 정리한다. 즉, 영상이란 프로그램에 들어 있는 개념으로서 정치 사회를 2차적인 마술의 형태로 프로그래밍하는 것이라고.(49쪽) 또 이 영상의 명제를 그는 다시 한 번 반성적 의미로 짚어낸다. 사진을 피상적으로만 보는 사람은 영상을 세상 밖으로 튀어나와 평면 위에 모사된 사태로만 본다. 다시 말해, 사진은 세계 그 자체로 표상된다는 것이다. 따라서 사람들은 사진에 관한 모든 철학을 지루한 사고의 유희쯤으로 간주하고 만다.

우리가 예의주시해야 할 사실은 플루서가 이 시점에서야 처음으로 사진철학에 관한 언급을 시작한다는 점이다. 그럼에도 여전히 그는 사진철학에 대한 구체적인 내용을 서술하지는 않는다. 다만 어느 누구라도 사진을 통해 저 바깥세계를 엿볼 수 있고, 따라서 사진세계가 저 바깥세계로까지 뒤덮여 있다는 사실을 알게 됨으로써 그들이 사진철학에 입문하는 것이 아닐까, 또 그러한 생각이 맞을까, 하고 되묻는다. 소박한 관찰자들이야말로 사진 속에서 흑백과 컬러의 사태들이 만난다고 하는데, 정말 저 바깥세계에 그러한 사태들이 존재하기는 하는 것일까? 그렇지 않다면 사진세계는 바깥세계와 어떤 관계가 있을까? 플루서는 이러한 반성적인 물음을 되물으면서 그들이 자기 스스로에게 되돌아가 결국에는 지루한 사고의 유희가 아닌 본래의 사진철학을 하게 된다고 주장한다. 무엇보다 여기서 말하는 철학은 본래의 근원적인 물음을 제기하는 사변적인 철학이 아니라, 가장 현실적이고 직접적인 사진세계에서의 반성적인 철학을 의미한다.

이러한 반성의 철학은 흑백의 사태에 대해 되묻는다. 즉, 세계에는 근본적으로 흑백의 사태가 존재하는가라고 물은 후 존재하지 않는다고 답한다. 왜냐하면 흑과 백이란 하나의 한계치로서 우리의 관념 속에만 존재하는 이념이기 때문이다. 사실 흑백은 광학이론의 한 개념이다. 흑은 빛 속에 포함되어 있는 모든 진동의 총체적인 부재를 말하고, 백은 모든 진동요소의 총체적인 존재를 말할 뿐이다. 따라서 현실적으로 이 세계에는 흑백이 존재할 수가 없다. 이처럼 흑백 자체가 이론적으로는 존재할 수 없을지라도 흑백사진은 실제로 존재한다. 어떻게 이럴 수가 있을까? 플루서는 영상이 광학이론의 개념이기 때문이라고 답한다. 개념은 문자의 의미로 표현되고, 영상은 점이라는 화소로 현현한다. 이러한 답이 미심쩍어서 그는 다시 영상이 광학이론에서 생성된 것이라는 말을 덧붙인다. 그러나 이 역시 쉽게 납득되지 않는다. 따라서 그는 이러한 논지 전체를 새로 짚어낸다. 흑백 자체는 존재하지 않지만, 존재해야만 한다. 이러한 명시적인 문제의 해결책이 수학적 공리나 과학적 원리에서만이 아니라, 가장 구체적이고 직접적인 현실에서 쉽게 찾을 수 있다면, 우리는 현실생활에서 이 세계를 흑색이나 백색으로 보고 있는 것이 사실이다.

실제로 현실세계의 모든 것은 빛과 어둠 중 어느 편이 우세한가에 따라 색채가 두 방향의 근원현상으로 나타난다. 즉 한편으로는 빛과 밝음의 근원현상으로, 그리고 다른 한편으로는 암흑과 어둠의 근원현상으로 나타나는 것이다. 따라서 모든 것은 백색(해)이나 흑색(달)이고, 궁극적으로는 이 양자의 혼합 색인 회색이 된다. 이런 이유로 '모든 색은 회색으로부터 시작한다'라는 주장이 설득력을 갖는다. 왜냐하면 모든 색은 빛(밝음)과 어둠의 사이에서 생겨나기 때문이다.[21] 빛과 같은 밝음에서는 노랑색이 생겨나고, 암흑과 같은 어둠에서는 파랑색이 생겨난다. 무색의 빛이 흐림과 함께할 때 노랑색이 되고, 암흑의 어둠에서 빛이 함께할 때 파랑색이 된다는 말이다. 이에 기본 색채는 노랑과 파랑이라고 말할 수 있다. 이 한가운데 있는 회색은 현실의 색이라기보다 이론의 색이다. 그렇다고 회색을 이론적으로 분석한다고 해서 흑백의 세계로 다시 재합성시킬 수 있는 것은 아니다. 사진기술이 발달되기 이전에 사람들은 세계를 무엇보다 먼저 흑백으로 표상하기는 했다. 이에 대해 플루서는 곧장 마니교Manischäismus(51쪽)에 관한 두 사례를 든다. 인간은 판단의 논리적 세계에서 참과 거짓을 추상화시켰고, 여기에서 다시 동일성과 차별성, 그리고 그 이외의 가능성을 아리스토텔레스의 논리학이 배제시켰다. 아리스토텔레스는 진리를 개념과 판단, 그리고 추리를 통해 밝혀냈다. '사람은 죽는다'는 문장이 참이 되려면 '사람'과 '죽는다'는 개념이 같아야 한다. 이 과정에서 문장이 참인지 거짓인지를 가려내는 것이 판단이다. 이런 판단 형식을 갖는 전제의 결론을 도출해내는 것이 논리학의 '삼단논법Syllogismus'이다. 그러니까 삼단논법은 알려진 사실에서 새로운 사실을 논증하거나 새로운 사실에서 보편적인 원리를 도출하는 방법론이라 하겠다. 즉 '사람은 죽는다'는 것이 대전제($a=b$)이고, '소크라테스는 사람이다'는 것은 소전제($b=c$)이며, 그리고 '소크라테스는 죽는다'는 것이 결론($c=a$)이다.

플루서는 현대과학도 아리스토텔레스의 이러한 논리학을 기초로 삼고 있다고 전제한다. 그러면서 미디어영상의 관점에서 모든 참이라는 판단이야말로 논리적으로 분석하면 영Null(51쪽)으로 환원된다고 주장한다. 여기서 우리는 다시 한 번 시공간의 4차원적 현실세계와 3차원의 입체적 조각상, 2차원의 평면적 그림과 1차원의 선형적 문자와 연관된 0차원의 점인 화소를 기억할 필요가 있다.[22] 이에 그치지 않고 그는 인간의 모든 행동을 선과 악으로만 추상화시켰고, 나아가 종교적-정치적 이데올로기까지 양극화했으며, 이에 기초하여 사회체제 역시 그렇게 돌아간다고 주장한다. 흑백의 사진세계도 이러한 사회정치적 현상과 마찬가지이지만, 사진기라는 구체적인 장치를 사용한다는 사실만은 다르다. 그 결과 사진은 현실적으로 기능화하게 된다. 사진이란 광학이론을 통해 0차원의 영상이 된 것이고, 그러한 영상을 통해 사진은 광학이론에 마술의 힘을 부여하여 결국 흑백과 같은 이론적 개념을 사태로 코드 변환시킬 수 있다. 이러한 흑백사진은 1차원의 선형적 담론까지도 2차원의 평면적 그림으로 변화시키기 때문에 그에 해당하는 독특한 아름다움을 가지게 된다. 이러한 아름다움을 플루서는 어려운 말로 개념적 우주, 즉 개념적 세계의 아름다움(52쪽)이라고 했다. 사진가들이 컬러사진보다 흑백사진을 더욱 선호하는 이유도 여기에 있다. 다시 말해 흑백사진 속에 사진의 고유한 의미가 더욱 분명하게 표현되어 있다는 것이다. 이 말은 지금까지 디지털영상을 추구했던 그가 다시 아날로그사진으로 회귀한다는 말인가? 그렇지는 않을 것이다. 아니어야 한다. 무엇보다 그렇게 되면 인류문화에 대한 그의 원칙적인 가설과 그에 따른 모든 주장들이 한꺼번에 무너지고 말기 때문이다.

어떻든 최초의 사진이 컬러사진이 아닌 흑백사진이었다는 사실은 우연이 아니다. 물론 그것이 흑백사진이든 컬러사진이든 이 모든 것은 광학이론에 근거한다. 흑백사진은 세계로부터 색채를 추상화시켰고, 컬러사진은 그 색채를 다시 세계 속으로 투입시켰을 뿐, 흑백사진과 컬러사진은 모두 광학이론에 근거하기 때문에 이론적으로 동일하다. 그러나 흑백사진이 진리에 더 가깝고, 또 근원을 더욱 분명하게 드러내준다는 사실은 이 양자의 차이점이기도 하다. 플루서는 이러한 사실을 구체적으로 밝혀내야 했다. 예를 들어 사진 속의 초록색은 '초록색'이라는 개념의 영상으로, 화학적인 이론에서 가져온 것이다. 또 사진기 혹은 사진기 속의 필름은 그러한 색의 개념을 영상으로 옮겨 놓도록 프로그래밍되어 있다. 그렇다면 사진 속의 초록색과 자연 속의 초록색 사이에는 어떤 형태로든 상호 연관성이 있고, 그러한 연관성을 디지털화하여 표현하려면 일련의 복잡한 코드화과정을 거쳐야한다. 그러나 그러한 코드화과정은 흑백사진에서 볼 수 있는 자연의 회색빛을 자연의 초록색에다 연관시키는 과정보다 더욱 복잡하고 어렵다. 여기에 착안하여 플루서는 컬러사진으로 찍은 초록색의 자연이 흑백사진으로 찍은 회색의 자연보다 더 추상적이라고 말한다. 왜냐하면 컬러사진이 흑백사진보다 더 복잡한 추상화 단계에서 이루어지기 때문이다. 그러므로 흑백사진이 컬러사진보다 더욱 구체적이고 직접적이라는 의미에서 이미 앞에서 언급한 대로 사진 본래의 진리에 더 가깝고, 그 근원마저 더욱 분명하게 드러낸다는 것이다. 그러나 역으로 컬러사진의 색채가 그 본래의 색을 더욱 잘 드러내려고 하면 할수록 더 많은 가공을 해야 하고, 그럴수록 더욱 거짓으로 꾸며야 한다. 결국 이론적 근거마저 그 자체로 위장하고 말게 된다. 이러한 주장은 모든 다른 사진구성에도 그대로 해당된다. 사진의 현실적 의미는 코드로 변환된, 즉 프로그래밍된 개념에 있기 때문에 그러한 추상적 개념의 상징복합체에 대한 기만의 암호를 해독해내는 것이 중요하다.

그렇다면 암호해독 entziffern(54쪽)은 어떻게 가능할까? 암호해독의 가능성은 너무 많다. 예를 들어 이렇게 물을 수 있다. 텍스트를 해독한다는 것이 과연 언어의 소리인가? 언어의 의미인가? 작가의 의도인가? 아니면 그 배후의 문화인가? 등등. 이러한 암호해독의 많은 가능성들 때문에 끊임없이 일종의 모험 속으로 들어갈 수밖에 없고, 결국에는 그 상징성인 문화적 콘센스에 다다르게 된다. 이러한 콘센스에는 과거사의 모든 모습과 현재의 진행 모습, 그리고 아직 오지 않은 미래의 모습까지 다 포함된 문화 전체가 현실로 들어 있다. 그러나 여기서 결코 놓쳐서는 안 되는 것이 바로 '근원'의 문제이다. 근원문제를 짚고 지킬 때 비로소 문화비평이 가능하게 된다. 그럼에도 불구하고 사진에서만은 결단코 그러한 무한정한 근원문제의 굴레에 빠지지 않아야 한다. 왜냐하면 사진기라고 하는 장치의 복합체 속에 코드화된 과정과 그 내용이 이미 내장되어 있기 때문이다. 이렇게 코드화된 과정과 내용이 사진으로부터 밝혀지면 사진은 해독된 것으로 간주될 수 있다. 이의 전제는 사진가의 의도와 장치(사진기)의 프로그래밍이 서로 다른 차원이기 때문에, 이 양자가 언제나 서로 맞물려 떨어질 수는 없다는 사실이다.

　여기서 사진가의 의도와 장치(사진기)의 프로그램을 몇 가지 내용으로 요약하면 다음과 같다. 먼저 사진가의 의도, 즉 사진가가 가지고 있는 사진기술은 첫째로 장치인 사진기를 프로그램에 따라 사용하고, 둘째로 현실세계에 대한 자신의 개념을 영상으로 암호화하며, 셋째로 영상을 제공하여 타인으로 하여금 체험하고 인식하여 가치를 평가해 실천모델로 이용토록 하고, 넷째로 정보를 제공하여 기억에 영구히 남도록 한다. 첫째는 기계론적 코드이고, 둘째는 인식론적 코드이며, 셋째는 피드백의 코드이고, 넷째는 철학적 코드라 할 수 있다. 이러한 것들은 사진가의 사진 찍는 행위에서 중요한 사항들이다. 이와 함께 장치의 프로그램은 첫째로 내장된 가능성을 영상화하고, 둘째로 사진가를 관리하며, 셋째로 만들어진 영상을 배포하고, 넷째로 더 나은 영상을 잡아낸다. 그 결과 장치프로그램은 자체에 내장된 가능성을 실현시키고, 동시에 피드백으로 사회에 기여하게 된다.

　플루서가 이러한 요식화를 통해 사진가의 의도와 장치프로그램의 의도가 서로 함께하면서도 각자 떨어져 존재한다고 정리한 것은 사진의 해독가능성을 짚기 위해서였다. 사진가의 의도와 장치프로그램이 함께한다는 의미에서는 협력관계를 형성하고, 동시에 서로가 떨어져있다는 의미에서는 투쟁관계를 형성한다. 그러므로 모든 개별사진에는 예외 없이 사진가와 장치의 양자관계가 그 결과물로 반드시 내재한다. 그 결과로 양자의 관계가 어떻게 형성되어 있는가를 재확인할 수만 있다면, 한 장의 사진은 해독되었다고 할 수 있다. 그렇다고 모든 문제가 해결되는 것은 아니다. 먼저 사진비평의 눈높이에서 사진가가 어느 정도까지 장치프로그램을 자신의 의도대로 조작할 수 있으며, 또 어떤 방법으로 그렇게 할 수 있는가라고 물을 수 있다. 그리고 그 역으로 장치가 어느 정도까지 사진가의 의도에 따라 프로그램으로 작동될 수 있어야 하며, 또 어떤 방법으로 그렇게 될 수 있는가라고 물을 수 있다. 그렇다면 이 물음들에 대한 기준을 기초로 하는 해답이 플루서에게는 최고의 사진이라고 할 수 있는 것이다.

결국 여기서 중요한 것은 최고의 사진을 위한 기준이 무엇인가라는 물음이다. 먼저 최고의 사진도 한 장의 사진인 이상 사진의 필수 요소인 사진가와 사진기에 따른 장치프로그램으로 구성된다. 그에 따라 최고의 사진은 사진가가 장치프로그램을 자기 자신에게 완전히 종속시켜 촬영했을 때의 사진이라고 할 수 있다. 이러한 사진에는 인간정신이 기능적 기계작동인 장치프로그램을 극복하여 이기는 참 모습이 고스란히 들어 있어야 한다. 그럼에도 우리가 사진세계 전체에서 인식하고 있는 것은 장치프로그램이 이미 인간의 의도를 장치의 기능으로 우회시키고 있다는 사실이다. 따라서 사진비평의 과제를 두 측면에서 짚지 않을 수 없다. 한편으로는 인간이 장치 속에 있는 프로그램을 활용하기 위해 온갖 정성을 얼마나 쏟았는가에 달려 있고, 다른 한편으로는 장치 속에 있는 프로그램들이 얼마나 인간의 의도를 그 자체 내부에서 허용하고 있는가를 보여주는 데 달려 있다.

전체적으로 짚어보자면 사진이란 사진가와 사진기인 장치의 관계에서 의미연관성의 사태로 암호화된 일종의 평면적 개념이라고 할 수 있다. 이는 사진가라는 개념과 프로그램이라는 개념에서 가능했다. 그러므로 한 장의 사진을 앞에 두고 사진가와 장치(사진기)가 어떻게, 그리고 얼마나 서로 잘 얽혀 있는가라는 두 가지의 암호를 해독해내는 것[23]이 사진철학을 위한 관건이 된다. 먼저 사진가는 사진기를 사용하여 다른 정보를 제공해야 하고, 그 정보를 위한 모델을 생산해내야 하며, 타인의 기억 속에 영원한 존재로 남기 위해 사진가라는 개념을 사진의 영상으로 암호화시켜야 한다. 이에 사진기라는 장치는 장치 속에 있는 프로그래밍된 개념을 영상으로 암호화시키고, 장치개선을 위한 피드백형태를 목적으로 하여 사회를 프로그래밍한다. 여기에서 플루서가 개념을 영상으로 암호화까지 하고, 또한 피드백의 형태를 사회에까지 확대시킨 것은 사진을 사진으로만 묶어두지 않고 사회와 세계, 그리고 사진철학으로 확대할 의도를 염두에 두고 있었기 때문이다. 따라서 플루서는 사람과 장치에 얽혀 있는 두 가지의 의도를 사진에서 이끌어내지 못한다면, 그 사진은 바깥세계의 사태에 관한 복사의 상으로서 하나의 '모사된 상$_{\text{Abbilder}}$'(59쪽)에 불과하다고 단언한다.

4. 사진철학을 위한 사진의 담론적 정보

제6장 사진의 배포

플루서는 아주 현실적인 입장에서 사진의 특성을 배포과정으로 파악한다. 왜냐하면 사진의 배포과정이 영상과 사진을 구별하는 분명한 잣대가 되기 때문이다. 사진은 사진가나 장치와 달리 그 자체로는 아무런 활동도 하지 못한 채 배포될 때까지 인내심 하나로 마냥 기다려야만 하는 피상적인 존재이다. 이렇게 보면 사진은 사람의 손에서 손으로 전달되는 평면의 종이에 불과하다. 그러나 우리는 여기서 사진을 아무런 생명도 없고, 어떠한 움직임도 없는 단순한 한 장의 종이쪼가리로 보지 않고, 정보의 분배과정으로 보는 플루서의 안목을 높이 평가하게 된다. 물론 정보의 중심에는 사람이 있다. 사람은 한편으로 자연적 존재이고, 동시에 다른 한편으로 자연에 역행하는 문화적 존재이다. 자연과 문화, 문화와 인간 그리고 인간과 자연은 서로가 떨어질 수 없는 한 연관성의 철학적 개념이다.[24] 면밀한 철학적 논지의 전개는 없다 하더라도 이러한 연관성에서 정보를 찾고 저장하며, 또한 전달까지 하는 정보의 담지자로서 인간을 커뮤니케이션에 설정한 것은 플루서의 독창적인 아이디어라 하지 않을 수 없다.

커뮤니케이션(61쪽)이란 정보생산의 인위적 과정에서 기능하는 일종의 수단이고 도구이다. 그러므로 커뮤니케이션의 원초적인 형식은 관계에서 비롯되며, 이 관계라는 것에는 자연관계, 사회관계, 인간관계 등 여러 차원이 있다. 여러 관계들 가운데서 가장 전형적인 것이 인간의 관계이며, 그중에서도 특히 어머니와 젖먹이의 관계가 대표적이라고 할 수 있다. 플루서는 이러한 커뮤니케이션을 두 단계로 나눈다. 첫째는 정보가 생산되는 단계로서 '대화Dialog'[25]이고, 둘째는 정보가 저장되는 단계로서 기억의 저장소인 '담론Diskurs'이다.

다시 말해 대화에서는 사용 가능한 정보가 하나의 새로운 정보로 합성되어 기억의 형태로 남게 되고, 담론에서는 대화 속에서 생산된 정보가 배포된다. 즉 대화의 커뮤니케이션은 정보를 생산하기 위해 정보를 교환하면서 새로운 정보를 주고받음을 의미하고[26], 담론의 커뮤니케이션은 정보를 보존하기 위해 배포된 정보를 다시 분배함을 말한다.[27] 여기에서 주시해야 할 것은 이런 두 가지 형식 모두가 커뮤니케이션이란 본질적으로 다른 형식 없이는 불가능하다는 점과, 이 두 형식의 차이가 대상과 관찰자 간의 거리에 있다는 사실이다. 따라서 대화가 먼저인가 혹은 담론이 먼저인가 하는 물음은 아무런 의미가 없다. 왜냐하면 모든 대화는 일련의 담론이라 할 수 있고, 또 모든 담론은 일련의 대화라 할 수 있기 때문이다. 그럼에도 역사적으로 대화가 중심이 된 시대가 있었고, 담론이 중심이 된 시대도 있었다. 예를 들어 전자는 원탁회의와 입법의회를 두었던 프랑스의 앙시엥레짐시대였고, 후자는 국민연설과 진보성으로 대표되는 낭만주의시대였다.

현실적으로 오늘날에도 대화와 담론의 차이는 있다. 전화를 통한 일상적 대화와 학문을 위한 철학적 대화, 그리고 극장에서 울려 퍼지는 담론과 안방에서 할머니가 손자에게 들려주는 얘기는 같을 수가 없다. 하나는 메시지이고, 다른 하나는 커뮤니케이션이다. 극장의 관람자는 앉아서 정지상태를 유지하지만, 손자는 묻고 답하는 운동상태에 있다. 전자는 피동적이고 수용적이지만, 후자는 능동적이고 진취적이다. 이러한 대화를 플루서는 담론과 대립되는, 그러면서도 상호연관된 원리로 수용한다. 그것이 대화이든 담론이든 독자적으로는 존재할 수 없기 때문이다. 다만 관찰자의 관점이나 입장에 따라 다를 뿐이다. 이 양자는 서로를 전제로 하기에 서로를 필요로 한다. 다만 대화에서는 이미 존재하는 정보들에서 새로운 정보를 획득하지만, 담론에서는 그 정보들을 새롭게 결합한다는 점에서 차이를 말할 수 있다. 무엇보다 담론에서는 새로운 정보들을 저장했다가 다음 세대에까지 전달한다. 그러니까 이전의 정보들 없이는 어떠한 대화도 사실상 불가능하게 된다. 역으로 말해, 새로 저장될 수 있는 정보들을 생산할 수 없다면 어떠한 담론도 존재할 수 없다는 뜻이다.

이어 플루서는 네 가지 담론의 방법을 제시한다. 첫째는 수신자가 극장에서와 같이 반원의 형태로 발신자를 에워싸는 방법이고, 둘째는 발신자가 군대에서와 같이 일련의 정보전달자에게 기여하는 방법이고, 셋째는 발신자가 정보를 과학적인 담론에서와 같이 대화자에게 배포하고, 그 대화자는 정보를 풍성하게 하여 계속 전달하는 방법이고, 넷째는 발신자가 방송에서와 같이 정보를 공간 속으로 발산하는 방법이다. 그렇다고 이 네 가지의 방식이 언제나 가능한 것은 아니다. 첫 번째 상황에는 책임성이, 두 번째 상황에는 권위가, 세 번째 상황에는 진보와 발전이, 네 번째 상황에는 대량화가 뒤따른다.(62쪽) 우리가 처음 출발했던 명제, 즉 사진의 배포문제는 네 번째 방법을 따른다.

물론 사진은 담론이 아니라 대화로 취급될 수도 있다. 만일 사진에 무엇인가를 덧붙인다면, 그 사진은 하나의 새로운 합성정보로 활용될 수 있다는 말이다. 이러한 사진의 합성정보는 처음부터 사진기의 프로그램에는 들어 있지는 않다. 기술의 발달로 사진의 미래도 달라지겠지만, 사진이 여전히 한 장의 종이에 불과하다면, 사진의 배포방식 역시 종전의 방식대로 주고받으면서 이래저래 전달될 것이다. 이때 사진은 물적인 평면이라는 대상성에서 벗어날 수 없고, 대상성 그 자체는 대상이라는 속성으로 인해 기만적일 수밖에 없다. 그러나 만일 사진이 아니라 그림을 배포한다면, 그 그림의 소유자는 A에서 B로 바뀌어야 한다. 왜냐하면 그림의 소유자는 단 한 사람이기 때문이다. 소위 '오리지널'(63쪽)의 가치가 여기서 대두된다. 그러나 이 오리지널의 개념은 사진에서는 별다른 의미를 갖지 못한다. 심지어 무가치하다고도 할 수 있다. 왜냐하면 사진은 언제나 복제하여 배포될 수 있기 때문이다. 사진기가 프로토타입(네가티브필름)으로 사진을 마련하면, 그 원판으로부터 얼마든지 스테레오타입(현상인화물)을 생산하여 배포할 수 있다. 플루서는 사진에 대한 이런 기발한 아이디어를 내놓는다. 그러니까 디지털시대에 해당하는 새로운 해석인 것이다. 그는 먼저 사실을 짚지만, 그 사실을 넘어서 의미를 제시한 후, 그 사실을 새롭게 해석해낸다. 즉 사진이란 현사실적으로 종이(인화지) 위에 물적인 것의 요소가 부착되어 있는 대상물의 상이다. 지금까지 사진의 가치는 그 물적인 대상의 상에 있었지만, 탈산업사회에서는 더 이상 종이 위에 부착된 대상 내지 사물에 있지 않고, 0차원의 영상으로 나타나는 '정보'에 있다.

이에 따라 플루서는 역사적 패러다임의 변화로서 물적 대상의 소유와 분배에만 매달렸던 자본주의와 사회주의라는 정치사회체제가 종식되고, 새로운 IT기술의 정보사회(64쪽)가 시작되었음을 선언한다. 모든 가치가 전도되는 시대가 도래한 것이다. 소유의 가치가 정보의 가치로 바뀌었다. 최고급 자동차의 소유보다 즐길 수 있는 여행지의 정보가 우선한다. 정보가 곧 가치이기 때문이다. 이러한 가치는 가치로만 끝나지 않고 권력으로까지 확장된다. 다시 한 번 사진과의 연관성을 살펴보자면 사진 속에도 정보가 없는 것은 아니다. 그러나 사진의 표면 위에 있는 정보가 사진의 속성인 분배로 인해 다른 곳으로 옮겨갈 수 있다면, 사진을 소유한 사람보다는 사진의 표면 위에 있는 정보를 가진 사람이 더 큰 능력을 발휘할 수 있다. 이러한 능력을 현실적으로는 정치권력이라 할 수 있고, 일상적으로는 매력 내지 묘미라고 할 수 있다. 오늘날 IT시대의 힘 있는 자는 재산의 소유자가 아니라, 정보의 프로그래머이다. 플루서는 이의 극단이 신제국주의의 본질과 상통할 것이라고 우려한다. 참으로 현대 정보사회에서는 정치, 사회, 경제, 철학, 윤리, 도덕과 함께 미학적 가치조차도 뒤바뀌고 있다.

그러나 아무리 시대가 바뀌고 가치가 전도된다 하더라도, 종래의 사진이나 영화 그리고 영상까지도 막무가내로 도태되거나 사라져야 하는 것은 아니다. 아직까지도 은화판을 사용하는 사진들은 '오리지널 포토'(65쪽)로서 그 궁극적인 가치를 갖는다. 이러한 사진들은 신문에 복제되는 사진들과 비교되지 않는 가치를 여전히 지닌다. 그러나 한 가지 분명한 사실은 날이 갈수록 사진이나 영상에 있는 물적인 것은 경시되고, 결국에는 무가치해질 것이다. 그러나 종이 한 장에 들어 있는 사진의 물적 가치는 사라지더라도, 정보를 생산하는 과정의 최초 단계라는 의미에서 사진은 언제나 중요하다. 사진은 복합적인 사진배포장치를 통해 끊임없이 생산되고 또 재생산된다. 사실 사진배포장치도 사회를 피드백 형태로 프로그래밍하는 프로그램을 가지고 있다. 플루서는 다양한 채널로 사진을 분배한다는 의미에서 이러한 프로그램의 특징을 사진의 '채널화'(66쪽)라고 말한다.

이론적으로 정보의 채널형식을 플루서는 세 가지 유형으로 나눈다. 첫째로 'A=A이다'와 같은 지시형의 정보채널로서 그 으뜸은 진眞의 영역이다. 둘째로 'A=A이어야 한다'와 같은 명령형의 정보채널로서 그 으뜸은 선善의 영역이다. 셋째로 'A=A이고 싶어 한다'와 같은 희망형의 정보채널로서 그 으뜸은 미美의 영역이다. 첫째는 참과 거짓을 가리는 인식론의 세계로서 학술적 간행물이나 르포물이 여기에 해당되고, 둘째는 행동에 직결되는 윤리도덕론의 세계로서 정치사회적 간행물이나 상업적 광고물이 여기에 해당되며, 셋째는 감성적 관조를 통한 미학적 예술론의 세계로서 갤러리나 예술사진물이 여기에 해당된다.(67쪽) 이러한 분류 유형은 칸트의 3대 비판서[28]에서 비롯된 이론이성과 실천이성, 그리고 판단이성에 근거하지만, 그러면서도 이런 이론적인 분류의 현실적인 한계를 플루서는 지적한다. 참과 거짓을 가리는 어떠한 과학적 지시형 정보형태에도 엄밀한 의미에서는 정치적이고도 미학적인 측면이 있고, 또 희망형의 정보형태에도 과학적이고도 정치적인 측면이 들어 있기 마련이다. 그렇다면 이러한 세 유형의 정보채널형식들은 서로 공유되거나 통합될 수 있으며, 더 나아가 변동될 수도 있다는 말이다. 한 예로, 플루서는 기술적 영상을 해독하면서 제일 먼저 사진을, 다음으로 영화를, 그 다음으로 비디오를, 이어 텔레비전을, 그리고 끝으로 영화관을 지목함으로써 존재를 생성으로 이해하고자 했으며, 또 인간을 행동으로 이해하고자 했다.[29]

이러한 배포장치에서는 정보채널형식들의 융통성이 존재하며, 이는 한 장의 사진이 이 채널에서 저 채널로 건너갈 수 있다는 뜻이고, 건너갈 때마다 동일한 사진이 또 다른 새로운 내용의 의미를 다시 갖는다는 말이기도 하다. 예를 들어 달 착륙 사진은 우주항공잡지에서 영상관 홍보물로, 다시 담배광고로, 결국에는 예술전시장으로 옮겨갈 수 있다. 이는 과학적인 의미가 정치적인 의미로, 정치적인 의미가 상업적인 의미로, 상업적인 의미가 예술적인 의미로 바뀔 수 있다는 말이다. 이처럼 사진을 여러 정보채널로 배포할 수 있는 것을 플루서는 단순한 기계적 배포가 아니라, 코드화하는 하나의 과정이라고 말한다. 코드화하는 과정(67쪽)에서 중요한 것은 그때그때마다 사진의 수용에 결정적인 의미를 부여하는 일이다. 이러한 과정에 직접 참여하는 사람이 바로 사진가이다. 그는 사진 찍기 과정에서 이미 배포장치의 채널을 엄두에 두고 영상을 채널의 기능 속에서 코드화한다. 즉 그는 정보채널이 바뀔 때마다 사진을 찍는다. 그 이유는 아주 현실적으로 두 부분에서 찾을 수 있다. 하나는 그 채널이 많은 수신자들에게 전달할 수 있는 방법이기 때문이고, 다른 하나는 그런 채널이 자신의 생계수단이 되기 때문이다.

이는 사진 찍기에서 장치(사진기)와 사진가의 상관관계가 채널에서도 그대로 반영되고 있음을 의미한다. 사진가는 신문을 위해 사진을 찍음으로써 많은 독자들을 만날 수 있고, 또 신문판매로 돈도 벌 수 있다. 사진가는 신문을 자신의 미디어로 이끌어가고, 신문은 사진을 기사의 삽화로 사용한다. 이렇게 되면 사진가는 카메라의 장치처럼 신문의 한 작동인이 될 수 있다. 그는 드러나지 않게 사진 속에 과학적인 것과 정치적인 것 혹은 미학적인 것의 구성 요소들을 삽입시킨다. 왜냐하면 이러한 요소들은 신문프로그램을 풍부하게 만들 수 있기 때문이다. 이러한 과정이 비단 신문에만 해당되는 것은 아니며, 모든 채널에 전부 해당된다. 플루서가 이렇게 주장하는 것은 사진비평을 통해 사진가와 채널프로그램의 관계를 재구성할 수 있고, 결국에는 사진을 영상으로 만들 수 있기 때문이다. 따라서 사진비평은 사진가의 의도와 채널프로그램 사이에 숨겨져 있는 내밀한 관계를 사진으로부터 읽어내야 한다.

지금까지의 사진비평은 대체로 과학채널에는 과학적 사진을, 정치채널에는 정치적 사진을, 예술채널에는 미적 사진을 배포한다고 인정해왔다. 따라서 사진비평가들 역시 그러한 채널, 그러한 내용에 국한해서 비평을 해왔다. 그 결과 비평가들은 수용자의 시각을 흐리게 하면서, 각 채널이 사진의 의미를 규정토록 했다. 동시에 그들 자신의 본래 의도를 면밀히 감출 수 있도록도 했다. 결국 비평가들은 사진가에 대항해서 채널과 공모하는 꼴이 되고 말았다. 이러한 나쁜 의미의 공모를 플루서는 인간에 우선하는 기계장치의 승리에 기여하는 행위라는 의미에서 '소명의 배반La trahison des clercs'(69쪽)이라고 비판한다. 나아가 그는 이러한 특성을 탈산업사회에 직면한 전체 지식인의 속성이라고도 말한다.

전체를 요약하자면 사진은 소리 없는 종이와 같은 것이고, 또 대량재생산의 장치를 통해 배포되어 일정한 가치의 역할을 한다. 그러나 이는 소유의 가치가 아니라, 정보의 가치이어야 한다. 오늘날에 정보의 가치는 곧 새로운 능력이면서 권력이다. 이제 사진은 탈산업사회의 일반적인 메시지가 되었고, 그 배포채널 역시 최종적 의미를 코드화게 되었다.[30] 이러한 코드화작업 가운데서 사진과 사진배포 사이에서의 사진비평은 새로운 차원을 열어나가야 한다. 사이비와 같은 사진비평 때문에 때로 사진은 무비판적으로 수용되기도 했다. 이제 사진이 어떻게 수용되는가를 짚어봄으로써 그 허구가 드러나도록 하겠다.

제7장 사진의 수용

그림이란 무엇이고, 영상이란 무엇인가라는 물음에 따른 반성적 내용구성을 보였던 처음과 달리 사진의 수용을 밝히는 부분에서 플루서는 소박하고 일상적인 내용으로 시작한다. 오늘날 대부분의 사람들은 사진기를 가지고 있고, 사진을 직접 찍는다. 그렇다고 그들이 찍은 모든 사진을 무조건 해독해야 하는 것은 아니다. 우선 여기서 그는 좀 거창한 표현으로 사진 찍기의 민주화 과정을 밝혀야겠다고 덤빈다. 왜냐하면 값싼 카메라의 대량 보급으로 인해 카메라맨이 넘쳐나게 되었고, 무엇보다 사진산업이 호황을 누리면서 탈산업사회의 진보적 민주주의사회가 이루어졌기 때문이다. 날이 갈수록 기술이 발달하여 카메라는 더 작아지고 더욱 자동화되며, 그 기능 역시 완벽할 정도로 효과적이게 되었다. 또 장치의 프로그래밍도 더욱 완벽해져서 그 파급효과는 순간적으로 사회 전체에 영향을 미친다. 그러나 그가 궁극적으로 초점을 맞추고 있는 부분은 그렇게 편리하게 작동되는 카메라와 그런 카메라를 이용하는 카메라맨이 아니라 전문사진가이다.

카메라는 과학적이고 기술적인 구조를 갖지만, 그 작동방법은 상대적으로 매우 간단하다. 구조적으로는 아주 복잡하지만, 기능적으로는 너무도 단순하다는 말이다. 이러한 단순성 때문에 카메라는 장난감으로도 간주되지만, 플루서는 이를 격상시켜 '유희도구'라고 이름 짓는다. 이에 반해 장기나 바둑은 구조적으로는 간단하지만, 기능적으로는 매우 복잡하다. 그래서 장기나 바둑의 규칙은 쉽지만 잘 두기는 상당히 어렵다. 평범한 카메라맨(73쪽)은 카메라의 복잡한 과정을 셔터 하나로 작동시켜서 아주 훌륭한 사진을 생산해낸다. 그렇다고 그가 유희도구인 카메라의 구조적 복합성을 잘 알고 있다는 말은 결코 아니다. 카메라맨은 어디까지나 아마추어로서 자동카메라와 같은 도식화된 도구를 이용해서 사진을 찍는 사람일 뿐이다. 이런 카메라맨은 전문사진가와 구별된다. 전문사진가는 적어도 신기술이나 비개연적인 것, 특히 정보를 아주 중요시하여 추구하는 사람들이다.

이에 반해 카메라맨은 더욱 편리해지는 카메라의 자동화를 호기로 삼아 그 기능이 더욱 단순하고 쉬워지기를 바란다. 카메라의 완전자동화에 감탄하고, 또 그렇게 감탄한 사람들이 아마추어 사진클럽까지도 만든다. 카메라는 자동적으로 돌아가고, 카메라맨은 쉴 새 없이 사진영상을 찍어대기만 하면 된다. 니체가 짚었던 일종의 '동일자의 영겁회귀'가 지속된다. 그렇게 되면 카메라맨이 아무리 재빠르다고 해도 그는 오직 카메라를 통해서만, 기껏 해봐야 사진의 카테고리로만 세상을 관찰할 뿐, 사진 찍기의 그 '위'에 설 수는 없다. 카메라의 완벽한 기능이 자기 몸으로 연장된 일종의 자동셔터가 되어버리고, 그 자신이 자동화된 카메라의 기능이 되어버린다. 자신과 동떨어진 영상은 자동화된 기능작용으로 하나의 장치적 기억저장일 따름이다. 그래서 카메라맨의 앨범에서는 사람 냄새나는 어떤 체험이나 새로운 인식 혹은 새로운 가치를 찾아낼 수 없고, 다만 자동적으로 영상화된 장치적 가능성만을 엿볼 수 있을 뿐이다.

이들 카메라맨들과 달리 참된 전문사진가는 사진장치의 프로그램에 들어 있지 않은, 그러면서 잉여적이지도 않고 또한 개연적이지도 않은 정보를 영상으로 찍어내려 한다. 장기나 바둑을 두는 사람처럼 언제나 새로운 시각으로 면밀히 고찰하고, 새로운 정보사태를 산출해내는데 온 정성을 쏟아붓는다. 이들은 사진 찍기의 시작부터 줄곧 정보개념에 자신들의 의식을 맞춘다. 언제나 새로운 방법을 가지고 대상에 임하는 그들의 사진 찍기가 새로운 정보에 대한 의식화과정의 수위를 점점 더 높여준다. 그러나 일상적인 카메라맨은 물론이고 다큐멘터리 사진가들마저도 그러한 새로운 정보의 실체를 본질적으로 인식하지는 못한다. 그들은 오직 장치에 기억만을 저장하려들 뿐, 어떠한 새로운 정보도 생산해내지 못한다. 그들에게 다다익선이라고 하는 것은 사람이 아닌 기계장치에 감탄을 가져다줄 뿐이다. 이처럼 카메라맨이나 다큐멘터리 사진가들이 더욱 간편한 사용설명서의 프로그램에만 의존하려 한다면, 그들은 사진을 더 이상 해독할 필요가 없게 되고, 결국에는 해독할 수도 없게 된다. 왜냐하면 그들에게 사진이란 단지 자동적으로 복사되고 모사된 세계일 뿐이기 때문이다. 더욱 황당한 것은 사진이 어떻게 만들어지고, 무엇을 의미하는지 그들 자신들이 이미 알고 있다고 확신한다는 사실이다.

이보다 더욱 심각한 것은 사진을 통해서 이루어지는 인간의 행동이 결과적으로 제의Ritual(76쪽)적인 행동이나 의례적인 행동에 그치고 만다는 사실이다. 더구나 그러한 행동은 사진의 마술적 연관관계가 문자와 사진의 관계[31]를 뒤바꿔놓는 탈산업사회의 특징을 드러내고, 그 결과로 선형적인 문자의 세계가 0차원적인 영상의 세계로 바뀌어서 수용된다는 사실을 지목한다. 현실적으로 우리 주변에는 사진들이 넘쳐난다. 사진의 장면들을 텔레비전이나 영화로도 볼 수 있고, 신문으로도 볼 수 있다. 텔레비전이나 영화를 통해 본 사진의 장면은 물적인 것으로 남아 있는 것이 아무것도 없지만, 신문을 통해 본 사진의 장면은 어떠한 형태로든 남아 있다. 왜냐하면 그것은 기사로서 어떤 물성을 띠고 있기 때문이다. 사진에 부착되어 있는 그러한 물성이 보는 사람으로 하여금 자기행동에 몰입토록 하는 감정을 갖게 만든다. 다시 말해 끔찍한 반인륜적인 사진장면들을 보고서는 사람들이 울분을 참지 못하게 된다는 뜻이다.

그렇다고 그러한 감정들이 지금 당장 사람들을 어떤 행동으로 이끌지는 못한다. 왜냐하면 사진의 장면들은 시간적으로 지금도 아니고, 공간적으로도 여기가 아닌 저기이기 때문이다. 다시 말해 지구 반대편에서 일어난 사건의 장면들이기 때문이라는 뜻이다. 따라서 그러한 행동은 제의적이고, 의례적일 수밖에 없다. 그렇다고 그러한 사진이 그저 속수무책으로 존재하는 것만은 아니다. 사진이 영상인 한, 영상의 구성요소들 사이에서는 역사적 사건과는 무관하게 어떤 마술적 관계성이 생성된다. 역사적 사건에서는 원인과 결과를 밝혀내는 것이 중요하지만, 사진의 영상에서는 마술적 연관관계를 인식하는 것이 중요하다. 그래서 사진이 신문기사를 삽화화하더라도, 그 기사를 우리가 사진을 매개로 하여 제의적이고 마술적으로 읽게 된다. 왜냐하면 기사가 사진을 설명하는 것이 아니라, 사진이 기사를 삽화로 설명하고 있기 때문이다. 이렇게 기사와 사진, 즉 텍스트와 사진의 관계가 뒤바뀌는 것을 플루서는 탈산업사회의 한 특징으로 꼽는다.

역사시대에서는 문자가, 다시 말해 텍스트[32]가 그림을 설명했지만, 탈산업사회에서는 사진이 신문기사를 삽화로 설명한다. 한마디로 역사시대에서는 문자의 텍스트가 주축을 이루었으나, 탈산업화시대에서는 디지털영상이 주축을 이룬다. 영상이 주축을 이루는 디지털사회에서는 새로운 형태의 문맹들이 등장한다. 이때의 문맹이란 글을 읽거나 쓸 줄을 모르는 사람, 즉 문자로 이루어진 텍스트 안에서 암호화된 문화로부터 동떨어진 사람이 아니라, 디지털영상으로 암호화된 문화에 전적으로 동참하지 못하는 사람들을 지칭한다. 단적으로 표현하자면 문자가 아니라, 영상에 관계하지 못하는 사람들이다. 따라서 디지털시대를 맞아 모든 문자가 영상으로 교체[33]된다면 새로운 형태의 문맹사태가 벌어질 것이고, 그러한 사태를 극복하기 위해서는 오직 전문가들만이 문자로 글쓰기를 배울 것이다. 이런 징조가 미국과 같은 나라에서는 이미 나타나고 있다. 개발도상국들도 이젠 종전처럼 글쓰기를 위한 문맹퇴치보다는 학교에서 영상수업을 실시해야 한다. 우리는 다행히 이미 이 길로 들어섰다. 1980년대 초 정보화 사회로 가는 길목에 서서 플루서가 《사진의 철학》을 통해 문자 대신 디지털영상을 지목한 것은 그야말로 한 세대를 앞선 그의 혜안이라 하겠다. 이와 아울러 그가 영상세계에서도 인간 내지 인간의 비판적 자유의식을 중요시하며 놓치지 않으려 했다면, 그러한 제1의 목표를 달성한 결과물이 바로 이 책《사진의 철학》이라 하겠다.

　　이런 궁극적인 목적을 달성하기 위해 플루서는 다시 한 번, 그러나 또 다른 면에서 먼저 다큐멘터리 사진의 영상문제를 짚는다. 전쟁다큐멘터리 같은 사진영상은 이미 앞에서 언급한 대로 사건 자체로는 역사적일 수 있으나, 그 사진의 물성 때문에 오직 제의적이고 마술적일 뿐, 어떠한 직접적인 행동으로 이어질 수는 없다. 따라서 사진과 연관된 모든 행동은 사진의 메시지에 대한 반응으로 나타나는 일종의 행위라고 할 수 있다. 이에 따른 사진 하나하나의 의미는 사진 전체의 의미연관성을 낳는다. 그 결과 마침내 사진의 표면은 '완전한 신의 요지경 속'이 된다. 이 요지경 속의 모든 것은 개별자로서가 아니라, 일종의 유적 개념으로서 스스로를 드러낸다. 이것은 선이고 저것은 악이며, 이곳은 천당이고 저곳은 지옥이라는 식이다. 다시 말하면 사진의 표면 위에는 보이지 않는 권력에로의 힘들이 각자의 똬리를 이리저리 틀고 있다는 것이다. 이렇게 똬리를 틀고 있는 사진표면의 가치범주들은 정치사회의 문화적 개념으로서 제국주의, 유대교, 테러리즘 등으로 불릴 수 있다.(78쪽)

　　그러나 이와는 반대로 대다수의 평범한 사람들은 사진 속에서도 이름 없이 등장하여 어떠한 모습을 드러내지 못한 채, 사진과 연관하여 스스로를 제의적인 행동으로 프로그래밍한다. 사실 우리는 평면적인 사진을 관찰만 하지 않고, 사진에 의해 삽화로 그려진 기사를 읽는다. 이때 기사로 쓰인 1차원의 선형적인 텍스트의 기능은 결국 사진에 달려 있기 때문에 텍스트는 사진에 대한 우리의 이해를 신문프로그램의 방향으로 사용할 수밖에 없다. 이렇게 되면 텍스트가 사진을 설명하는 것이 아니라, 텍스트가 사진을 더욱 확실하게 하는 결과를 낳는다. 현실적으로 우리는 지금까지 사실에 대한 개념적 설명 내지 설명적 사고에 익숙하다 못해 절대적인 신뢰감을 가지게 되었고, 이제 그 정도가 도를 넘어서게 되었다. 그러니 누가 사건의 전후관계를 설명하는 개념적 논지에 머리를 싸매겠는가! 이제는 오히려 그 전후관계의 진행과정을 정보인 사진을 매개로 하여 보고 아는 것이 더욱 분명하고 확실하게 되었다. 따라서 텍스트는 단지 하나의 사용설명서에 불과하게 된다. 이처럼 모든 현실이 지난 역사 이전의 과거에서는 2차원적 평면의 그림 속에 존재했고, 지금까지의 역사시대에서는 1차원적 선형의 문자로 된 텍스트에 존재했다면, 오늘날에는 0차원적 점(화소)의 영상사진 속에 존재하게 되었다. 이처럼 텍스트가 사진으로 바뀌듯이 의미의 벡터 역시 바뀌었고, 현실마저 해독 불가능한 상징성으로 바뀌고 만다. 따라서 이러한 상징성의 의미가 무엇인가라는 물음은 이제 아무런 의미도 없게 되었다. 이러한 무의미한 물음을 플루서는 부정적 의미에서 '형이상학적' 물음(79쪽)이라고 하며 격하시켰다.

사실 사진은 수용하는 사람의 태도를 위한 하나의 표지라고 할 수 있다. 앞에서 지적한 대로 수용자는 사진이 전하는 여러 가지 메시지에 대해 직접적으로 현장에 참여하지는 않는다. 다만 제의적으로 혹은 의례적으로, 나아가서는 마술적으로 반응하면서 간접적으로 참여한다. 이에 대해 플루서는 칫솔광고의 사진전단에 등장하는 '충치'를 구체적인 예로 든다. 어휘사전에 있는 충치라는 항목은 사진전단의 사전事前 텍스트Prätext(80쪽)라고 할 수 있다. 이 어휘사전은 사진전단을 설명하는 것이 아니라, 사진전단의 내용을 더욱 구체화하여 확실하게 말해준다. 그래서 우리는 일반적으로 사전에 소개되어 있는 칫솔을 사게 된다. 왜냐하면 우리는 바로 그 칫솔을 구입하도록 프로그래밍되어 있기 때문이다. 이는 어휘사전의 텍스트가 역사적 정보 이상으로 사진에 대해서만은 우리로 하여금 마술적으로 행동을 하게 만든다는 말이다. 이러한 마술적이고 제의적인 행동은 인디언의 생활태도에서 찾아볼 수 있었고, 탈산업사회의 현대인의 생활태도에서도 찾아볼 수 있다. 이들은 모두 그림이나 혹은 사진의 현실을 믿는다. 하지만 전자가 신앙적 믿음으로 받아들인다면, 후자는 비판적 의식으로 수용한다. 왜냐하면 후자인 현대인은 학교교육을 통해 더 많은 것을 배웠고, 또 역사의식도 갖고 있기 때문이다. 바로 그러한 이유로 현대인은 반드시 더 많은 지식을 버려야 한다. 그렇지 않고서는 칫솔을 사기는커녕 어떠한 기능적인 작용도 할 수 없게 된다. 결국 사진은 그러한 비판적 능력을 억압하고 기능적 작용을 쉽게 하는 것이라고 비판하면서도 플루서는 여전히 사진에 무게 중심을 둔다.

그렇다고 그가 무조건 비판적 의식을 배격하지는 않는다. 오히려 사진의 이면을 통찰하기 위해서는 무엇보다 비판의식이 필요하다고 강조한다. 그는 1982년 이스라엘과 레바논 사이에서 일어난 전쟁사진을 통해 그것의 신문프로그램과 그 뒤에 숨어서 신문을 프로그래밍하고 있는 정당의 의도를 보여주고자 했다. 뿐만 아니라 칫솔광고사진 역시 광고대행사의 프로그램과 그 뒤에 숨어 있는 칫솔산업의 프로그램을 보여주려 한 것이다. 이러한 것은 제국주의, 유대교, 테러리즘 등과 같은 일종의 권력들이 자신들의 프로그램들 속에 들어 있는 내용을 개념으로 드러낸 경우라고 할 수 있다. 그렇다고 비판적 의식이 그림이나 사진을 탈마술화시킬 수 있다는 말은 아니다. 왜냐하면 프로그램 속에 이미 마술적인 힘이 들어 있고, 그러한 힘이 기능적 작용을 하기 때문이다. 그 사례로 플루서는 비판이론의 문화비판을 들어 자신의 지적 사회적 역량을 보여주기도 한다. 무엇보다 그는 비판이론가들과 같이 유대적 태생이 갖는 묵시록적 공감대에서 문화비판이 가능했기 때문이다.

프랑크푸르트학파의 문화비판은 엄밀한 의미에서 철학의 자기비판을 뜻하고, 문화의 자기성찰을 의미한다. 철학의 자기비판이란 합리성의 이성논리에 따라 논증되는 것이 아니며, 부정성의 변증논리에 따라 정당화된다. 또한 문화의 자기성찰이란 문화 자체의 가치설정을 위한 척도가 아니라, 후기자본주의의 사회문화에 대한 비판의식을 마련하자[34]는 것이다. 문화산업 자체를 비판하고 부정하는 것은 물론이고, 더 나아가 문화를 통해 사회를 개혁하자는 비판적 개념이다. 더욱 심층적으로 후기자본주의사회의 문화산업이 어떻게 자본과 권력이라는 상부구조에 결탁되어 있는가를 밝히고, 또한 대중들의 욕망이 얼마나 허위의식으로 가득 차 있는가를 문화예술의 본질을 통해 각성시키려 한 것이다. 따라서 문화비판은 상부구조에 대한 가차 없는 비판이어야 했다. 또 사회적 현실성에 대한 비판이고, 인간의 자율성에 대한 비판이었다. 이러한 이중성을 비판한 것은 문화라는 것이 기존사회에 대한 역행인 동시에 사회로부터 생산되는 인간의 소산이기 때문이다. 단적으로 문화의 이면을 통해서 자기 자신을 상실한 인간을 해방시키자는 것이 그들의 사회문화비판이었다.

플루서가 이들의 사회문화비판을 지목한 것은 영상 이면에도 모든 프로그램을 자의적으로 프로그래밍하는 거대한 자본주의의 힘이 초인간적인 행태로 작용하고 있음을 그들을 통해서 입증할 수 있었기 때문이다. 결코 어떠한 프로그래밍도 저절로 작동되는 것이 아니라면, 더욱이 아무리 새로운 프로그램을 마련하고 또 마련한다고 해도 이미 그 프로그램 자체가 더 큰 허위의식으로 가득 차 있다면, 프로그램 자체로는 허위의식의 틀에서 벗어날 수가 없다. 그렇기 때문에 비판의식은 사진의 수용에서도 반드시 필요하다. 그럼에도 불구하고 사진은 사진의 세계라는 형태로 우리를 포괄하는 하나의 마술적 원환을 지금도 여전히 이루고 있다. 이러한 원환을 깨뜨리기 위해 그는 "사진의 우주"라는 제목으로 새로운 논의를 시작한다.

제8장 사진의 우주(세계)

이 부분에서 플루서는 사진이 우리를 완전히 둘러싸고 있는 마술적 원환이라고 하며 사진의 '우주Universum'(83쪽)라는 개념을 사용한다. 우리들에게 우주라는 개념은 천지사방의 만물을 모두 포용하는 공간을 의미하기 때문에 "사진의 우주"라는 개념이 쉽게 와 닿지 않는다. 그러나 그에게 "사진의 우주"라는 것이 "사진코드의 콤비네이션 가능성 전체 또는 그 코드의 의미 전체"를 뜻한다면, 그것은 결국 사진의 우주적 의미세계, 즉 사진으로 이루어진 세계, 한마디로 '사진세상'을 말한다고 해도 크게 빗나가지는 않을 것이다. 다만 우리 주변에는 우리를 에워싸고 있는 많은 사진들이 있고, 그러한 사진들로 이루어진 세상, 즉 사진으로 가득 둘러싸인 천체와 같은 우주의 세계가 있다는 사실을 기억해 둘 필요가 있다. 우주라는 개념에는 둥근 원이라는 의미가 있고, 세계라는 개념에는 평면이라는 의미가 선입견으로 내포되어 있기 때문에 세계 개념을 둥근 원과 연관시켜 이해할 필요가 있다. 이렇게 해야 내용 전체의 맥락에서 우주와 세계라는 개념이 크게 어긋나지 않음을 알 수 있다. 오히려 포괄적이기는 하지만 그와 같은 세계라는 개념이 우리들에게는 더욱 가깝게 와 닿기도 한다.

    어떻든 우리는 지금 차고 넘치는 사진들 속에서 살아간다.[35] 나날이 새로운 사진들로 채워지고, 또 그렇게 채워진 사진들이 남아돌기 때문에 우리는 사진들을 눈여겨보지 않는다. 이처럼 대부분의 사진들은 우리들에게 지각되지 않은 채로 남아 있다. 이렇게 남아도는 사진들은 잉여농산물처럼 잉여사진으로 밀려난다. 이로 인해 잉여사진은 또 다른 잉여사진으로 축적된다. 축적은 그 자체로 관습이 되고 잉여가 되어 다시 재생산된다. 이러한 진행은 일상적인 것일 뿐, 어떠한 새로운 정보도 주지 못한다. 익숙한 것은 눈에 잘 띄지 않지만, 익숙하지 않은 변화는 단번에 눈에 들어온다. 변화는 우리에게 정보로 전달되고, 익숙한 관습은 잉여로 남게 된다. 이러한 것은 사진프로그램의 가능성을 자동적으로 소진토록 하는 데서 이루어진다. 이에 따른 사진가의 도전은 아주 중요하다.

플루서는 다시 사진의 우주, 그러니까 사진세계의 또 다른 버전을 제시한다. 사진세상은 앞에서 본 대로 사진들이 겹치고 겹쳐 축적되어 있을 뿐만 아니라, 다채로운 색상으로도 깔려 있어서 사람들이 화려한 컬러사진을 습관적으로 받아들인다. 19세기에서는 '빛과 어두움'[36], 즉 백색과 흑색 사이의 회색이 으뜸 색이었다. 가옥의 벽이나 양복, 신문이나 책, 작업도구마저 검은색과 흰색의 중간 색상인 회색으로 일관했다. 그러나 오늘날에 와서는 그 모두가 아름다운 컬러로 바뀌고 있으며, 그와 함께 우리의 의식도 다채로운 색상으로 변하고 있다. 그러나 역으로 보면 우리의 의식이 시각적 환경에 프로그래밍되어 있다고 할 수도 있다. 중세에 '빨간색'이 지옥으로 떨어진다는 위험을 의미했다면, 오늘날 교통신호의 '빨간색' 역시 위험을 의미하기도 한다. 하지만 그보다 더 중요한 점은 운전자가 빨간색 앞에서는 브레이크페달을 밟도록 프로그래밍이 되어 있다는 사실이다.

플루서는 사진세상의 이러한 다채로운 성격을 사진세계의 중요한 현상이라고 인정하면서도, 현재 나타나는 표면적인 특징일 뿐이며, 그보다 더욱 중요한 내용은 사진세계의 심층적 구조라고 말한다. 사진세계는 화소라는 점의 입자로 되어 있기 때문에 그 외관이나 외관의 색채는 언제든 바뀔 수 있다. 마치 모자이크의 개별 조각들이 항상 다른 새로운 조각으로 대체될 수 있듯이 말이다. 따라서 사진세계는 그런 개별 조각과 양성자로 구성되어 있기 때문에 늘 추정이 가능하다. 다시 말하자면 사진세계는 입자로 구성되어 있기 때문에 자동적이고, 또 개별 조각으로 동등하게 이루어져 있기 때문에 상징적으로는 일종의 민주적 세상이라 할 수 있다. 더 나아가 전체적으로는 일종의 조각 맞추기 게임이라고도 할 수 있다.

　그렇다고 사진세계의 양성자적 구조가 놀랍다는 것은 아니다. 왜냐하면 그러한 구조라는 것이 결국 사진작동에서 나왔기 때문이다. 그럼에도 사진세계에 대해 관심을 가지는 것은 첫째로 사진과 관계된 모든 것의 입자적 성격에 대한 보다 심층적인 근거를 통찰할 수 있도록 만들기 때문이고, 둘째로 물과 같이 흘러내리는 것처럼 보이는 장치적 기능(영상화면)이 점이라고 하는 단위 구조로 되어 있기 때문이다. 플루서는 모든 '파동'이라는 것이 장치의 세계에서는 입자로 구성되어 있고, 또 모든 '과정'은 점으로 구성되어 있다는 사실에서 이러한 근거의 가능성을 찾았다. 왜냐하면 장치라는 것이 그에게는 사고의 시뮬레이션이고, 심지어 사고와 함께하는 유희도구이기 때문이다. 그렇다고 장치가 인간의 사고과정을 심리학이나 생리학적 지각에서 가능한 사고틀에 따라서 시뮬레이션하지는 않는다. 오히려 데카르트적인 인식모델에서 가능한 사고의 틀에 따라서 시뮬레이션할 뿐이다.

데카르트의 사고모델은 "명석하고 판명한 모든 것은 참이다"[37]라는 인식명제이다. 이러한 사고모델의 인식개념은 명석하고 판명한 요소로 구성되어 있고, 이러한 구성요소들이 우리들의 사고과정 속에서 바둑판의 알처럼 서로 대립하면서 조화를 이룬다. 데카르트의 사고모델에서 신은 무한실체고, 정신과 육체는 유한실체다. 또 유한실체로서의 정신과 육체 가운데 정신의 속성은 사고이고, 육체의 속성은 연장이다. 저기 바깥으로 연장된 세계에서도 명석하고 판명한 구성요소들은 전체 참을 위한 하나하나의 점에 해당한다. 바깥으로 연장된 세계에서 이 하나하나의 점들이 명석하고 판명한 요소들로서의 개념이라면, 개념으로 구성된 사고는 신처럼 전지전능한 사고일 수 있다. 왜냐하면 그러한 사고는 명석하고 판명한 요소들로 구성되어 있기 때문이다. 그럼에도 불구하고 정신의 실체인 사고의 구조는 바깥세상으로 연장될 수 있는 육체 내지 물적인 사실의 구조에는 적합하지가 않다. 그렇기 때문에 플루서는 데카르트의 노력이 실패했다고 선언한다. 설령 그가 신의 존재를 증명해 보이고, 심지어 분석적 기하학을 가지고 설득하려 했지만 백약이 무효였다는 것이다.

이에 반해 장치는 데카르트적 사고틀의 세계 속에서 물 만난 물고기처럼 제 마음대로 작동할 수 있다. 실제로 사진세계에서는 장치프로그램의 한 구성요소가 개개의 구성요소인 점과 같은 화소개념에 맞대응한다. 이러한 상황은 컴퓨터와 컴퓨터의 세계에서 가장 분명하게 인식될 수 있고, 사진의 세계에서도 관찰될 수 있다. 즉, 개개의 사진에는 장치의 프로그램 속에 들어 있는 명석하고 판명한 구성요소가 대응하고 있다는 것이다. 달리 표현하자면 각각의 사진에는 프로그램 안에 들어 있는 구성요소의 어떤 특정한 콤비네이션이 대응하고 있다는 말이기도 하다. 이처럼 개개 프로그램의 한 점이 개개 사진 한 장에 대응하고, 개개 사진 한 장이 프로그램의 한 점에 대응하게 되는 조화의 관계가 사진세계와 장치프로그램 사이에서 이루어지기 때문에 사진세계를 위한 장치는 신처럼 전지전능하게 된다. 그렇다고 승승장구할 수만은 없다. 장치는 이에 대한 대가를 치러야만 한다. 즉, 개개 프로그램의 구성요소인 점(화소)은 더 이상 저 바깥에 있는 세계를 의미하는 것이 아니라, 이제는 저 바깥에 있는 세계가 장치 내부에 들어 있는 개개의 프로그램을 의미한다. 따라서 장치란 언제나 합당한 전지전능일 수는 없다. 이를 통해 플루서가 말하려는 것은, 장치가 아무리 전지전능하다 해도 미리 프로그래밍되어 있는 사진세계 내에서만 그러한 것일 뿐, 프로그래밍되어 있지 않은 것까지 모두를 다할 수는 없다는 점이다.

그래서 플루서는 장치프로그램의 개념을 정의하기에 앞서 먼저 그 전제조건으로 프로그램에 대한 인간의 간섭을 배제시킨다. 이것은 프로그램의 기능과 인간의 의도 사이에서 생기는 갈등해소를 의미한다. 이후에 따르는 프로그램의 정의는 "완전히 자동적인 프로그램, 즉 우연에 의존하는 콤비네이션 게임"(88쪽)이다. 이를 쉽게 설명하기 위해 그는 6면의 주사위와 핵전쟁을 예로 든다. 그것은 바로 주사위의 각 면은 예측할 수 없는 '우연'으로 일어나지만, 그 모든 가능성의 조합은 '필연'으로 일어난다는 사실, 그리고 핵전쟁이 프로그램 속에 전쟁가능성으로 입력되어 있을 때, 핵전쟁은 '우연적'이지만 '필연적'으로 한 번은 일어날 것이라는 사실이다. 그가 인간 이하의 어리석은 의미이라는 단서를 달기는 했지만, 장치도 우연적인 콤비네이션을 통해 '사고'할 수 있다고 말하면서 그런 의미에서 장치는 전지전능하다고 주장한다. 그러나 우리는 이때의 '사고'를 어느 정도, 어떤 폭으로 혹은 어떤 연관성에서 해석하고 이해해야 하는가를 가늠하기가 어렵다. 그럼에도 '우연적'인 콤비네이션을 통해서 '사고'할 수 있다는 그의 추가 설명이 그 콤비네이션의 우연성을 '필연성'과 연계하여 추리할 수 있음을 의미한다면 이해가 된다. 따라서 장치도 자동적으로 사진 속에서는 신처럼 전지전능하게 된다.

사실 사진세계란 장치의 프로그램 속에 들어 있는 여러 가능성들 중에서 '우연'하게 실현되는 한 양태일 뿐이고, 여전히 프로그래밍되어 있는 다른 가능성들도 언젠가는 '우연적'으로 실현될 양태들이다. 이렇게 되면 사진세계는 지속적인 흐름 속에 있게 되고, 그러한 흐름 속에서 한 사진은 다른 사진으로 인해 밀려나게 된다. 이렇게 밀려난 사진은 콤비네이션 게임에서 예로 들었던 '주사위의 한 면'에 해당되며, 결국 이러한 것들은 잉여사진으로만 남게 된다. 그러나 사진가들의 정보사진은 의식적으로 장치의 프로그램에 역행해서 유희하기 때문에 잉여사진으로 밀려나는 사진세계를 파탄에 빠트린다. 이 내용은 장치의 프로그램에서는 전혀 예견하지 못한 어떤 것이다.

이러한 논지를 근거로 해서 플루서는 장치프로그램의 결론을 다음과 같이 말한다. 첫째로 사진세계가 콤비네이션게임의 과정에서 이루어진다는 것은 프로그래밍되어 있다는 말이고, 이것은 결국 프로그램을 의미한다. 둘째로 콤비네이션게임은 자동적으로 진행됨으로써 어떠한 의도적인 전략에도 따르지 않는다. 셋째로 사진세계는 한 프로그램의 점을 의미하는 명석판명한 사진들로 구성되어 있다. 넷째로 개별 사진은 영상의 표면으로서 감상자에게는 마술적 모델이 된다. 다시 말하면 사진세계란 사회를 확고한 '필연성'으로써, 그러나 개개인은 불확실한 '우연성'으로써 그 콤비네이션의 게임에 따라서 마술적 피드백의 행태를 프로그래밍하는 수단이라는 것이다. 또한 사진은 사회를 주사위나 바둑알 그리고 그와 연관된 여러 함수들로 인해 프로그램을 자동적으로 변환시키는 수단(90쪽)이라는 말이다. 사진세계에 대한 자신의 이러한 입장을 플루서는 두 가지 방향으로 제안한다. 하나는 사진세계로 둘러싸인 사회라는 방향이고, 다른 하나는 사진을 프로그래밍하고 있는 장치라는 방향이다. 전자인 사회라는 방향에서는 나날이 달라지고 있는 탈산업사회에 대한 비판적 요구가 일어나고, 후자인 장치라는 방향에서는 장치 자체와 그 장치의 프로그램에 대한 비판적 요구가 일어난다. 이것은 탈산업사회를 비판적으로 극복하려는 요구이다.

여기에서도 눈에 띄는 점이 있다. 플루서에게는 사회가 우선이고, 장치가 그 다음이라는 사실이다. 왜 그럴까? 사실 그는 지금까지 그림과 장치를 주 무대로 삼아 디지털화한 내용을 분석해왔다. 확대해 말하자면 장치와 프로그램, 더 나아가 정보까지 짚어낸 것이다. 이렇게만 보면 장치가 '우선'이다 혹은 그 '다음'이다 말하기 이전에 장치가 바로 이 전체를 표방하고 있는 듯 보인다. 장치를 중심으로 해서 프로그램과 영상, 그리고 그와 연관된 정보가 위치하며, 그게 전부였다. 이렇게 되면 사회는 장치와 동떨어진 하나의 영역으로만 남게 된다. 이런 상황에도 불구하고 그가 장치 자체에 집착하지 않고, 오히려 장치 그 이상의 것을, 그것도 사회를 지목한 것은 단순히 그의 혜안 덕택은 아니다. 그것은 오히려 디지털시대의 사회적 변화에 기인한다. 이러한 내용구성 전체를 논리적인 연관성에서 보면 사회는 유적 개념이고, 장치는 종적 개념이다. 여기서 플루서가 카메라라는 장치의 종개념을 넘어서서 사회라는 유개념으로까지 확대시켜나간 것은 사회적 문화적 연관성을 자신이 가지고 있는 디지털시대의 요청에다 설정하고 있었기에 가능했다. 이러한 사회적 연관성은 그가 짚었던 선사시대의 그림에서부터 오늘날 로봇시대의 정보사회까지 모두 포함된다. 그러니까 각양각색의 다양한 시대의 문화현상 속에서 나타나는 문화의 향유뿐 아니라 문화 비판까지 모두를 포함한다는 것이다. 이미 그는 "기술적 영상"에서 예술과 과학, 그리고 정치를 하나의 공통분모로 묶어서 사회문화화했고, 진선미(과학·정치·예술)를 동시에 구현할 수 있는 보편타당한 코드로서의 문화위기극복을 꾀했다.

따라서 사진세계 속에서 스스로를 발견한다는 것은 사진의 기능 속에서 세계를 체험하고 인식하여 그 가치를 평가한다는 것을 의미한다고 플루서는 자신 있게 말할 수 있었다. 그러나 그는 여기에 그치지 않고 그러한 체험과 인식, 심지어 가치평가와 그에 따른 행위가 현존하는 사실로서 우리에게 그 실체를 드러내 보였다고 말하면서 로봇과 같은 현존재를 실례로 제시한다. 이렇게 사진의 세계와 장치의 세계가 드디어 인간과 사회를 로봇화시킴으로써 인간사회 전체는 새로운 로봇화의 사회현상으로 나가고 있다. 은행, 공장, 관공서, 운동경기 등 모든 것들이 이에 해당한다. 그는 이러한 것들을 내용적으로 분석하면 일종의 스타카토(끊음표)적 구조를 찾아낼 수 있고, 또 그러한 구조를 사고 속에서도 인식할 수 있다고 말한다. 과학적 텍스트나 시문, 음악, 건축, 그리고 정치프로그램 속에서도 이는 마찬가지라는 것이다. 여기서 그가 강조하려고는 것은 명석판명한 요소로 구성된 사진영상의 모자이크 속에서 구조가 변화되는 현상을 각각의 개별적인 문화현상 속에서 재발견하여 분석하고 평가하는 일이다. 이것이 그에게는 문화비평이고, 더 나아가 문화비판의 과제가 된다.

이러한 문화비평의 한 획이 사진기술의 발명이었고, 이로부터 문화현상이 물 흐르듯이 내려왔다. 다시 말하자면 지금까지는 문자적 선형 구조가 유지되어 왔지만, 이제부터는 프로그래밍된 조합이라는 스타카토의 디지털구조로 패러다임이 바뀌면서 새로운 문화현상이 대두하게 되었다는 것이다. 산업혁명 이후에 등장한 어떠한 기계적 구조도 이제는 더 이상 제 역할을 할 수 없게 되었고, 오직 장치들 속에 프로그래밍된 사이버네틱Kybernetik(92쪽)의 구조만이 새로운 역할의 활력소를 가지게 되었다. 이에 따른 새로운 문화비판은 반드시 필요하다. 이제 장치를 비판하려면, 사진세계를 카메라와 장치의 디지털산물로 먼저 간주해야만 한다. 이에 더해 이미 광고장치, 산업장치, 관리장치, 정치경제적 장치 그리고 기타 장치를 이해하고 있어야 한다. 제한적으로 표현하자면 장치란 장치 그 자체만으로 끝나는 것이 아니라, 장치와 연관된 모든 것을 관찰할 때 바로 장치의 본질이 드러나게 된다는 말이다. 이런 과정을 더 구체적으로 설명하자면, 각각의 개별 장치가 더 자동화되고, 또 더 사이버네틱적으로 다른 장치와 결합되는 것과 같이, 각각의 장치프로그램도 다른 장치를 통해 인풋이 되고, 또한 그 역으로 아웃풋이 된다. 이러한 장치의 알 수 없는 여러 가지 복합체를 플루서는 블랙박스들로 이루어진 슈퍼블랙박스Super-Black-Box(92쪽)라고 할 수밖에 없었다.

    슈퍼블랙박스 역시 사람이 만들어낸 창조물이고, 사람의 의도에 따라 지속적으로 개량되는 장치이기 때문에 장치에 대한 비판은 언제나 가능하고 또 필요하다. 블랙박스는 특히 두 가지 측면에서 아주 매력적이다. 첫째는 사람이 블랙박스 속으로 들어가지 않아도 인간의 의도를 알 수 있다는 점이고, 둘째는 인간의 의도를 알기 위해 새로운 개념이나 범주를 마련해야 할 필요가 없다는 사실이다. 따라서 장치에 대한 비판적 결과를 플루서는 다음과 같이 정리한다. 즉, 장치의 본질은 인간이 해야 하는 일을 그 이상으로 대신하는 데 있다. 다시 말해 장치의 본질은 인간의 노동을 넘겨받는 데 있다는 것이며, 더 적극적으로 표현하자면 인간을 노동으로부터 해방시키는 데 있다는 말이다. 그러므로 인간이 카메라를 조작하여 사진을 찍는 것을 '노동'[38]이 아닌 '유희'라고 할 수 있었다. 왜냐하면 사진을 찍는다는 행위는 일을 하는 것이 아니고 즐기는 것이기 때문이다. 장치는 앞에서 언급한 대로 장치 그 자체로 존재하지 않는다. 장치는 반드시 인간과의 관계 속에서, 즉 자본가 등과 함께 존재하면서 그들의 의도에 따라 작동한다. 그러므로 장치는 이들의 이해관계에 따를 수밖에 없고, 그러한 이해관계에 절대적으로 봉사하게 된다. 장치란 극단적으로 말해 단순한 기계일 뿐이므로 그 배후에 숨어 있는 이해관계를 폭로하고 비판하는 것이 반드시 필요하다고 정당화할 수 있다.

이와 함께 사진 역시 자본가나 권력가의 의도가 숨겨진 이해관계의 한 표현이다. 우리가 이런 이해관계를 비판하고 폭로한다면 개별 사진과 전체 사진세계의 암호가 풀렸다고도 말할 수 있다. 그렇다고 해서 사회의 산업에 대한 마르크스주의적 비판까지도 모두 옳다는 것은 아니다. 왜냐하면 마르크스주의적 비판은 자본주의적 사회현상에 대한 비판이지, 사진장치의 현상에 대한 비판은 아니었기 때문이다. 장치의 본질은 자동성에 있고, 또 자동적 기능성에 있다. 이러한 장치의 자동적 기능성에 대해 마르크스주의는 무관심했다. 이와 반대로 플루서의 비판은 장치의 자동적 기능성에 초점을 맞추고 있다. 즉, 마르크스가 지금까지의 철학자들은 세계를 '해석'하는 데만 급급했다고 비판하면서, 이제 중요한 것은 세계를 '변혁'[39]하는 일이라고 주장했다면, 플루서는 세계의 해석도 아니고, 세계의 변혁도 아닌, 이 양자의 구도를 모두 넘어서 세계를 사진으로 촬영하기 위해, 다시 말해 세계를 '이해'하기 위해 세계를 '변혁'시키는 것이라고 주장하면서 (카메라)장치의 기능성을 의식하고 나섰다. 사실 장치의 자동적 기능성 때문에 사람이 장치를 만들었다면, 그것은 인간의 분명한 의도였다. 그럼에도 불구하고 문제는 그러한 장치로부터 인간 자신이 차단되어 있다는 사실이다. 날이 가면 갈수록 인간은 점점 더 장치로부터 배제되어가는 반면에, 장치 프로그램과 그 콤비네이션게임은 점점 더 그 구성요소를 풍성케 하여 마침내 장치를 통제하는 개별 인간의 능력까지 넘어서게 된다. 결국에는 장치를 조작하는 사람도 장치의 실체를 알 수 없는 형편에까지 이르고 만다.

이러한 상황에서 장치의 소유자가 누구인가는 전혀 문제가 되지 않는다. 왜냐하면 장치는 인간의 결단과 관계없이 자동적으로 기능하고, 그 결과 누구의 소유도 될 수 없기 때문이다. 따라서 인간의 결단이 오로지 장치의 조작에 따르게 된다. 이것은 순전히 기능적 결단일 뿐이다. 이 말은 장치에서 인간의 의도를 찾아볼 수 없다는 것을 의미한다. 만일 장치가 인간의 의도에만 따른다면, 장치의 기능 작용은 사실상 사라진다. 이에 장치는 자신을 보존하고 개선시키려는 유일한 목적, 즉 자기로서 목적화하기 위한 기능만을 가진다. 여기서는 인간성 없는 장치의 기능적 자동성만이 판을 치게 되므로 이에 대한 비판은 필연적일 수밖에 없다. 이를 플루서는 '휴머니즘적' 장치비판(96쪽)이라고 말한다.[40] 지금까지 장치비판의 행태가 장치를 초인간적인 인간과 유사한 타이탄Titan으로 변형시켜, 그 장치의 배후에 있는 인간의 이해관계를 감추는 데 급급했다고 주장한다면, 이는 장치에 대한 잘못된 비판이라는 것이다.

사실 장치는 인간과 유사한 능력을 가진 타이탄들이다. 왜냐하면 장치들은 인간의 의도에 따라 생산되었기 때문이다. 여기서 플루서가 장치에 대해 비판한 의도는 지금까지와 달리 장치가 초인간적인 것이 아니라, 인간 이하의 것이라는 사실을 강조하기 위해서였다. 이러한 비판의 경향성은 이미 산업사회 이후 지속적으로 이어져왔으며, 특히 6, 70년대 비판이론에서 본격적으로 나타났다. 또한 오늘날 포스트모던의 해체주의[41]에서 더욱 두드러지게 되었다. 현실적으로 장치가 창백한 물성으로서 인간의 사고과정을 기계적으로 시뮬레이션하여 인간의 본래적인 결단을 무용케 하면서 비기능적으로 만든 것은 사실이다. 따라서 플루서가 '인본주의적' 장치비판을 시도한 것은, 먼저 장치의 배후에 남아 있는 인간의도의 마지막 흔적을 찾아내어 그 안에 들어 있는 위험을 탈은폐시키고자 하는 의도였다. 또한 그것은 장치의 기능화작용이라는 것이 무감정적이고 무의도적인 통제 불가능한 사실임을 폭로하려는 것이었다.

이 부분에서 플루서는 논지를 바꾸어 다시 본래의 사진세계로 되돌아간다. 그에게 사진의 세계는 하나의 콤비네이션게임과 명석판명한 조각들의 변화무쌍하고 다채로운 사진 맞추기 게임을 반영한 세계였다. 이러한 것은 장치프로그램의 기능화된 자동성으로 인해 가능했으므로 감상자에게는 마술적이지만, 기능화된 자동프로그램에 따를 수밖에 없다. 하지만 이러한 자동프로그래밍에 반대하는 사람들이 바로 사진가들이다. 사진가는 처음부터 세계가 어떠한가에 대해서는 무관심했지만, 사진이 어떠해야 한다는 것에 대해서는 한 치도 양보하지 않는다. 그렇다고 그는 자신이 세계를 본 것처럼 다른 사람도 그러한 세계를 볼 수 있도록 하기 위해 객관적 입장만을 고수하지는 않는다. 또 주관적 입장만을 고수하지도 않는다. 오히려 그는 상호주관적 입장을 수용한다. 따라서 사진들은 상호주관성의 열려 있는 세계를 드러내고, 사진가는 장치프로그램에 존재하지 않는 만인을 위한 정보사진을 만들려 한다. 따라서 사진비평가는 그러한 프로그래밍의 자동적 게임을 투시하여 밝히려 한다. 이들 모두는 공히 장치가 지배하고 관리하는 세계에서 인간의 의도를 살리고, 그 의도를 마련하려고 하는 사람들이다. 이들은 장치와의 연관성 가운데서도 인간의 위상을 설정하려 한다. 설령 장치가 자동성의 특성을 가지고서 자체적으로 자유롭게 사람과 동화작용을 하면서 자신의 프로그램을 더욱 발전시켜간다 하더라도, 장치 그 자체의 한계성을 극복하지는 못한다. 이에 플루서는 인간과 장치 사이의 연관관계를, 더욱 강하게 표현하자면 투쟁관계를 사진의 영역에서 적나라하게 분석하여 그 갈등의 해결책을 마련하는 것이 자신의 '사진철학'이 갖는 과제라고 주장한다.

  나아가 그는 사진철학을 위한 자신의 이러한 가설이 성공한다면, 사진철학의 영역에서뿐만 아니라, 탈산업사회 전체를 위해서도 의미 있는 일이 될 것이라고 자신한다. 사실 사진의 세계라는 것도 수많은 장치의 세계들 중 하나에 불과하다. 따라서 장치의 세계에서 사진세계보다 더욱 중요한 것도 있을 수 있다면서 그는 사진세계가 탈산업사회에서 인간 삶의 모델로 이용될 수 있을 것이라고 예측했다. 그는 이에 따른 사진철학은 인간의 현존적 생존과 다가올 미래적 생존에 노심초사하는 모든 철학을 위한 출발점이 될 수도 있을 것이라고 판단하면서 끝으로 '사진철학'의 행방을 가늠한다.

5. 사진의 철학화

제9장 사진철학의 필연성

사진의 본질을 디지털 사이버네틱적으로 분석하고 검토하여 얻어낸 결과로 플루서는 그림, 장치, 프로그램, 정보라는 네 가지 개념을 제시했다. 따라서 이 기본개념들이 그의 사진철학을 밝혀내는 키워드가 된다. 한마디로 그에게 사진철학은 이 네 가지 기본개념으로 구성된다는 말이다. 즉 장치의 프로그램에 따라 생산되고 배포되는 영상으로서 정보를 제공하는 것이 사진이고, 이의 내적 구조연관성이 그에게는 사진철학의 조건이 된다는 것이다. 그렇다면 그 각각의 개념들은 어떤 내용을 가질까? 그림은 마술적 내용을 갖고, 장치는 자동화와 놀이내용을 가지며, 프로그램은 우연성과 필연성을 가지는가 하면, 정보는 상징과 비개연성을 갖는다. 따라서 그에게 사진이란 "자동적으로 프로그래밍된 장치에 의해 우연적으로 일어나는 유희의 와중에 필연적으로 촬영되어 분배된 마술적 사태의 영상이며, 그 상징은 비개연적인 행태를 위해 감상자에게 정보를 제공해주는 것"(99쪽)이다.

사진에 대한 이러한 정의는 무척 생소하지만, 간략히 말하자면 내용의 공통분모는 결국 기술이고 영상이라는 것이다. 여기서 말하는 기술적 영상이란 전통적인 의미에서 우리의 상상도 아니고, 그렇다고 어떤 구상 같은 것도 아니다. 오히려 그것은 지금까지와는 완전히 다른 방식의 해독법을 요구한다. 그러면서도 그것이 기술과 연계되어 있다는 의미에서는 '기술적 상상'[42]이라고 할 수 있다. 또 여기에는 마술적 성격이라고 할 수 있는 사진의 담론적 정보가 담겨 있다. 그렇다고 그러한 정보가 거울처럼 투명한가 하면 그렇지는 않다. 아니, 오히려 불투명하다. 왜냐하면 그것이 어떻게 만들어지고, 어떻게 프로그램화되어 생성되는지를 우리 자신이 알 수 없기 때문이다. 그러므로 장치와 프로그램, 우연과 유희, 필연과 촬영, 영상과 마술, 상징과 정보 등의 총체성이 바로 사진의 철학을 가능케 하는 기틀이 되지 않을 수 없다.

그러나 사진에 대한 이러한 현실적 정의에는 인간개념 자체는 물론이고, 조금이라도 인간과 연관된 개념조차 찾아볼 수 없다. 오히려 전체적으로 대상, 즉 사물 내지 사물에 관계되는 개념들로만 구성되어 있다. 플루서는 이러한 점을 처음부터 의식하여 논리적으로나 문장 구성상 아주 어색하게 풀어냈다. 다시 말해 의도적으로 위와 같이 어렵고 복잡하게 사진에 대한 정의를 내린 것이다. 철학에서는 이러한 정의를 결코 수용하지 않을 것이라는 사실을 그는 이미 예측하고 있었다. 왜냐하면 그의 사진개념에 대한 정의에는 자유의 인격을 가진 인간개념이 완전히 배제되어 있기 때문이다. 이러한 부정성의 정의를 그는 오히려 생뚱맞게도 자신의 사진철학을 정초하는 데 없어서는 안 될 긍정의 가능성으로 강변한다. 불가능이 가능하다고 하면, 이것은 일종의 모순이다. 모순을 배제하는 논리가 형식논리라면, 모순을 수용하는 논리는 변증논리이다. 그렇다면 그는 모순을 배제하는 형식논리를 따르지 않고, 모순을 수용하는 변증논리를 따른 것이다. 왜냐하면 형식논리가 존재 내지 정지에 대한 이론이라면, 변증논리는 생성 내지 운동에 관한 이론이기 때문이다. 모든 운동의 원 현상은 그 본성상 존재에 대한 동적 변증논리를 따른다. 사진 찍기마저 궁극적으로 동적인 것이라고 하면, 그것이 아무리 논리적 정확성을 요구한다고 해도, 프로그램에 따른 정적 형식논리를 따르지 않고 반드시 동적 변증논리를 따르게 된다. 왜냐하면 사진의 결과는 열려 있어서 아무도 예측할 수 없기 때문이다.

특히 플루서는 인간과 자유의 개념이 결여된 사진의 정의가 갖는 한계 내지 부정의 극복가능성을 개방성과의 갈등관계에서 오는 모순성으로 보았다. 이러한 모순성을 수용하는 변증논리[43]를 그는 "철학하는 행위에 가속력을 부여하는 날개der Widerspruch, die Dialektik ist eine der Sprungfedern des Philosophierens"(100쪽)라고까지 극찬하면서 적극적으로 받아들인다. 이는 사진에서 사진철학으로 넘어가기 위한 하나의 수순이라고 할 수 있다. 이에 따라 네 가지의 사진개념(그림·장치·프로그램·정보)들과 그것들 사이의 내적 연관관계를 플루서는 '동일자의 영겁회귀'라는 틀에서 하나하나 명시적으로 밝힌다. 그러므로 우리는 여기서 먼저 니체의 이 영겁회귀를 간략하게나마 재확인한 후 사진에 대한 본질적 개념들을 살피도록 하겠다.

먼저 영겁회귀는 권력의지와 함께 니체의 철학사상을 떠받치는 두 기둥이라 할 수 있다. 권력의지는 모든 전통적 가치를 가차 없이 전도시키는 새로운 가치창조의 원동력이다. 또한 그것은 지금까지 지고의 가치를 지녔던 종교와 도덕은 물론이고, 철학까지도 모두 무너트리고 그때그때마다 새로운 가치를 다시 창조하는 생성의 의지이다. 이러한 새로운 가치설정은 인식으로서, 자연으로서, 그리고 사회와 개인으로서의 권력의지에서 이루어진다. 이와 함께 동일자의 영겁회귀란 존재의 수레바퀴가 영원히 굴러가듯이 언제나 같은 것의 반복임을 말하고, 존재의 집마저 영원히 스스로를 세우듯 존재의 가락지처럼 동일하게 돌아옴을 말한다. 니체 자신이 "내가 짜놓은 인과의 매듭은 되돌아오는도다. 그것은 다시금 나를 창조할 것이로다. 내 스스로가 영겁회귀의 인과에 속해 있노라"[44]고 말한다. 이처럼 사람에 있어서나 사회에 있어서, 아니 어쩌면 자연에 있어서도 일직선으로 계속 달리기만 하는 진보나 발전은 어불성설이다. 모든 것은 영원히 다시 제자리로 되돌아온다. 이러한 순수한 운동에는 어떠한 의도도, 어떠한 목표도 있을 수가 없다. 모든 것은 언제나 다시 제자리로 되돌아오는 원형의 운동일 뿐이다. 아무리 큰 변화라 하더라도 그 한계에 이르면 다시 처음으로 되돌아온다. 이것이 소위 그가 외쳤던 '생성의 결백성'[45]이다. 생성이란 다른 것에 이르는 수단이 아니라 목적이고, 순수한 자기됨을 통하여 가치가 동일한 것이며, 그리고 매 순간마다 정당한 것으로 나타나야 하는 것으로서 모든 목적의식에서 해방되어 있는 것을 말한다.

그렇다면 왜 플루서는 이러한 니체의 영겁회귀사상을 자신의 사진철학에 설정했을까? 더구나 사진에 연관된 네 가지 개념들을 왜 영겁회귀의 토대 위에서 가시적으로 설명하고 있는 것일까? 이미 우리가 몇 차례나 지목했듯이 플루서에게는 가장 직접적이면서도 현실적인 시공간의 4차원 세계에서 먼저 추상화된 것이 3차원의 입체인 조각작품의 세계였고, 여기에서 다시 추상화된 것이 2차원의 평면인 회화(그림)의 세계였으며, 이 그림에서 다시 추상화된 것이 소위 선형이라는 1차원의 선인 문자(텍스트)의 세계였는가 하면, 이러한 문헌적 텍스트해석 시대에서 이제 디지털시대가 되면서 0차원의 점인 영상(화소)의 시대가 열린 것이다. 조각작품의 세계에는 시간이 빠진 입체만이 존재하고, 회화(그림)작품의 세계에는 깊이가 없는 평면만이 존재하며, 문학작품(텍스트)의 세계에는 평면이 없는 선만이 존재하는가 하면, 디지털 작품의 세계에는 선이 없는 점들만이 존재한다. 영상시대의 이러한 점이란 길이는 물론이고 넓이도 부피도 없는 위치뿐이어서 모든 차원의 세계, 즉 현실, 입체, 평면, 직선, 그리고 점 자체를 모두 가능케 하는 기점이 된다. 여기에서는 영상디자인으로서 현실세계와 조각, 그림과 문자 그리고 점, 이 모두가 다 시공간을 초월하여 언제 어디서나 가능하게 된다.

이를 다시 역으로 말하면 "점들은 선을 형성하기 위해 움직이고, 선은 평면을 형성하기 위해 움직이며, 평면은 입체를 형성하기 위해 움직이고, 입체는 실제를 형성하기 위해 움직인다. 따라서 점+시간=선, 선+시간=평면, 평면+시간=입체, 그리고 입체+시간=실제"[46] 라고 할 수 있다. 플루서에게 이러한 모든 가능성의 계기를 문헌학적으로 짚어낸 철학자가 바로 니체였고, 특히 '동일자의 영겁회귀'사상이 이를 가장 잘 드러낸다고 보았다. 왜냐하면 라이프니츠의 미분적분학에서처럼 소위 XY선상의 그 점이라는 기점이 전후와 좌우, 평면과 입체로 회귀할 수도 있고, 더 나아가 그 현실세계의 생동성까지 표현할 수 있기 때문이다. 여기에서 플루서는 먼저 2차원적 그림의 의미를 디지털모니터의 영상표면에서 찾았고, 그 모니터의 표면을 훑어보는 것을 '스캐닝scanning'이라고 했다. 이처럼 훑어보는 시선은 한편으로는 모니터화면의 구조에 의해서, 그리고 다른 한편으로는 보는 사람의 의도에 의해서 형성된다. 이 말은 화면을 보는 사람의 시선이 화면과 화면을 구성하고 있는 요소 하나하나를 차례로 파악해가는 동안, 그 구성요소들 사이에서는 시간의 연관성이 나타남을 의미한다. 이때 화면을 보는 시선은 이미 보았던 화면과 화면의 구성요소로 되돌아갈 수 있는가 하면, 그 반대로 그 이전의 것으로부터 앞으로 다가오는 것이 새로 생성되기도 한다. 이처럼 스캐닝을 통해 재구성될 수 있는 시간을 플루서는 니체의 개념을 빌어서 '동일자의 영겁회귀'의 시간이라고 말했다.

플루서는 이에 근거해서 '첫째로 그림은 윗면에 눈이 머무르면서 순환하는 평면이고, 그에 따른 시선은 언제나 처음 출발점으로 되돌아갈 수 있고, 둘째로 장치는 언제나 똑같은 운동을 반복하는 유희도구이며, 셋째로 프로그램은 언제나 똑같은 구성요소를 조합하는 유희인가 하면, 넷째로 정보는 미리 파악할 수 없는 비개연적인 상태이고, 그러한 비개연적인 상태로 또 다시 되돌아가기 위해 개연성의 경향으로부터 빠져나오지 않으면 안 된다'(100쪽)고 요식화했다. 이러한 모든 내용들의 공통기반이 바로 우리가 이미 '그림과 영상'에서 살펴보았던 니체의 '동일자의 영겁회귀'라는 토대 위에 있었다. 다시 말하자면 오늘날까지 통용되어오는 직선적 선형의 역사적 콘텍스트 속에서는 어떠한 것도 되가질 수 없고, 어떠한 것도 되돌아올 수가 없다. 회귀할 수 있는 것은 아무것도 없다. 모든 것이 인과론의 원인은 갖고 있지만, 그렇다고 그러한 인과론을 가지고서 우리 자신의 이 현실을 더 이상 설명해낼 수는 없다. 왜냐하면 우리의 현실은 인과론과 무관한 기능적인 작동과 설명으로 해명될 수 있기 때문이다. 따라서 이를 통해 마련하려던 그의 사진철학 역시 그에게는 지금까지 전승되어온 전통철학에서 배제된 현상들의 비역사적이고 탈역사적인 성격의 철학일 수밖에 없었던 것이다.

따라서 플루서는 우리 자신들이 이미 자발적으로 일련의 디지털 영역에서 1차원의 탈역사적인 사고를 하면서 생활하고 있다고 주장했으며, 또 그 전형적인 예로 사진의 우주론, 즉 사진세계를 들었다. 사진세계 속에서 우리는 점점 더 개연성이 높은, 그러니까 미리 간파할 수 있는 상태로 나아가는 논리적인 체계를 발견하게 된다. 비록 우연적인 반복으로 인해 미리 간파할 수 없는, 즉 비개연적인 상태가 발생할지라도, 그것은 필연적으로 개연적인 상태로 되돌아오고 만다. 마치 동일자의 영겁회귀처럼. 다시 말해 한편으로 우리는 어떤 근본적인 정보를 우리 자신의 인풋 속에 가지고 있으면서도, 다른 한편으로는 필연적으로 우연성을 통해 그러한 정보를 전달하고 소멸할 수 있도록 프로그래밍 되어 있는 장치도 함께 가지고 있다는 말이다. 이렇게 자발적으로 우리가 사진세계의 우주론적 사고를 할 수 있게 만드는 원동력이 바로 앞에서 말한 사진·장치·프로그램·정보라고 하는 네 가지 기본개념들이다. 이 말은 우리 자신들이 사진세계 속에 살면서 사진의 틀을 가지고 사고하기 때문에 사진세계가 우리로 하여금 탈역사적 사고를 하도록 프로그래밍하고 있다는 의미이다.

그러나 이러한 주장은 일종의 '가설Hypothese'[47]이라고 할 수 있다. 그 이유는 지금까지 사진철학을 위해 이러한 방식으로 정식화해놓은 어떤 이론이나 체계도, 그리고 주장도, 심지어 어떠한 검증도 없었기 때문이다. 먼저 가설이란 밑바닥에 깔려 있는 바탕 혹은 기초라는 말이다. 이 말에는 두 가지 의미가 있다. 하나는 위에 나타나 있는 표면이고, 다른 하나는 그 밑에 깔려 있는 바탕이다. 표면과 바탕의 관계라는 의미이다. 표면 위에 나타나 있는 것을 그 밑에 깔려 있는 바탕이 뒷받침해준다는 뜻이다. 달리 표현하면 현사실의 근거를 설명하기 위해 혹은 새로운 사진철학의 주장을 연역해내기 위해 설정하는 가정을 말한다. 그러나 여기에서는 사실이나 주장이 전도되거나 파기될 위험성이 언제나 주어져 있다. 이를 의식하여 플루서는 자신의 《사진철학》이 일종의 가설이기는 해도 무모한 가설이 아님을, 또한 그렇게 도발적이지도 않은, 심지어 이미 알려진 가설 중의 하나임을 기술의 발달사를 간략하게 짚어내면서 정당화한다.

인간이 처음으로 도구를 창안하여 공산품을 생산하고자 했을 때,

인간은 먼저 자기 자신을 제작의 가설적 모델로 삼았다. 그러나 시간이 흐름에 따라 사태가 역전되면서 도구를 인간 자신의 모델로 삼게 되었고, 또한 사회의 모델로 삼게 되었으며, 나아가 세계의 모델로 삼게 되었다. 그 결과 가설적 모델은 대단한 위력을 발휘하게 된다. 단 한 가지 인간 자신이 자기가 생산한 도구로부터 오히려 소외되고 말았다는 사실은 특기할 만하다. 특히 18세기에 들어서면서 인간은 과학기술을 바탕으로 자신의 육체를 모델로 삼아 기계를 발명했지만, 결과적으로는 기계가 인간을 대신하여 인간과 사회, 그리고 세계의 모델로 이용되고 말았다는 것이다. 따라서 기계의 철학 자체가 인간과 과학, 정치와 예술을 모두 포함하는 기계주의에 대한 비판의 역할을 담당해야 했다면, 오늘날에는 그러한 역할을 사진철학이 담당해야 한다고 플루서는 주장한다. 따라서 자신의 사진철학은 인간적이고 과학적이며, 또 정치적이고 미학적인 관점에 입각해서 기능주의에 대한 비판으로 방향을 잡는다. 여기서 우리는 그가 사진철학의 방향을 인간과 과학, 정치와 미학으로 설정하면서도 '인간'을 제일 앞자리에 설정하고 있음을 예의주시할 필요가 있다. 왜냐하면 인간 없이는 어떠한 사진철학도 사실상 불가능할 것이기 때문이다. 그럼에도 불구하고 결과적으로 그에게는 '인간'보다는 사회가, 사회보다는 장치가, 장치보다는 정보가 우선이었다. 인간은 그에게서 사실상 사라지고 없다.

어떻든 이러한 자신의 방향 설정이 그렇게 간단치 않았음을 플루서는 솔직히 고백한다. 따라서 그는 사진을 기계와 같은 '도구'로 취급하지는 않지만 카드놀이나 바둑놀이와 같은 '유희'로는 간주한다. 도구는 객관적 사물로서 기술이나 기계의 대상일 뿐이다. 이에 반해 유희는 도구로부터 유래함에도 그 주체가 바로 사람인 것이다. 만일 사진을 모델로 삼을 경우 하나의 작업도구를 모델로서의 다른 작업도구로 대체하는 것이, 마치 기계의 한 부품을 다른 부품으로 대체하는 것처럼 그렇게 될 수 없다. 오직 유일한 길은 한 유형의 모델을 완전히 다른 새로운 유형의 모델로 대체하는 것뿐이다. 이러한 가설적 모델은 오늘날 인간 현존재의 근본 구조가 어느 시기와도 비교할 수 없을 만큼 급변하고 있다는 사실에 근거한다. 따라서 지금까지 시시비비가 되어온 인간의 소외문제, 특히 마르크스 이후 사회적 소외라는 것이 한갓 고전적인 의미의 소외일 뿐이었다면, 이제는 이와 완전히 다르면서 완전히 새로운 차원의 소외가 대두하게 되었다. 플루서는 이런 현상을 역사적으로 예를 찾아볼 수 없는 일종의 '실존적 혁명eine existentielle Revolution'[48]이라고 말한다. 그렇다면 과연 '실존적 혁명'이란 무엇인가? 사실 어원적으로나 의미적으로 볼 때 실존과 혁명은 동일선상의 개념들이 아니다. 무엇보다 실존에서는 '내'가 우선이고, 혁명에서는 '우리'가 우선이기 때문이다. 전자의 중심에는 인간의 '자유'가 자리 잡고 있고, 후자의 중심에는 사회의 '의식'이 자리 잡고 있다. 그러나 만물이 상호연관성 속에서 동주상구同舟相救하는 법이라면, 급변하는 큰 위기를 모면하기 위해서 인간의 자유는 사필귀정이기도 하다.

이러한 사필귀정의 유일한 방책으로서 플루서는 '자유'를 들었고, 이를 통해서만 비로소 《사진철학》이 파악될 수 있을 것으로 판단했다. 그러나 이의 연관성을 위한 그의 논지전개의 설득력이 어느 정도로 보장받을 수 있을지는 여전히 회의적이다. 물론 그 방향만은 분명히 옳다. 그는 철학에 있어서 자유란 새로운 문제의식이 아님을 전제로 한다. 물론 철학적 사유 자체에서 보면 자유가 실제로 새로운 문제제기는 아니다. 이미 칸트의 실천이성에서도 자유문제는 완벽하게 짚어졌기 때문이다. 그러나 사진철학에 있어서 자유의 문제, 특히 그 자신이 지금까지 펼쳐온 사진, 장치, 프로그램 그리고 정보라는 개념들의 맥락에서 자유라고 하면 이는 결코 새로운 문제제기가 아닐 수 없다. 이에 따른 새로운 사진철학의 논리전개도 반드시 필요하다. 설령 그러한 논리전개가 완벽하지는 않다고 해도, 큰 틀로서 자유가 필요한 것만은 분명한 사실이다.

참으로 그는 큰 틀로서 《사진철학》에 대한 방향설정을 제안한다. 최근의 모든 철학이 자유문제를 다루고 있다 하더라도, 우리는 여전히 1차원의 문자적 글쓰기와 함께하는 2차원의 평면적 사고방식에 따라 역사적 콘텍스트 내에서 개념을 쓰고 또 해독하는 결과에 근거해서 그러한 자유의 문제를 풀고 있다. 이렇게 얻어진 1차원적 텍스트문헌의 개념적 사고는 2차원적 사진에서 얻어낸 상상적 사고보다 오히려 더욱 추상화될 수밖에 없다. 이를 극복하기 위해서 플루서는 사진철학의 문제제기를 먼저 우회적인 물음으로 돌린다. 만일 모든 사건에 원인과 결과가 있다면, 즉 모든 사건에는 어떤 '조건이 지워져' 있다면, 인간의 자유를 위한 공간은 도대체 어디에 있겠는가? 그는 이 물음에 대한 해답이 한 개념으로 환원될 수 있을 것이라고 생각하여 인간의 '부조리성'을 지목한다. 다시 말해 유한성의 존재인 인간이 마치 어떠한 '조건도 지워져 있지 않은 듯', 즉 자유하는 존재인양 어떤 원인이나 결과를 용납하지 않는다면, 새로운 콘텍스트 속에서 자유의 문제는 또 다른 방식으로 제기되어야 한다는 말이다. 새로운 콘텍스트란 결과적으로는 디지털영상이라는 가상세계에서 자유의 문제[49]가 새로 짚어져야 한다는 말이고, 또한 우리가 절대 참으로 인식하고 있는 이 현실세계 역시 참의 현실세계가 아니라, 가상의 세계라는 말이다.

플루서는 이미 《피상성 예찬》에서 '우리는 왜 가상의 세계를 믿지 않는가! 가상의 세계가 기만이고 거짓이라면 이 세상에 기만하지 않는 것이 있단 말인가!'[50]라면서 플라톤을 등에 업고 되물었다. 플라톤에게는 이데아의 세계만이 영원불변하는 하나의 근원적 진리세계였으며, 우리가 살고 있는 이 경험적 현실세계는 이데아를 모방한 가상의 세계일 뿐이었다. 그러므로 이데아의 세계는 우리의 경험세계보다 가치 있는 세계로서 진리의 세계이고, 그 밖에 우리의 모든 현실세계는 가상의 세계일 수밖에 없다. 플라톤은 이미 현실을 가상으로 보았던 것이다. 이렇게 본다면 플라톤이 말했던 현실적 가상의 세계와 오늘날 디지털 시대의 가상이 전혀 서로 다르지 않다는 것이 플루서의 주장이다. 결국 이 말은 우리의 현실세계가 가상의 세계로 드러나고 있다는 것이고, 가상의 세계가 오늘날 우리의 현실세계가 되었다는 것이다. 모니터의 사이버공간이 바로 우리의 현실공간이라는 말이다.

그 결과 과거와는 완전히 다른 방식으로 자유의 문제가 제기되어야 한다. 즉 우연성과 필연성이 맞닿는 하나의 연관성에서 다루어져야 하는 것이다. 모든 것이 우연에서 비롯되고, 모든 것이 필연으로 무화되어버린다면, 도대체 인간의 자유를 위한 공간은 어디에 있는가라는 물음이 가능하게 된다. 이에 대한 해답은 우연과 필연의 부조리한 만남으로 인해 사진철학이 자유의 문제를 정식화하여 제기하는 데서 찾아야만 한다. 결국 그 해답은 인간과 장치, 그리고 프로그래밍이 모두 작용하는 하나의 연관성 속에서 찾을 수 있어야 한다는 것이다. 왜냐하면 그러한 물음의 주체가 인간이고, 그 해법의 공간은 장치이며, 그 장치의 내용이 프로그래밍이기 때문이다. 여기에서 우리는 로봇과 같은 자동기계가 인간의 노동을 대신하게 됨으로써 오늘날 사회의 구성원 대다수가 어떻게 디지털공간에서 허황한 상징과의 유희를 하게 되는지를, 또한 물적 세계에 대한 실존적 관심이 어떻게 상징의 세계로 향하게 되는지를, 그리고 사물의 가치가 어떻게 정보로 전이되는지를 관찰할 수 있게 된다. 한마디로 '산다는 것' 자체가 이제 장치의 한 종복이 되었다면, 이 모든 것이 어떻게 부조리하게 되었는지를 우리는 위에서 말한 그러한 연관성에서 쉽게 찾아볼 수 있다. 그럼에도 불구하고 인간의 자유를 위한 공간이 있다고 말할 수 있겠는가라는 반문이 여전히 생긴다.

플루서는 이러한 물음에 대한 해답으로 사람을 지목하면서, 그러한 사람들이 바로 사진가들이라고 했다. 비록 그는 '부분적'이라는 조건을 달기는 했지만, 이들을 '장치적 미래의 인간'(105쪽)이라고 치켜세웠다. 어떤 의미에서 과연 사진가들이 '장치적 미래의 인간'일까? 이를 통해서 그는 무엇을 말하려는 것일까? 왜 사진가들이 사진철학의 과제를 짊어져야 하는가? 이러한 물음들은 한없이 이어질 수 있다. 그럼에도 불구하고 한 가지 분명한 것은 이 모든 물음들이 결국에는 사진가들에게로 돌아간다는 사실이다. 이들은 어떻게 보면 부조리한 사람들이다. 왜냐하면 오직 이들만이 어떻게 해서, 아니 왜 사진세계의 그 모든 것이 부조리하게 되었는지를 알고 있기 때문이다. 이들 사진가들의 몸동작은 사진기에 마련되어 있는 프로그래밍에 따라서 움직이고, 이들 자신은 실물이 아닌 상징과 유희하며, 디지털공간에서 활동함으로써 정보를 가지기는 한다. 그러나 이들은 가치와는 무관한 것을 생산해낸다. 여기서 우리가 주시해야 할 내적 연관성은 이들 사진가들이 자신들의 활동성을 가장 부조리한 활동으로 간주하면서도 자유롭게 행동한다고 믿는다는 사실이다. 이에 이들 사진가들에게 플루서는 사진철학의 과제를 부여하여 자유가 무엇인지를 되짚게 하고, 또 그러한 자유를 추구하는 사진가들의 실천적 행동이 무엇인가를 스스로 조명케 한다.

실제로 인과의 법칙 속에, 혹은 우연과 필연의 관계 속에 인간의 자유를 위한 공간이 있기는 한 것인가? 있다면, 인간의 자유를 위한 공간은 어디에 있는가? 이런 물음에 답하기 위해 그는 다음과 같이 말한다. 첫째로 장치의 특성은 무뚝뚝함이고, 둘째로 장치의 프로그램 속에는 장치가 파악할 수 없는 인간적 의도가 들어 있으며, 셋째로 장치는 미리 알 수도 없고 간파할 수도 없는 비개연적인 것, 나아가서는 정보적인 것까지 생산하도록 강제할 수 있고, 넷째로 장치와 그 장치의 결과 여하를 떠나서 사물의 관심에 대한 정보는 주의력을 흐려놓을 수 있다. 다시 말해 첫째는 장치의 특성, 둘째는 장치의 프로그램, 셋째는 장치의 정보, 넷째는 장치에 대항하는 유희로서의 '자유'를 의미한다. 그에게 이러한 자유는 인간의 의도 속에 내재하는 우연과 필연의 관계에서 나온 개념이다. 단순한 개념이라기보다는 일종의 인간의 의지이고 전략이다. 그렇다고 그러한 자유가 인간의 전략일 수만도 없는 것은 우연성과 필연성의 연관성 때문이다.

자크 모노J. Monod는 이미 《우연과 필연》[51]에서 양자역학의 확률론적 해석을 생명의 세계로까지 확대했다. 그는 생물의 진화에 있어서 유전자의 돌연변이는 물론이고 사회나 국가가 의사 결정을 내리는 확률 역시 우연이라고 보았다. 사실 '불확정성의 원리'를 들고 나온 하이젠베르크W. Heisenberg도 이 세상의 모든 것을 '우연'의 결과로 해석했다. 심지어 자연과 인류 사회에서 통용되는 모든 합리적인 현상들이나 이성적인 판단까지도 사실은 우연성에서 벗어나 있지 않다는 주장이다.

다만 우리의 자의적 해석에서만 필연일 뿐이라는 것이다. 모노처럼 인과론 자체가 우연의 산물에 지나지 않는다고 하면, 더 이상 논란의 여지가 없다. 더구나 현대과학에서 우연의 역할이 더욱 부각되면서 지금까지 양자론의 확률론적 해석수준을 넘어서고 있기 때문에 우연은 더 큰 힘을 얻는다. 따라서 우리가 살고 있는 이 우주의 세계가 근본적으로 비선형非線型이고, 비평형非平衡이라는 주장은 대단한 설득력을 갖게 된다. 그렇다고 우리의 현실적 사고에서나 사회에서 합목적적 법칙의 근거인 필연성이 존재하지 않는다고 단언하기는 어렵다. 플루서 역시 넓게는 존재의 필연성을, 좁게는 장치의 필연적 역할을 맹목적으로 포기할 수만은 없었을 것이다.

　　이런 점에서 플루서는 사진가의 입장에서 과거와 현재를 되짚어 볼 필요가 있었다. 사진가들은 비록 그들 자신이 비전통적인 수단을 가지고 사진을 찍는다 하더라도, 지금까지 전통적 사진을 찍어왔다. 그러한 사진 찍기를 통해서 사진가들은 장르와는 관계없이 예술작품의 생산에 몰두하거나, 아니면 학문에 기여하거나 혹은 정치적 앙가주망에 참여했다. 더구나 사진이 새롭게 발명되었음에도 불구하고 현실적으로 어떠한 새로운 변화도 이루어내지 못했다. 소위 사진 발명의 순기능뿐이었지, 일종의 새로운 발상의 역기능은 전혀 없었다. 비록 사진가 자신들만의 현실적 생활은 탈역사적이었다고 해도, 사진가의 의식이 탈산업사회의 혁명을 불러일으키지는 못했다. 이러한 논지 속에는 탈산업사회를 위한 플루서의 혁명의식이 그대로 흐르고 있다. 그는 하나의 '예외'라는 전제 아래, 특히 '실험적 사진가들'이라는 이름 아래 자신을 대신하여 3인칭 복수개념으로 다시 한 번 자신의 사진철학의 근본명제를 제시한다. 그것은 바로 사진과 장치와 프로그램, 그리고 정보이다.

위의 네 가지 근본명제를 의식하고 있는 전위의 사진가들은 아직 알려져 있지 않은 정보를 생산하는 데만 집중한다. 정보를 생산하기 위해서 그들은 장치로부터 어떤 것을 생산해서 그 장치의 프로그램에 들어 있지 않은 것을 사진으로 나타내려고 애를 쓰지 않을 수 없다. 그럼에도 불구하고 그들은 장치의 단순한 조작에 반해서 자신들이 유희하고 있음을 알고 있다. 이는 이율배반적이면서 역설적이다. 그러나 그들 자신들은 그러한 역설적 정보의 실질적 파급효과를 알지는 못한다. 그곳이 바로 자유가 들어설 수 있는 최소한의 공간인데도 불구하고 그렇다. 그래서 플루서는 우회적으로나마 그들 자신이 곧 장치라는 콘텍스트 속에서 자유에 대한 해답을 제시하는 존재라는 사실을 모르고 있다(107쪽)고 지적한다. 여기에서도 함께 짚어야 할 두 가지가 있다. 그 첫째가 사진철학에서 자유가 무엇인가를 묻는 장본인이 바로 자유하고 있다는 사실이고, 그 둘째는 의인화시킨 제3인칭 복수개념이 바로 플루서 자기 자신이라는 사실이다. 그는 장치에서의 자유를, 더욱이 사진철학에서 자유개념의 내용을 외적 공간에서 찾지 않고, 내적 공간, 즉 자기 자신에게서 찾고 있는 것이다.

이러한 연관성에서 플루서는 '왜 사진철학이 필요한가'라는 정당성을 엄격한 철학적 논거나 논리에서 찾지 않고, 현대사회의 사이버네틱한 디지털미디어에서 찾았다. 그러면서도 그는 사진의 현실적 실천성을 인간의식의 영역으로까지 승화시키는 데는 반드시 '사진철학'이 필요하다고 판단했다. 따라서 사진영상을 인간의 의식으로 승화시키는 근본적인 제1의 매개개념이 그에게는 자유였다. 극단적으로 사진과 장치, 인간과 자유, 이 양자에서는 아무리 사진철학이라고 해도 그것이 철학이기 위해서는 사진보다 사람이 우선이어야 하고, 또 사진의 기본이 장치라 해도 장치보다는 자유가 우선이어야 한다. 이처럼 탈산업사회적 콘텍스트 일반과 연계되어 있는 자유에 대한 모델은 사진의 현실적 실천성에서도 다분히 나타난다. 그렇다면 단적으로 사진철학이 해명해야 할 주제는 무엇이고, 그 역할과 한계는 무엇이며, 더 나아가 그 궁극적 목표가 무엇인지를 되묻지 않을 수 없다.

미디어철학자인 플루서에게 '사진의 철학'과 '인간의 자유'라는 양 명제는 어느 것 하나도 놓칠 수 없는 두 기둥이었다. 설령 그가 자신의 사진철학을 위한 이론적 완성도를 높이기 위해 때로 변증논리를 전용했다 하더라도, '사진의 철학'과 '인간의 자유'문제를 함께 해결하기 위해서는 변증논리에만 집착할 수는 없었다. 왜냐하면 첫째로 변증논리라는 것은 그 자체가 완성이나 존재를 지목하지 않고, 운동과 생성만을 지목하는 고공행진의 논리이기 때문이고, 둘째로 비록 그 양자를 모두 수용한다 치더라도, 더욱이 부정적인 의미에서는 전자도 후자도 아닌, 그래서 제3자일 뿐이며, 그 제3자 역시 사진의 현실적 실천성에서 보면 아무것도 손에 잡히지 않는 무형무명으로만 남겨지기 때문이다. 따라서 그는 미디어철학자답게 프로그래밍되면서도 또한 프로그래밍하는, 그래서 자동적인 장치의 영역에서 인간의 자유가 사실상 어디에도 설 자리가 없다는 사실을 솔직히 인정하지 않을 수 없었다. 그럼에도 불구하고 이를 포기하지 않고 그는 궁극적으로 인간의 자유를 위해서 장치가 어떤 여지를 남길 수 있다는 사실을 보여주어야 한다는 당위성의 주장을 여전히 펼치게 된다.

장치가 기능하고 지배하는 세계 속에서 사진철학은 이와 같은 자유의 가능성은 물론이고 그 의미부여의 가능성까지 메타적으로 사유해야 하는 중대한 임무를 맡게 된다. 이는 곧 디지털시대에서 사진철학이

하나의 인간철학이 되기 위해서이다. 이처럼 사진철학이 인간의 철학이 되어야 한다면 사진철학은 사진에 대한 인간의 사유와 자유, 그리고 인간 삶의 연관성에서 장치 자체와 사진가 자신의 관계를 부각시켜야 한다. 특히 그러한 관계에 대한 의미와 의미 부여를 중요하게 부각시키지 않을 수 없다. 장치가 지배하는 가운데서도 이러한 사진철학의 인간화 작업은 인간의 삶과 죽음이라는 우연과 필연의 의미연관성을 찾을 수 있는 가능성을 메타적으로 숙고해야 하는 '철학함'에서 이루어져야만 한다. 왜냐하면 이의 해결은 오늘날에도 여전히 그 본성상 철학 이외의 다른 어떤 학문도 담당할 수 없기 때문이다. 따라서 오직 철학의 길만이 유일하게 장치를 위한 열린 길임을 플루서는 주장한다. 그럼에도 불구하고 여기에서도 여전히 그에게는 인간 자체보다는 장치와 정보가, 그래서 미디어의 텔레마틱한 사회가 우선이었다. 다만 이에 따른 사진철학의 필연성으로서 인간과 자유의 문제가 그에게는 이념적으로 필요했을 뿐이다.

IV

《사진의 철학》을 가능케 한 철학들

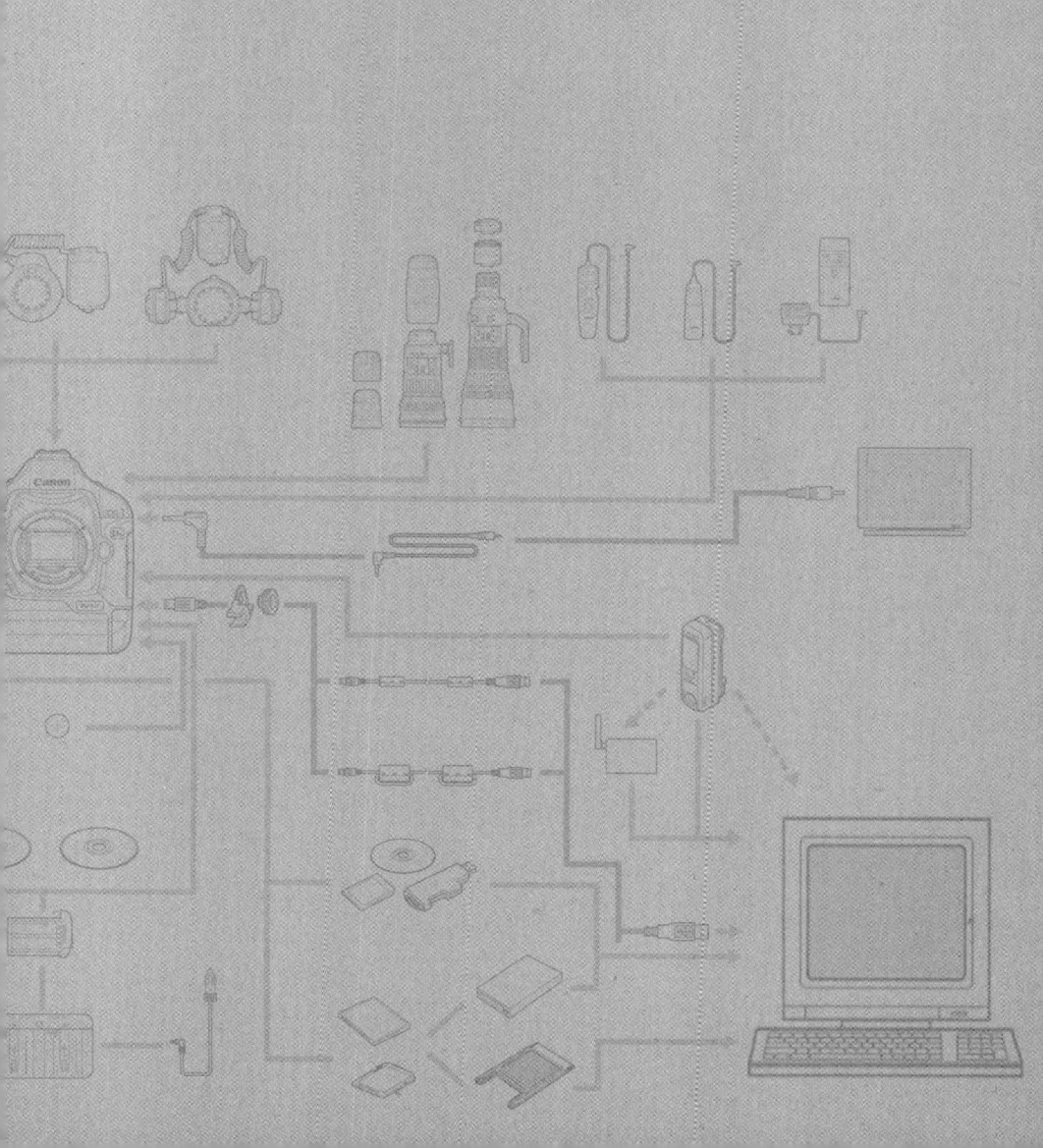

*Für eine Philosophie der Fotografie*가 1983년 괴팅겐 소재의 유로피언 포토그래피 European Photography 출판사에서 독일어로 처음 출간된 이후, 이 책에 대한 다양한 평가와 함께 수많은 논평들이 지금까지도 이어지고 있다. 그러나 우리나라에서는 16년 후인 1999년에서야 《사진의 철학을 위하여》라는 제목으로 번역서가 첫선을 보였고, 다시 10여 년의 세월이 흘렀지만 사진계는 물론이고, 철학계에서도 이 책을 소개하거나 그 가치를 평가하는 구체적인 결과물이 거의 없는 실정이다.

왜 그럴까? 먼저 우리나라 사진계는 전시회에 치중하거나 아니면 전문 사진가들의 현장 활동을 기록하여 그 의미를 해석하는 일에만 몰두해왔다. 그러다보니 사진의 이론적 체계나 사진철학을 위한 논리적 근거를 마련하는 일에는 소홀할 수밖에 없었다. 그렇다고 철학계가 사진을 철학의 주제로 삼아 그런 작업을 수행할 수는 없는 노릇이었다. 무엇보다 사진철학이라는 것이 철학의 한 특수 분야라고는 할 수 있어도 순수논리학, 혹은 인식론, 그도 아니면 존재론이나 형이상학처럼 학문적 보편성을 추구하는 철학의 본래 영역 어디에도 직접적으로 연관되지는 않기 때문이다. 물론 철학의 특수 영역으로 사회철학이나 역사철학 혹은 예술철학, 심지어 심리철학 등의 분야가 있기는 하지만, 사진철학만은 그 이론적 체계나 근거가 부족하여 아직 그런 위상에 이르지 못했다. 따라서 아직까지는 어느 철학자도 사진철학만을 전문적으로 연구하여 하나의 이론으로 정립시키지는 못하고 있는 실정이다.

그나마 다행인 것은 근래 들어 현대사진포럼이나 사진연구회 등을 중심으로 여러 필진들이 다양한 논의를 개진하면서 우리나라 사진철학의 전망이 차츰 밝아지고 있다는 점이다. 특히 2011년에는 진동선이 《사진철학의 풍경들》(문예중앙)이라는 훌륭한 저서를 출간했다. 물론 사진철학의 논리적 근거나 방향을 심도 깊게 다루지는 못했지만, 독자들로 하여금 많은 것을 생각하게 만드는 내용을 집약적으로 실었다. 특히 수려하고 간결한 문장은 읽는 재미를 더한다.

　　그는 이 책에서 사진과 철학이 만나는 접점에 서서, 사람의 눈과 마음이라는 감각적 풍경에서부터 사람의 삶과 죽음이라는 정신적 풍경에 이르기까지 다섯 풍경을 하나의 논리로 명시했다. 그 다섯 가지는 바로 인식의 풍경, 사유의 풍경, 표현의 풍경, 감상의 풍경, 마음의 풍경이다. 그렇다고 진동선이 이 다섯 가지 사진철학의 풍경들로 사진철학의 근거나 논리적 정당성을 마련하려 했던 것은 아닌 듯하다. 그는 사진의 철학이 무엇이고, 사진으로 철학한다는 것이 어떤 정신에서 이루어지는 것인가를 제시하고자 했을 뿐이다. 일종의 방법론을 다룬 것이라 하겠다. 그렇다고 이 말을 넓게 해석하여 그가 사진철학을 위한 '새로운 철학적 방법론'을 제시했다는 뜻으로 읽으면 곤란하다. 다만 그가 철학적 사유의 명제를 공시적으로 사진과 사진이론에 접목시켜 사진철학의 정신을 일깨우고자했다는 점은 분명해 보인다.

인터넷에서의 활발한 논의들

사진계나 철학계와 달리 많은 인터넷 카페와 블로그에서는 플루서의 《사진의 철학》에 대한 논의를 활발하게 진행하고 있다. 물론 글이나 강좌의 내용이 단편적이고 많이 중복되는 경향을 보이긴 하지만, 가끔 상당히 설득력 있는 해석을 만나기도 한다. 포털사이트 다음의 인터넷 카페인 Ecole Camondo(http://cafe.daum.net/camondo)에서는 소박하지만 《사진의 철학》이라는 책을 먼저 소개한 후, 간략한 소감을 쓰고, 그 다음에 목차까지 상세히 밝히고 있다. 책의 목차야 언급할 필요가 없으니, 여기서는 책 소개와 소감 부분만 잠시 짚어보자.

먼저 글을 쓴 이성호는 《사진의 철학》을 소개하면서 "가장 영향력 있는 책"이라고 평가한다. 또 저자가 20세기 말의 문화적 위기를 성찰하면서, 그 대안으로 사진과 연관된 현상들을 제시했다는 점도 강조한다. 특히 사진기와 작동원리, 사진의 생산과 배포, 사진가와 사진기의 관계 등을 장치와 인간의 관계로 해석하면서 탈산업사회에서 인간의 자유가 무엇인가를 제기하고 있음을 부각시킨다. 이런 물음은 인간과 장치의 관계를 사진의 철학으로 해석해내는 것으로, 이를 바탕으로 현대문화의 위기와 처방까지 제시한다는 사실을 밝힌다. 이어지는 소감에서는 "온갖 문구가 난무해 읽기 어렵지만 분명 잘된 책"이라고 말한다. 또한 저자가 사진술을 기술적 영상으로 파악하고 있으며, 사진 찍기에 의미를 부여하고 있다고 특별히 강조한다. 사진은 단순히 기계의 순간적인 작동이 아니라, 한 순간만이 포착할 수 있는 인간사의 한 부분이 담겨 있다고 말한다. 또 사진가만이 담을 수 있는 감정과 그 사진만이 줄 수 있는 의미가 있다는 것이다. 그렇기 때문에 《사진의 철학》은 분명 읽을 만한 가치가 충분하지만, 이 책을 통해 사진 찍기의 욕구나 사진의 의미, 더구나 사진의 철학을 얻는 데는 실패했다고 직설적으로 표현한다. 이 책은 철저히 이론적이며, 단 한 장의 사진도 나오지 않는 참 재밌는 사진 책이라는 말로 끝을 맺는다. 그 말은 맞고, 적절하다. 그래서 '사진 없는 사진 책'이라는 표현이 더욱 눈길을 끈다.

사진 없는 사진 책이 어떻게 사진의 철학을 얘기할 수 있을까? 예를 들어 '자연'이라는 개념은 실재하는 자연을 그대로 표상한 것이 아니라, 실재하는 자연을 추상화시켰다는 사실을 우리는 직시해야 한다. 그래야 비로소 자연과 자연의 환경에 대해 깊은 이해를 할 수 있게 된다. 따라서 개념을 사물현상에 대한 단순한 격식이나 이름으로 이해할 것이 아니라, 실재적 내용을 축적하면서 전화轉化하는 지적 현사실로 이해해야만 한다. 우리는 이에 대한 전형을 헤겔철학의 논리학에서 찾을 수 있다. 그는 정반합의 변증논리로 존재론과 본질론을 정반으로 설정하고, 그 합으로 '개념론'을 들었다. 그에게 개념은 생이고 인식이며, 절대적 이념이기도 했다. 이러한 개념을 살아있는 현실적 내용으로 탈바꿈시키는 논리가 변증법이고, 이 변증법을 그는 "개념의 유동적 원리"[1]라고 했다. 더욱 어렵게는《정신현상학》서언에서 "명제 자체의 운동"이라고도 했다. 이런 관점에서 보면 사진 없는 사진 책은 얼마든지 가능하고, 일면 뛰어난 전략이라 하겠다.

또 다른 인터넷 카페 현대사진포럼(http://cafe.daum.net/mpo)에 게재된 "사진과 철학: 사진의 철학을 위하여"라는 글은 내용이 풍부하고 논의가 더욱 치밀하다. 특히 논점 1, 2, 3, 4라 하여《사진의 철학》에 담긴 내용을 구체적으로 서술한다. 먼저 플루서의 삶을 간략히 소개한 후, 이 책의 목차를 짚으면서 인류문화에 대한 플루서의 구상을 간단하게 적는다. 이어 사진과 연관된 것들로 자동카메라의 프로그래밍과 작동원리, 사진의 생산과 소비과정, 사진가와 카메라의 관계, 기계장치와 사용자의 관계 등을 짚고, 이를 넘어선 정보사회와 인간의 자유문제는 개념적 술어로만 소개한다. 이어《사진의 철학》의 핵심 개념인 그림, 장치, 프로그램, 유희를 언급하면서 사진술을 기술적 영상으로 파악한 최초의 인물이 플루서라는 사실을 더욱 부각시킨다. 여기서 영상은 장치와 인간을 노동의 관계가 아닌 유희의 관계로 보게 만든다. 그런 유희에 참여하는 사람은 사진기의 기술과 자동화, 그리고 프로그램을 선택한 후, 콤비네이션을 하기 위해 장치를 먼저 이해하고 실행해야 하는 사람이다. 특히 사진 찍기는 사람이 아닌 장치에 달려 있고, 그 장치 속의 프로그램에 달려 있다. 이를 통해 새로운 세계에 대한 영상의 창조적 가능성과 인간의 시지각적 능력이 갖는 가능성을 밝혀낸다. 나아가 예술과 사회문화현상에 대한 정보를 얻어내는 것이라고 요약한다. 이런 내용 요약에는 약간의 어려움이 뒤따른다. 그 어려움은 먼저 "기계적 그림"(영상) 등, 여러 번역어의 낯선 표현에서 오는 것이고, 다음으로 내용을 축약하면서 발생하는 한계 때문으로 여겨진다. 후자의 문제는 몇 가지의 논점들을 명확하게 짚으면 일정 부분 해소되리라 생각한다.

논점1은 "기술적 영상이란 무엇인가?"라는 물음에서 시작한다. 영상의 개념 속에는 이미 기술의 내용이 전제되어 있으므로 우리는 '기술적 영상'이라는 말을 사용하면서 '영상'이라고만 불렀다. 영상이 '장치를 이용하여 만들어진 그림'이라고 할 때, 이러한 그림은 사진을 말하고, 사진은 기계가 만들어낸 세계의 그림이다. 이는 사진이 세계를 알려주는 암호와 같은 개념임을 의미한다. 논점2는 "장치로서의 카메라는 어떤 개념인가?"라는 물음이다. 사진은 사진기의 기계적인 장치를 통해 이루어지기 때문에 장치를 테크놀로지화된 문화의 중요한 산물로 간주한다. 그래서 필연적으로 세계를 향한 지식과 정보가 그 장치 속에 내포될 수밖에 없다. 논점3에서는 "사진의 프로그래밍은 어떤 매체미학인가?"라는 물음을 던진다. 사진기는 작업도구가 아니라 유희도구이다. 따라서 사진가는 노동자가 아니라 유희인이 되어 자신이 원하는 세상을 바라기도 하고, 찍기도 하며, 또한 역으로 장치가 사진가의 작동을 프로그램으로 만들기도 한다. 결과적으로 정보사회 혹은 탈산업적 제국주의의 모습이 드러나게 된다. 마지막으로 논점4에서는 "사진술은 무엇을 위한 기술인가?"를 묻는다. 사진술이란 엄밀하게는 장치의 의도이고, 동시에 프로그램의 의도이며, 또한 세계의 의도이다. 이러한 사진술을 다시 간략하게 인식적 코드, 기계적 코드, 피드백 커뮤니케이션코드, 존재론적 코드로 요약하면서 왜 사진에 철학이 필요한가를 밝히고 있다. 그러나 이에 대한 해답은 없다. 없을 수밖에 없다. 왜냐하면 플루서는 자신의 디지털영상이론으로 사진철학을 위한 어떠한 해석학적 근거도 마련할 수 없었기 때문이다. 따라서 그의 미디어사회철학 어디에서도 우리는 그 해답을 직접 찾을 수 없을 것이다.

전통철학과 플루서

우리는 플루서를 이해하기 위해 첫째로 사진철학의 발단명제로서 그림과 영상을, 둘째로 사진철학을 위한 도구적 장치로서 사진기와 작동과 사진술을, 셋째로 사진철학을 위한 사진의 담론적 정보로서 사진의 배포와 수용과 정보를, 넷째로 사진철학의 필연성으로서 인간과 자유라는 부분을 철저하게 그의 텍스트해석에 입각해서 접근했다. 우리에게 중요한 것은 사진, 장치, 프로그램, 정보 등 여기서 언급된 모든 내용을 하나로 묶어줄 수 있는 플루서 사진철학의 근거와 체계가 어떤 구성이고, 왜 재해석해야 하는가를 짚어내는 일이다.

이를 위해 우리는 먼저 플루서가 《사진의 철학》에서 고대철학자인 데모크리토스, 아리스토텔레스, 플라톤을 비롯해 쿠자누스, 데카르트, 칸트, 니체, 마르크스, 카시러, 후설, 야스퍼스, 하이데거, 부버, 아도르노 등 근현대철학자들에 이르기까지 수많은 철학자들을 언급한다는 사실을 눈여겨볼 필요가 있다. 그렇다고 플루서가 이들 철학자를 거론하며 인용한다는 사실 자체가 중요한 것은 아니다. 무엇보다 중요한 점은 각기 다른 철학적 내용과 개념을 자신의 디지털 사진철학이론에서 하나로 융해시켰고, 나아가 새로운 차원에서 독자적인 방식과 내용으로 재구성했다는 사실이다.

먼저 플루서는 플라톤의 '동굴의 우상'을 언급하며 디지털영상시대에서는 가상과 현실의 패러다임이 바뀐다고 설명한다. 오늘날 가상은 단순한 가상이 아니라 바로 현실이고, 사이버공간 자체가 곧 우리의 현실세계이다. 오히려 우리의 현실세계가 가상의 세계로 현실화되고 있는 것이다. 익히 알려진 대로 플라톤은 우리의 현실을 가상으로 보면서, 이데아의 세계를 참된 현실로 보았다. 이 관점에 따르면 전통적 예술작품의 아우라 역시 사라져가는 것이 디지털영상시대에는 당연한 결과라 할 수 있다.

데카르트와 플루서

플루서에게는 데카르트 역시 유의미한 철학자였다. 그 이유가 "나는 생각한다. 그러므로 나는 존재한다"라는 인식론적 명제 때문은 아니었다. 데카르트가 새로운 해석의 가능성을 열어놓은 실체 개념을 마련해 주었기 때문에 이 시대에 되살아날 수 있었던 것이다. 여기서 말하는 '실체Substanz'[2]란 그 자체 내에 있고, 또 그 자체에 의해 사유되는 것, 즉 개념을 형성하는 데 다른 어떤 개념도 필요로 하지 않는 존재를 뜻한다. 신은 무한실체이기 때문에 유한실체보다 더 완전한 객관적 실재성, 즉 완전한 내용을 갖는다. 그러므로 신은 완전한 실체이고, 따라서 개념뿐 아니라 현실로도 실재하는 자이다. 데카르트는 이러한 실체를 무한실체로서의 신, 그리고 그 속의 유한실체인 정신과 육체로 구분한다. 다시 말해 무한실체, 사유실체, 연장실체 등 모두 세 가지 실체로 나눈 것이다.

플루서는 이와 관련하여 연장실체인 육체 혹은 물체 내지 사물과 연관해서 영상의 문제를 짚어낸다. 동굴벽화의 주술적 시대가 문자의 등장으로 인해 소멸해가면서 소위 철학적 사유로 불리는 이성적 합리성이 자연의 비밀을 밝혀낸다. 이런 첨단 역할을 수학이 담당했고, 마침내 자연의 세계를 미적분으로 수학화하는 데 성공했다. 그 이유는 미적분이 수의 불연속성을 연속성으로 바꾸어놓을 수 있었기 때문이다. 라이프니츠와 뉴턴 역시 여기에 한몫을 담당했다. 이처럼 세계는 모든 것이 연속성에서 이루어지지만, 그런 연속성을 용납하지 않고 오직 분절만을 고집한 것이 또한 수학이었다. 인체의 뼈대가 206개라고 해서 사람을 곧 206개의 뼈대라고만은 할 수 없다. 하지만 0차원의 디지털 영상에서는 하나하나의 점, 하나하나의 화소들이 모여 하나의 전체 상像을 이룬다. 이러한 연속성과 비연속성의 모순을 극복하는 것은 자연을 수학화한다는 의미에서 가능했다. 자연의 수학화는 컴퓨터의 등장으로 인해 세계를 다시 한 번 단순히 소여掃如하는 것이 아니라, 새로운 화소들의 생산가능성으로 바꾸어놓았다.

이러한 수학의 새로운 강점을 플루서는 놓치지 않았다. 그는 1차원적 선형의 역사적 사고방식과 인과적 사고방식이 빚어내는 보수와 진보라는 이데올로기적 편 가르기의 문자적 코드와는 다른 수학적 코드의 새로운 모형으로 구조화했다. 실제로 데카르트의 사유실체는 의식과 대상에 명석 판명한 개념으로 구성되었기 때문에 이 개념이 연장실체에서는 하나의 점, 즉 디지털의 한 화소Pixel에 해당될 수 있었다. 그러나 사유실체와 연장실체의 구조가 태생적으로 일치할 수 없다는 사실 때문에 분석적 기하학에서는 성공하지 못했다. 그럼에도 불구하고 이러한 데카르트적 사유실체가 플루서의 장치시뮬레이션에서는 0차원의 실체인 점으로 성공할 수 있었다. 왜냐하면 장치는 프로그램의 명석 판명한 구성요소 덕분에 사진을 완성시킬 수 있기 때문이다. 다시 말해 사진에는 프로그래밍되어 있는 구성요소의 어떤 특정한 콤비네이션이 자리 잡고 있다는 것이다. 이것은 사진과 프로그램 사이의 조화로운 관계를 의미한다. 즉 개개 프로그램의 한 점은 한 사진에 대응하고, 한 사진은 개개 프로그램의 한 점에 대응하는 관계를 말한다.

그렇다고 프로그램이 곧 사진을 의미하는 것은 아니다. 다만 그것은 프로그램을 구성하는 요소인 개념을 의미하고, 따라서 그것이 궁극적으로 사진 그 자체와 일치하게 됨을 의미할 뿐이다. 왜냐하면 그것은 모든 것을 다 알고 있는 장치이기 때문이고, 그 장치는 이미 프로그래밍되어 있는 사진세계에서 모든 것을 행할 수 있는 능력자이기 때문이다. 이에 따라 사진세계는 물론이고 현실세계가 대상들의 총체가 아니라, 미립자들의 확률적 배열이라고 한다면, 밀도가 높은 것은 현실이 되고, 낮은 것은 가상이 된다. 따라서 현실과 가상, 참과 거짓의 경계 역시 질적 차이가 아니라, 양적 차이에서 비롯된다. 여기서 현실의 가상적 성격을 플루서는 가상의 현실성이라 할 수 있었고, 또한 그는 사진과 영상도 점멸하는 점들인 화소$_{Pixel}$가 만들어낸 가상이었음을 데카르트의 모델에서 찾아낸 것이다.

니체와 플루서

또 다른 철학자로는 니체를 거론할 수 있는데, 그는 플루서가 사진철학을 구상하게 만든 특별한 촉매자였다. 플루서에게 데카르트가 연장실체의 개념으로 사진의 '공간'을 '평면'의 2차원적 공간에서 '표면'의

'디지털' 공간으로 전환토록 했다면, 니체는 삶의 개념으로 사진의 '시간'을 구성요소에서 삶의 연관성 관계로 바꾸게 했다. 이러한 삶의 연관성 관계인 시간이란 삶 속에서 사진의 표면을 스캐닝하면서 사진의 구성요소를 다시 볼 수 있는 시간을 의미하고, 또한 그 이전에 밝혀지지 않은 사진의 구성요소를 삶 속에서 다시 발견할 수 있는 시간을 뜻한다. 삶은 운동과 생성을 말한다. 그러나 그 자체로는 한 순간도 쉬지 않고 흐르는 시간을 전제로 한다. 시간만이 존재와 생성을 재구성할 수 있고, 과거와 미래를 바꾸어놓을 수 있다. 정지로서의 존재는 거짓일 수 있으나, 운동으로서의 생성은 본성상 거짓일 수 없다. 왜냐하면 생성은 수단일 수 없고, 그 자체로 목적이고, 곧 자기 목적이기 때문이다.

따라서 존재에서는 참과 거짓, 옳고 그름이 판가름의 기점이 되지만, 생성에서는 매 순간의 정당성만이 판가름의 기점이 된다. 생성이란 그 자체로 이루어지는 것이기 때문에 생성은 어떠한 실체도, 어떠한 목적도, 심지어 그러한 목적을 정당화하는 근거까지도 모두 부정한다. 생성은 오직 그 자체를 목적으로 용납하고, 매 순간을 그 자체와 동일한 가치로 되가진다. 이러한 생성의 시간인 매 순간은 무결하기에 니체는 이를 "생성의 결백성"이라고 했다. 생성의 결백성이란 목적을 달성하기 위한 모든 수단이 배제된, 소박하게는 사심 없는 목적 그 자체, 다시 말해 자체 목적이라 할 수 있다. 생성의 결백성이 이루는 시간은 "동일자의 영겁회귀"이기에 과거에도, 현재에도, 그리고 미래에도 일차원적 선형으로 이어지지는 않는다. 이 모두는 하나의 시간이라는 동일선상에서 이루어진다. 여기서 '이 모두'는 과거 현재 미래로 각기 다르게 표현되지만, 0차원의 디지털영상에서는 결국 하나의 픽셀pixel로 수렴한다. 그렇다면 이것이 그 자체로는 무슨 의미를 갖는단 말인가? 이 물음에 답하기 위해 플루서는 니체에게만 집착할 수는 없었다. 왜냐하면 그에게는 사진의 의미체를 마련하는 것이 무엇보다 중요했기 때문이다.

베르그송과 플루서

이렇게 되면 우리는 이 시점에서 시간 자체보다 체험된 삶의 시간을 되돌아볼 필요가 생긴다. 베르그송 Henri Bergson(1859~1941)은 체험된 삶의 시간을 '지속 durée'이라는 개념으로 표현했다. 음악을 감상할 때 우리는 내면세계로 침잠하게 되고, 이때 가장 순수하게 지속을 체험하게 된다. 음정 하나하나가 분석되지 않고, 시간의 분과 초 역시 구분되지 않으며, 모든 공간도 사라지고 만다. 한 멜로디는 다른 멜로디로 흘러 들어가고, 운동은 지속적인 흐름 속에서 이어진다. 지속이란 한편으로는 모든 삶의 원리로서 사념思念된 것이고, 정신적 자기 삶의 경험으로 축적된 것이다. 그러면서도 지속은 다른 한편으로는 시간에 얽매이거나 구속된 개념이 아니다. 오직 구조연관성의 형상으로서 어떠한 양적인 수단을 가지고서는 인식할 수 없는 것이다. 즉 일자에서 타자로 흘러가는, 다시 말해 어느 한순간에서 다른 한순간으로 흘러가는 이행함의 개념이다. 그러므로 지속은 더 이상 분석될 수 없는 통일의 현실태로만 남는다.

플루서에겐 이러한 지속이 삶을 위한 바람직한 체험의 시간이었기에, 지속의 뒤에는 아무것도 없다는 베르그송의 주장을 더 이상은 따를 수 없게 되었다. 왜냐하면 삶의 지속적인 시간을 통해 그는 영상의 구성요소들 사이에서 형성되는 의미의 연관성을 찾아내야 했기 때문이다. 이런 의미연관성에서는 어떤 영상도 특정한 구성요소로 환원될 수 있고, 그 결과 영상의 요소들 사이에서 생산되는 영상의 의미체를 그 자신이 획득할 수 있게 된다. 이런 논리적 과정을 거쳐 플루서는 영상 속에 존재하는 시공간을 마술의 세계로 조명할 수 있었다. 무엇보다 그에게 0차원의 영상은 모니터 위의 화소들이 제각기 자신의 역할을 하면서도 그 이상의 의미연관성을 드러내주는 표면세계이기 때문에 영상의 의미는 마술적으로 받아들여질 수 있었다.

후설, 사르트르와 플루서

플루서는 이에 그치지 않고 영상을 인간과 세계 사이의 매개물로 보고, 인간만이 자신의 존재자를 탈존하여 존재를 되찾을 수 있다고 한 현상학적이고 실존주의적인 후설과 사르트르, 그리고 하이데거를 자신의 길잡이로 삼고자 했다. 특히 후설의 현상학이 주관과 객관의 지향성 관계를 현상학적으로 규정하고 있음을 예의주시했다. 또 사르트르의 실존주의에서는 셔터를 누르는 순간에 요구되는 '본질에 앞서는 실존'의 결단을 수용했다.

　이에 플루서는 '그림과 영상'에서는 물론이고 '사진기'에서도 현상학적으로 좋은 소비재와 그런 소비재의 생산에 좋은 도구의 공통점을 '좋다$_{gut}$'에서 찾았다. 그러나 그가 자연과학과 문화과학의 차이점을 밝히는 부분에서는 차이점을 드러낸다. 그 차이점을 전자가 사실적인 인과관계에서 찾았다면, 후자는 사물의 배후에 있는 의도를 지목하는 이해관계에서 찾았다. 아무리 자연과학의 방법론이 모든 인식의 대상들을 보편적 법칙으로 일반화하여 완벽하게 설명해낼 수 있다 하더라도, 다양한 가치의 특수성들이 뒤섞여 있는 인간의 삶을 인식하는 데는 한계가 따른다. 이에 문화과학은 자연과학과 달리 인식대상 자체를 따르지 않고, 인식대상의 가치에 따라 사물 이면의 의미를 탐구하는 학문이다. '왜?'라는 인과관계만을 논의하는 학문이 아니어야 하는 것이다. 따라서 문화과학은 인간행위와 사유의 토대를 대상의 독자적인 가치와 의미에 두고, 그러한 문화적 산물의 특수성과 역사성을 경험과학의 총체성으로까지 수용한다. 분명 이러한 문화과학은 객관적 대상을 위한 인식론이 아니라, 객관적 인식대상의 가치론을 위한 철학이었다.

하이데거와 플루서

철학적 인식론은 물론이고, 문화과학의 가치론 역시 플루서에게는 절반의 성공에 그치고 만다. 왜냐하면 그것은 모든 존재자의 존재본질을 인식이나 가치에 두지 않고, 존재자의 존재구조에 두는 새로운 철학적 사유가 있기 때문이다. 여기서 말하는 새로운 철학적 사유란 현상학적이고 존재론적인 하이데거의 사유를 의미한다. 플루서는 이를 자신의 사진철학으로 가는 길목으로 수용했다.

사물이나 물질 혹은 실재 등을 하이데거는 '존재자'로 명명했다. 만약 이런 존재자인 사물을 두고 '가치'가 있다고 한다면, 가치란 존재론적으로 무엇을 의미하는가? 이는 가치가 독자적으로 존재하는 것이 아니라, 어떤 사물에 '붙어 있음'을 의미한다. 이런 '붙어 있음'이란 범주론적으로는 물론이고, 존재론적으로도 그 구조상 한계개념일 뿐이다. 기껏해야 현상학적 존재론의 성격으로 규정될 수 있다고 해도, 그리스인들이 지목한 '사물', 즉 '프라그마타 $\pi\rho\acute{\alpha}\gamma\mu\alpha\tau\alpha$'에서만 그 의미를 찾을 수 있을 뿐이다. 왜냐하면 엄밀하게 말해서 이 프라그마타라는 말은 사람들이 사물에 대해 '배려 Besorge'하는 왕래와 연관된 실제적이고 실용적인 내용만을 의미하기 때문이다.

이러한 배려에서 만나게 되는 존재자를 하이데거는 '도구 Zeug'라고 했다. 필기도구, 작업도구 같은 그런 도구를 말한다. 이러한 도구의 존재양식은 하나의 도구를 도구로 만들어주는 도구성에서 이루어진다. 물론 이런 도구성은 도구 없이는 불가능하다. 마치 인간 없이 인간성이 불가능한 것과 같다. 따라서 도구의 존재에는 매 순간 언제나 그 안에서 도구가 도구일 수 있는 일종의 도구 전체가 속해 있다. 도구가 본질적으로 무엇을 '하기 위한 어떤 것'이라면, 유용성이나 사용성 혹은 기여성이나 편의성과 같이 무엇을 '하기 위한 것'이라는 여러 방식들이 있고, 이러한 여러 방식들이 바로 '도구전체성'을 구성한다. 또 이런 도구전체성의 '무엇을 하기 위한' 구조에는 어떤 것의 어떤 것으로서의 '지시'가 들어 있다. 펜은 종이를, 종이는 책상을, 책상은 방을, 방은 집을, 그리고 집은 세계 등을 지시하여 결국 도구전체를 가리킨다. 이처럼 도구전체성은 개개의 개별도구에 앞서 존재한다. 사진기 역시 분명 하나의 작업도구이다. 작업도구로서 사진기의 역할과 의도는 사진을 찍는 데 있다. 그러나 플루서는 여기서 사진기라는 장치가 엄밀한 의미에서 작업도구인가를 묻는다. 예를 들어 한 장의 사진이 신발 한 켤레나 한 개의 사과와 같을 수가 있는가라는 물음을 제기하면서 사진기가 신발을 생산하는 바늘이나 사과를 수확하는 가위와 같은 작업도구일 수는 없다고 주장한다.

이런 관점에서 그는 아주 기발한 아이디어로 작업도구에 대한 새로운 해석을 내놓는다. 그것은 작업도구가 자연을 인간의 영역으로 끌어들여서 자연적 대상을 반자연인 문화로 바꾸어 놓았다는 것이다. 그러나 여기에서 중요한 것은 자연을 문화로 바꾸어 놓았다는 사실이 아니다. 자연을 인간에게 옮겨놓기 위해 대상의 형식을 바꾸어서 대상에 새로운 의도적 형식을 마련해주었다는 사실, 다시 말해 '정보'를 전달했다는 사실이 중요하다. 하이데거에 따르면 우리들이 관계하는 것은 소위 물적인 '도구'였다. 그렇다고 물적 사물만이 도구라는 말은 아니다. 오히려 개개의 사물은 언제나 도구전체를 '지시'하는 것이었다. 이미 앞에서 언급한 대로 펜과 잉크, 종이와 책상, 나아가 방과 집, 종국에는 세계로 이어져 도구전체성에 이르게 되고, 이러한 모든 도구전체성을 지시하는 최첨단이 바로 인간이다. 인간이 바로 세계-내-존재로서 '지시의 중심점'이 된 것이다.

그러나 플루서는 이 지점까지 하이데거와 함께하지 않고, 멀티미디어의 철학자답게 오히려 그의 '지시'를 '정보'로만 해석하여 도구와 인간의 관계를 바꾸려 했다. 과거 산업사회에서의 '노동'이 오늘날 문화사회에서는 '정보'가 되었다는 말과 같다. 하이데거에게는 세계-내-존재로서 근원적인 인간 현존재가 실존론적으로 그리고 존재론적으로 해석되어야 했다면, 플루서에게는 그러한 현존재의 존재론적 해석보다는 부버의 '대화Dialog'와 하버마스의 '담론Diskurs'이 모두 함께 이루어내는 '정보'로 해석되어야 했다. 아무리 인간이 모든 '지시'의 최첨단에 서 있다고 해도, 정보 없이는 어떠한 지시도 불가능할 뿐 아니라, 곧 방향상실의 혼돈만을 초래하게 된다. 그러나 엄밀하게 보자면 지시와 정보가 서로 동떨어진 개념은 아니다. 지시라는 것이 '갈 길을 지시해 주다'와 같이 가리켜 보여주는 것이고, 역으로 정보라는 것도 사정이나 상황에 관한 소식을 전하는 것이라면, 지시를 곧 정보라고 할 수도 있지 않겠는가! 그럼에도 불구하고 궁극적으로 하이데거가 '존재'만을 지목했다면, 철학적 논거가 조금 부족하다고는 해도 플루서가 자신의 '인간'과 '장치'를 지목하고 있는 한, 서로의 갈림길은 어쩔 수 없는 결과였다.

야스퍼스와 플루서

이후 플루서는 야스퍼스의 실존철학을 자신의 사진철학을 위한 길잡이로 설정했다. 왜냐하면 2차원적 그림의 마술적 성격은 그림 자체의 암호를 해독해낼 때만 밝혀질 수 있기 때문이다. 그렇지 않고 그림 속의 화석화된 사건들만 고찰한다면 암호 해독은 처음부터 오류투성이가 되고 말 것이다. 그림뿐 아니라 1차원의 선형적 문자, 나아가 사진과 영상 역시 사건을 그 사실내용으로 드러내야 하고, 그러한 사건을 현재와 현장이라는 시공간에서 구체적이고 현실적인 장면으로 옮겨놓아야 한다. 이러한 작업을 절대자에 대한 암호해독이라는 개념으로 밝혀낸 철학자가 바로 야스퍼스였다. 따라서 플루서는 절대자의 형이상학적 암호를 해독해낸 야스퍼스를 문자와 사진의 암호까지도 해독해줄 수 있는 실존하는 철학자로 간주하여 그의 암호해독 방식을 자신의 사진철학 이론에 기저로 깔았다.

그렇다면 야스퍼스에게 철학이란 무엇이었을까? 그에게 철학은 먼저 세계를 과학적이고 실증적인 눈높이에서 진단하고, 그 결과를 철학적으로 정위한 후, 그 다음에 인간을 실존론적으로 해명하여 절대자에 이르는 길을 열어가는 사유과정이었다. 그는 먼저 《철학적 세계정위Philosophische Weltorientierung》에서 세계를 존재문제로 다루되, 대상적 존재인 객관존재를 자연과학에 근거해서 밝힌다. 물론 여기에서 한계는 너무도 명확하다. 왜냐하면 자연과학이 객관적으로 존재하는 사물의 본질을 아무리 과학적으로 완벽하게 탐구하여 대상적으로 인식할 수 있다고 해도, 궁극적으로는 존재 그 자체를 놓치고 있기 때문이다. 자연과학은 언제나 보편성의 대상의식으로서 규칙과 법칙에 기초하고 있기 때문에 대상적 존재의 표면에만 관계할 뿐이지, 결코 절대자나 무제약적 자유에 근거하는 인간의 실존함에는 관계하지 못한다. 어떤 자연과학적 판단도 인간실존의 모순이나 역설을 그 필연성으로 보장해주지 못했고, 앞으로도 보장할 수 없을 것이라는 게 야스퍼스의 주장이다. 따라서 자연과학의 한계는 인간존재의 본래성 앞에서는 물론이고, 절대자 앞에서도 스스로의 한계를 드러낼 수밖에 없다. 그 전형적인 철학적 경향성이 한편으로는 현실을 바탕에 깔고 사실을 재단했던 실증주의였고, 다른 한편으로는 선험적 상념에 상념의 높이만을 쌓아가던 관념론의 철학이었다.

이런 한계를 극복하기 위해 야스퍼스는 《실존해명Existenzerhellung》에서 대상적인 자연과학의 한계를 넘어서 인간의 실존을 해명하고자 했다. 실존이란 희로애락을 가지는 현존과 달리 오직 순간으로만 존재한다. 따라서 실존은 어떠한 완벽한 개념을 가지고서도 합리적으로 서술하거나 설명될 수 없다. 그렇다고 자기존재 그 자체로 자족할 수 있는가 하면 그렇지도 않다. 이러한 나 자신으로서의 실존은 '나'만이라고 하는 고독과 모험, 그리고 사랑의 싸움이라고 하는 실존적 상호소통에서만 존재한다. 사랑의 싸움이란 상대방을 파멸시키는 것이 아니라, 자기 자신을 무방비상태로 상대방에게 드러내는 것이다. 여기에서는 순간을 이기는 잔꾀가 아니라, 스스로를 개방하는 실존의 모순과 역설이 주 역할을 한다. 그러나 실존도 소통하지 않고서는 자기 자신이 될 수가 없고, 또 고독하지 않고서는 실존적으로 소통할 수가 없다.

객관적 사건의 역사마저도 그러한 실존에게는 역사적 사실로 존재하지 않고, 다만 실존이 현상하는 '역사성'으로만 존재한다. 이러한 역사성에서는 실존과 현존이 하나가 되고, 자유와 필연이 하나가 되며, 무엇보다 순간과 영원이 하나가 되어 역사적인 것이 형이상학에 이르기까지 지속적으로 확장시켜나간다. 이의 실현은 실존적 신뢰성으로도 나타나고, 사심 없는 자기 본래성으로도 나타난다. 그러나 이러한 실존을 각성케 하는 것은 역사성이 아니라 한계상황이다. 이러한 한계상황이란 인간실존이 자기 자신을 무제약성으로 경험하는 상황을 말한다. 따라서 한계상황과 실존은 둘이 아니라 하나이다. 우리가 눈을 뜨고 한계상황 속으로 들어갈 때, 비로소 우리는 우리 자신이 된다. 이처럼 "한계상황을 경험한다는 것이 실존한다는 것과 같다"면 죽음과 고통은 물론이고 투쟁과 죄책마저도 한계상황이므로, 어느 누구도 그 벽을 뛰어넘을 수 없다. 그래서 실존은 좌절하고 만다. 좌절한 실존은 절대적 존재 자체의 섬광에 따라 절대자인 초월자에게로 향하게 된다.

절대자에 이르는 이러한 길이 야스퍼스에게는 《형이상학Metaphysik》이 된다. 여기서 주제는 초월자이고, 그러한 초월자에 대한 실존적 관계이며, 초월자에 대한 암호문자의 해독이다. 이 암호문자의 해독이 플루서에게는 사진철학의 내용을 읽어내는 중요한 기틀이 된다. 절대자에게로 가는 길은 세 가지가 있다. 첫 번째는 자연과학의 결과를 가지고 세계를 정위하는 길이다. 과학의 결과만큼 객관적으로 확실한 사실은 없다. 지구는 공전하면서 자전하고, 물은 산소와 수소의 화합물이다. 보편적 자연법칙이나 하나의 규범이 참과 거짓, 혹은 선과 악의 절대적 척도가 된다. 이러한 척도는 철학의 단초이기는 하지만, 그렇다고 철학의 결과여서는 안 된다. 과학은 사물의 현상을 탐구하지만, 물 자체를 탐구할 수는 없다. 왜냐하면 물 자체란 자연과학에서는 존재하지 않기 때문이다. 과학은 개개의 사물을 인식할 수는 있지만, 사물 전체를 인식할 수는 없다. 기술 역시 지식은 제공하지만, 지혜를 베풀지는 못한다. 따라서 과학이나 기술은 인간의 가치나 존엄성을 논할 수는 없다. 더더구나 인간의 일회적인 실존을 다룰 수 없는 것이 과학기술이다.

    두 번째는 실존으로 넘어가는 길이다. 과학은 사실을 지목하고, 철학은 인격을 지목한다. 과학은 사물의 연관성을 탐구하지만, 철학은 사람의 근원성을 해명한다. 과학은 필연성을 논증하지만, 철학은 자유를 깨우친다. 그렇다고 철학이 숭고함을 지향하는 예술은 아니다. 왜냐하면 철학은 숭고 이전에 결단이고 자유이기 때문이다. 자유 때문에 철학은 종교도 아니다. 철학은 결단을 통해서 인간으로 하여금 자신의 실존에 이르도록 한다. 한편으로 인간은 현실적으로 세계 내에 존재하는 한 대상이므로 자연과학의 영역에 해당한다. 그러나 다른 한편으로 인간은 그러한 사실을 의식할 수 있고, 의식하는 가운데서 자기 스스로를 발견하여 자기 자신이 되고, 크게는 인간이 된다. 이처럼 본래의 인간이 되는 자기 자신이 바로 '실존Existenz'이다. 실존이란 객관적 인식이 아니라, 자신의 행동과 결단을 통해서 자기 자신이 되는 것이다. 따라서 실존은 자신을 소유하여 가지는 존재자가 아니라, 그때마다 자신을 근원에 이르도록 하는 각성자이다. 언어의 한계에서도 실존은 자유한다. 또 과학의 필연성은 물론이고, 윤리도덕의 멍에에서도 실존은 자유한다. 왜냐하면 현존은 경험적으로만 존재하고, 실존은 오직 자유로만 존재하기 때문이다. 자유는 인식될 수도 없고, 객관적으로 사유될 수도 없다. 다시 말해 '사유함'으로써가 아니라 '실존함'으로써 자기 자신을 확신하게 되는 것이다. 그러나 이러한 실존에도 한계상황으로서의 비극이 그림자처럼 따른다.

    이를 극복하는 것이 바로 세 번째인 절대자의 암호문자를 해독해 내는 길이다. 앞에서 이미 언급했듯이 플루서는 이 길을 자신의 사진철학 전반에 수용한다. 그것이 그림이든 문자이든 혹은 사진이든 영상이든 상관없다. 먼저 절대자의 암호문자에 대한 해독은 신학에서도 찾아볼 수 있고, 철학적 형이상학에서도 찾아볼 수 있다. 신학에서는 세상 만물이 신의 계시로 되어 있다고 말하지만, 형이상학에서는 이 세상의 모든 사물들과 사건들이 비밀의 언어로 저 세상의 것을 암호화한다고 말한다. 때문에 그런 암호문자에 대한 해독은 반드시 필요하다. 이에 대해 야스퍼스는 절대자에 대한 암호의 의미다양성, 다시 말해 암호문자를 해독하는 장소를 실존으로 보고, 그러한 실존에 절대자가 순간적으로 한줄기 빛으로 나타난다고 상정했다. 따라서 본래의 존재 역시 오직 좌절하는 가운데서만 순간적으로 개시될 뿐이다. 세상에 존재하는 것은 그 존재함으로 인해 무화無化한다. 오직 그때마다 창조적으로 새롭게 생성하는 존재만이 참이고, 그러한 존재의 참은 실존에 근거한다.

야스퍼스의 이러한 실존철학적 입장을 미디어철학자인 플루서는 무조건 따를 수 없었다. 왜냐하면 플루서는 인간의 실존에만 의존하는 철학자가 아니었기 때문이다. 다만 그는 형이상학에서 제기된 암호문자의 해독 부분과 역사철학에서 제기된 '세계사의 도식'만을 내용적으로 수용했다. 그러나 좁은 의미에서 보자면 암호문자를 해독하는 장소인 인간실존까지는 수용한다. 물론 이때 말하는 실존이 포괄적인 의미에서 인간존재를 전제하고 있는 한에서 그렇다는 말이다.

더욱이 가능적 실존으로 인해 인간존재의 자유가 실현된다면, 플루서는 사진철학이 자유를 위한 어떤 가능성을 메타적으로라도 사유해야 한다고 주장했다. 설령 그러한 인간의 자유가 프로그래밍된 장치의 영역에서는 자유를 위한 한 치의 여지도 용납하지 않는다는 사실이 분명할지라도 말이다. 아니, 어쩌면 이와 같은 종류의 사진철학이 반드시 필요했다고 주장하는 것일 수도 있다. 그렇지 않으면 그것이 사진이든 영상이든 기술적인 것에만 한정되고, 또 물적인 것에만 국한되고 만다. 인간 없는 기술은 이미 기술이 아니라 물적인 것으로서 인간에게는 폭력일 수 있다. 따라서 기술이 사람과 함께할 때 진정한 사람의 기술이 되고, 다시 사람의 예술이 되어 결국 철학에까지 이른다. 이러한 기술이 인간과 함께 철학을 할 때, 철학은 기술의 본성을 통해 인간에게 줄 수 있는 것이 무엇이겠는가라는 물음을 자연스럽게 제기한다.

이에 답하기 위해 플루서는 인간에게 내밀 수 있는 마지막 카드로 '자유'를 선택했다. 그러나 이때 말하는 자유란 칸트의 절대적 자발성도 아니고, 헤겔의 자율적 목적규정도 아니다. 그렇다고 하이데거의 실존론적 자유와 존재론적 자유의 공속, 다시 말해 인간현존재의 존재진리인 자유도 아니다. 직접적으로는 야스퍼스의 가능적 실존인 자유도 물론 아니다. 그러나 가능적 실존으로서의 자유가 결단을 내리는 역사적 근원성에서 이루어지는 자기 확신이라면, 개념으로 설명할 수 없는 실존적 자유에서도 인간의 자유의식이 실현될 수는 있다. 이때 인간의 자유는 실존적 근원성에 근거하여 우연의 피상성에 대항하게 되고, 실존적 의무로서는 순간적 욕구의 임의성에 저항하게 되며, 또한 성실성과 지속성을 바탕으로 해서는 망각과 분산에 대항하게 된다. 이렇게 되면 지식의 자유나 자의의 자유 혹은 법의 자유 때문에, 즉 "지식 없는 자유란 없다"거나 "자의 없는 자유란 없다" 혹은 "법칙 없는 자유란 없다"라는 실제적 현실명제 때문에 객관적 자유에서 벗어나는 인간의 자유의식은 스스로 실존함과 생성함을 통해 필연성에 대립하는 상태에서 혹은 필연성과 하나 되는 연관성에서 실현될 수 있다. 그러므로 현실적으로 모든 대립명제를 넘어서 있는 절대적 자유란 일종의 환상에 불과하다. 왜냐하면 절대적 자유는 자유 자체를 지양하지 않고, 모든 자유의 한계를 지양하는 존재만을 지목하기 때문이다.

이로 인해 야스퍼스에게는 자유와 필연의 통일이 피할 수 없는 길이었다. 이를 플루서는 철학적이라기보다는 사회현상적으로 수용했다. 즉 인간의 자유와 장치의 필연, 그러니까 사진가의 자유와 카메라의 필연을 하나로 통일하는 '사진철학'으로 수용한 것이다. 그에게 자유는 인간의 현실적 생존에서 보면 자의적인 것으로 보이지만, 인간의 실존적 근원성에서 보면 바로 필연적인 것이다. 그러나 이보다 더욱 중요한 점은 만약 자유와 필연의 통일이 개개인의 근원성에서만 실현된다면, 그러한 통일은 결코 절대적 자유일 수 없다는 사실이다. 왜냐하면 절대적 자유란 자기 외에 아무것도 갖지 않으면서, 정작 모든 대립명제를 자신 속에 내포하는 총체성의 자유이기 때문이다. 그러니까 절대적 자유란 즉자적으로만 존재하는 자유이지, 즉자 대자적으로 존재하는 자유가 아니라는 말이다. 이의 전형이 헤겔철학의 이념으로서 절대적 자유였다. 야스퍼스의 "자유와 필연의 통일"이라는 이런 주장에 착안하여 플루서는 한편으로 사진철학의 장치적 혹은 프로그램적 필연을 주장하면서도, 다른 한편으로는 그 주체인 인간의 자유, 그것도 인간의 실존적 자유를 강조하여 마침내 자유와 필연의 통일을 꾀했다. 즉 소박하게는 인간과 장치, 사진가와 프로그램의 통일로서 사진철학의 길을 마련하려 했던 것이다. 그렇지만 아쉽게도 이에 대한 논리적 이론전개를 더는 진척시키지 못했다.

이를 정당화하기 위해 플루서는 처음부터 인류의 문화사를 대립되는 큰 두 가지 가설에서부터 고찰했다. 그 하나는 기원전 2000년대

중반에 완성된 선형문자의 발명이었고, 다른 하나는 오늘날의 기술적 영상의 발명이었다. 이는 내용적으로 보자면 2차원적인 평면의 회화시대와 1차원적 선형의 문자시대, 그리고 전후좌우상하는 물론이고 3차원적 공간(입체)과 1차원적 시간을 포함하는 가상현실까지 모두를 점들(화소)로 가능케 하는 0차원의 영상시대로 나눈 것이다. 다시 말하자면 역사 이전의 선사시대와 문헌의 역사시대, 그리고 역사 이후의 탈역사시대로 인류문화사를 분류한 것이다. 그는 오늘날의 디지털시대가 바로 탈역사의 영상시대인 정보시대임을 강조하기 위해 이런 주장을 펼쳤다. 그러면서도 이 시대에 가장 적합한 사진의 철학을 정위하고 정당화하기 위한 자신만의 미디어 철학을 여기에 포함시킨다. 따라서 사진철학을 위한 탈역사의 영상시대가 그에게는 가장 중요한 시대로 우뚝 서게 된다. 현실적으로 이데올로기화된 역사시대의 문자지배가 끝나고, 새로운 탈역사시대의 디지털영상지배시대가 소위 포스트모던시대의 주역으로 등장하면서 전통적 역사의 단절과 그에 따른 문화적 위기는 피할 수 없게 되었다. 이러한 영상시대에서 사진의 철학이란 무엇이고, 장치의 콘텍스트 속에서 인간의 자유가 무엇이어야 하는가를 그는 자기 나름대로 내다볼 수 있었다.

헤겔과 플루서

여기서 우리는 다음과 같은 질문을 던질 수 있다. "플루서의 사진철학 전체를 하나로 묶어줄 수 있는 철학적 논리체계는 과연 무엇일까?" 사진철학의 논리적 내용이 단순하지 않고 복잡하다면, 또 평면적이지 않고 입체적이라면, 더 나아가 변증법적으로 구성되어 있다면, 우리는 그 전형을 헤겔의 철학체계를 구성하는 논리성에서 엿볼 수 있을 것이라고 생각했다. 헤겔의 철학적 사유의 진폭에는 삼중적 사유의 내용과 형식이 함께 작용한다. 특히 그의 논리학(존재론)은 이념을 즉자대자로 다루고, 자연철학은 이념을 타 존재로 다루며, 정신철학은 자기 자신에게로 되돌아오는 이념을 자기 존재로 다룬다. 이 전체를 하나로 엮어주는 그의 철학적 논리성은 내용적으로 보면 사실에 대한 사유판단의 여러 측면들이다. 어려운 표현이지만 이를 철학적으로 말하자면, 그 한 면이 오성적 사유판단이고, 다른 면이 변증법적 사유판단이며, 또 다른 면이 이성적 사유판단이다. 헤겔의 이러한 사유판단들을 우리는 오늘날의 새로운 의미에 어울리게 과학적 사유판단과 해석학적 사유판단, 그리고 철학적 사유판단으로 재해석하여 플루서의 《사진의 철학》이 전개하는 전체 논지를 보다 논리적으로 밝히려 했다. 이러한 모든 사유판단은 결국 상호 단절된 사유판단이 아니라, 한 연관성 속에 이어져 있는 사유판단이라 하겠다.

먼저 과학적 사유판단이란 대상을 판단하는 오성적 사유판단으로, 한 사실을 다른 사실과 구별할 수 있는 인식능력을 의미한다. 'A는 A이지, B가 아니다'라는 동일률, 'A는 비非A가 아니다'와 같은 모순율, 'A는 A이거나 A가 아니거나 둘 중 하나다'라고 하는 배중률이 여기에 속한다. 이러한 형식논리학의 사유판단은 사실의 정확성에 대한 한 측면만을 추상화하여 보편화하였다. 따라서 이런 과학적 사유판단은 사실 자체로는 확실하지만, 사실의 전체를 인식하고 판단하지는 못한다. 사진기의 장치기능에 해당하는 IT의 기계적인 사유논리는 과학적 사유판단에 포함되지만, 그 장치기능을 조작하는 사진가의 인간적이고 정신적인 사유논리는 과학적 사유판단에 포함될 수 없다. 따라서 카메라의 작동원리와 프로그램 등은 '기계적 판단'의 사유논리로서 오성적 사유인 과학적 사유판단에 해당한다고 말할 수 있지만, 사진가와 카메라의 셔터 등에 대한 '기술적 판단'의 사유논리는 오직 오성적 사유인 과학적 사유판단에만 해당한다고는 말할 수 없다. 그러므로 이러한 오성적 사유판단, 즉 과학적 판단의 사유결과만이 곧 참일 수는 없다. 왜냐하면 사진 전체의 본질이 과학적 판단의 영역에만 존재하지는 않기 때문이다.

　　이를 극복하기 위해서는 플루서에게 헤겔의 변증법적 논리전개가 반드시 필요했다. 이런 변증법적 사유판단은 일종의 해석학적 사유논리로, 한 측면만 참이라고 강요하는 오성적 사유를 부정하는 인식능력이다. 한 면의 참에서 다른 면의 참으로 넘어가게 하는 자기지양의 작용은 반성이 담당한다. 변증법적 사유판단인 해석학적 사유논리는 반성을 통해 내재적 연관성과 필연성을 사유 자체의 의미내용으로 받아들인다. 그럼에도 불구하고 사유 자체는 완전한 사유가 아니라, 언제나 불완전한 과정적 사유이다. 왜냐하면 변증법적이고 해석학적인 사유판단은 오성적 사유와 달리 변화의 모태로 부정적인 것을 그 자체로 수용하기 때문이다. 따라서 플루서가 사진기를 인간과 장치, 인간과 자유의 관계로, 다시 말해 변증법적 지양의 관계로 본 것은 그 자신의 사진철학을 위해 새로운 길을 터놓고자 한 것이지, 변증법적 과제 자체를 목적으로 삼은 것은 결코 아니었다. 더구나 플루서 자신이 변증법을 일컬어 "철학하는 일에 가속력을 부여하는 날개"(100쪽)라고 한 것은 그 방증이라 하겠다. 그렇다 하더라도 우리는 변증법이라는 개념내용을 먼저 해석학적인 의미내용으로 이해하고 있어야 한다. 왜냐하면 해석학적 사유판단은 전후 모두를 이해 가능토록 하기 때문이다.

　　이를 완성하기 위해서는 그림과 사진에서 정보에 이르기까지 이성적 사유판단인 철학적 사유가 반드시 필요하게 된다. 이것은 헤겔적 의미에서는 물론이고, 플루서에게서도 당연한 결과였다. 이때의 이성적 사유란 소위 철학적 사유로, 사실내용의 규정성을 해체하며 변증법적이고 해석학적인 사유의 부정적인 요소를 지양하고 긍정적인 것을 포착하려는 인식능력을 말한다. 다시 말해 철학적 사유능력인 이성적 사유판단에는 오성적 사유판단과 변증법적 사유판단이 함께 작용한다는 말이다. 즉 과학적 사유판단과 해석학적 사유판단의 내용이 함께 어우러져 작용한다는 의미이다. 이는 또한 대상적 규정성과 그 지양성인 해체작용이 모두 함께 이루어짐을 의미한다. 이러한 자기 지양성인 변증법적이고 해석학적인 사유판단은 자체적으로 모순성의 사실내용을 가지기 때문에 결코 추상적인 무無일 수는 없다. 그러나 변증법적 사유판단이나 해석학적 사유판단은 객관적으로 존재하는 대상적 규정성을 부정하는 것이기 때문에, 내용적으로는 제한적일 수밖에 없다. 여기에서 얻어지는 결과는 이성적 사유인 철학함에서 비로소 드러난다. 여기서 말하는 철학함이란 결코 어떤 추상적인 것이거나 형식적인 것을 다루지는 않는다.

이처럼 플루서의 사진철학 전체를 하나로 묶을 수 있는 기존의 철학적 체계로 헤겔의 논리적인 것을 상정하고, 또 우리가 과학적이고 해석학적이며, 나아가 철학적으로 그 논리적인 것을 수용할 수 있다고 해도, 더구나 헤겔에 있어서 자유가 자기 자신의 필연성에 따르는 것이라고 하더라도, 여전히 남는 문제가 있다. 그것은 바로 이 논리가 플루서의 사진기술과 인간의 자유문제 모두를 해결할 수는 없다는 사실이다. 특히 플루서 자신이 그림과 영상에서 시작하여 사진기와 사진 찍기, 사진의 배포와 수용, 다시 말해 사진과 장치, 프로그램과 정보라고 하는 전체 흐름 속에서 사진철학의 필연성으로서 인간의 자유까지 주목했다는 사실 자체는 분명하다. 그 혜안은 높이 살 수 있겠지만, 그렇다고 모든 문제가 해결된 것은 아니라는 뜻이다.

칸트와 플루서

이와의 연관성 속에서 이제 인간의 자유문제를 살펴보자. 자유가 인간 행동의 자유이든 아니면 의지의 자유이든 칸트에서와 같이 자유의 인과론을 인정하고, 또 이성이 자기 법칙에 따르는 것이라고 한다면 우리는 이 자유를 쉽게 이해할 수 있다. 먼저 칸트에 따르면 이론철학(초월론적 변증론)에서 세계가 유한하다 혹은 무한하다, 인과적 필연성을 갖는다 혹은 갖지 않는다, 자유가 있다 혹은 없다는 것은 세계 전체의 직관이 우리 인간에게 부여되어 있지 않기 때문에 이런 모순적인 두 명제를 긍정할 수도 부정도 할 수도 없게 된다. 그러나 그의 실천이성비판으로 넘어가면 상황은 달라진다. 실천철학에서 인간이성은 감성의 제약과는 관계없이 '정언 명법'(무조건 명령)[3]을 내리는 이성의지로 발동한다. 여기에는 자연의 필연성과 인과성을 넘어서는 인간의 자유가 존재한다. 소위 인간의 자유라는 것이 이론이성에서는 불가능했지만, 실천이성에서는 달성되어야 하는 것이 된다.

인간이 오직 감성적 존재로만 행동하면 자연법칙에 따를 수밖에 없지만, 이와 반대로 이성적 존재로 행동하면 도덕법칙을 따를 수 있게 된다. 여기에는 명령도, 의무도 없다. 이성적 존재인 인간은 목적 자체로 존재하지, 수단으로 존재하지 않는다. 그러므로 목적 그 자체에 따라야 하는 정언적 명령은 모든 사람이 반드시 목적으로 삼아야 하는 것을 인간의지의 객관적 원칙으로 삼아 보편적이고 실천적인 법칙이 되도록 해야만 한다. 그러니까 '살인하지 말라'는 것은 어떤 조건도 필요 없는 인간의 준칙에 무조건 따라야만 하는 법칙이다. 이런 법칙은 보편성을 가져야 한다. 이때도 인간이 여전히 목적 그 자체이어야 한다면, 이성적 존재인 인간은 목적 그 자체 때문에라도 도덕법칙에 따라 행동해야 하고, 그러한 법칙에 대한 표상에 따라 행동해야만 한다. 이는 인간 자신이 감성의 세계와 이성의 세계에 동시에 포함되어 있기 때문에 언제나 가능하다.

따라서 도덕법칙의 측면에서만 보자면, 이성의 세계에서는 인간의 행동이 자유롭지만, 감성의 세계에서는 자유롭지 못하다. 왜냐하면 감성의 세계에서 인간의 행동은 필연적으로 자연법칙에 따라야 하기 때문이다. 물론 이러한 자연의 필연성이란 것이 인간이 모두 다 경험할 수 있는 개념은 아니다. 설령 자연의 필연성이 인간의 경험을 가능케 하는 전제개념이기는 하지만 여전히 그런 한계를 갖는다. 그렇게 되면 자연의 필연성과 인간의 자유는 서로 양립할 수 없게 된다. 오직 이론적 목적을 위해 자연의 필연성을 이론인식으로만 확증할 수 있을 뿐이다. 그럼에도 불구하고 실천적 행동에서는 이러한 이성을 사용할 수 있는 인간에게 반드시 자유가 있어야 한다면, 자연의 필연성과 인간의 자유가 양립한다는 것이 결코 모순일 수는 없게 된다. 이는 감성세계에 존재하는 모든 사물이 자연법칙을 따르지 않을 수 없지만, 그 사물 자체는 그러한 자연법칙에 따르지 않고 독립하여 존재한다는 사실이 전혀 모순되지 않는다는 말이다.

그러나 자유와 필연이 모순 없이 서로 양립할 수 있다 하더라도, 이 말이 자유가 어떻게 가능한가를 설명하지 못한다는 점은 여전히 문제로 남는다. 우리가 어떤 대상을 설명하려면 우리가 경험할 수 있는 자연법칙으로 환원시킬 수 있어야 한다. 그러나 칸트에게 있어 자유는 엄밀한 의미에서 단지 '선험적 이념'일 뿐이다. 현상적으로 존재하는 경험 가능한 대상이 아니라는 말이다. 그렇기 때문에 자유는 경험될 수도, 설명될 수도 없다. 물론 어떤 특정한 개념으로 인식될 수도 없다. 따라서 칸트는 자유를 오직 이성으로만 믿을 수 있는 '목적 그 자체의 보편적 나라' 혹은 '목적의 나라'라고 표현할 수밖에 없었다.

이에 플루서는 칸트에게서 자유의 표본을 차용하면서도 결코 그의 선험적이고 이념적이기만 한 자유의 의미를 그대로 수용할 수는 없었다. 오히려 칸트의 철학적 입장에 서되 인간존재의 자유와 필연을 모두 실존론적으로 수용한 야스퍼스가 현실적으로 플루서에게 더욱 가까웠다. 왜냐하면 인간존재 자체가 그 양자를 모두 수용하고 있는 모순적인 존재이고, 심지어 역설의 존재이기 때문이다. 결국 플루서는 자유문제를 칸트의 순수이념의 나라에서 야스퍼스의 인간 실존론적 현장으로까지 끌어내렸다. 그럼에도 불구하고 여전히 만족할 수 없는 문제들이 남는다. 즉 플루서의 사진철학을 위한 그림, 장치, 프로그램, 정보라는 현실개념들을 그의 실존개념에 모두 싣기에는 엇박자의 짐이 너무도 무거웠다. 따라서 이러한 야스퍼스의 해결책 역시 플루서에게는 또 다른 하나의 한계였다. 그렇다면 야스퍼스에게 자유란 도대체 무엇인가?

다시 야스퍼스와 플루서
우리는 앞서 야스퍼스의 철학 전반은 물론이고 자유와 필연의 통일까지 개괄하였기에 여기서는 그의 자유문제만 집중적으로 고찰하겠다. 그는 먼저 인간 실존을 '나 자신'으로 해석하여 '나의 자유'를 밝힌다. 현실적으로 여기서 말하는 자유는 보편적 인간의 의지에서보다는 개체인 나의 의지에서 이루어진다. 그렇다고 개체로서의 인간의 의지가 곧바로 자유 자체는 아니다. 설령 그런 의지가 자유라 해도, 의지의 자유에는 본래의 자유에 어긋나는 기만이 언제든 내포될 수 있다. 따라서 자유란 자의일 수도 없고, 지식일 수도 없으며, 더구나 법칙일 수는 더더욱 없다. 엄격하게 말해 자유는 이념으로만 가능하며, 보고 듣고 행동하는 모든 결정을 어떤 총체성에서 얻어내면 낼수록 사람은 그만큼 더 자유롭게 된다. 왜냐하면 총체성이란 존재하는 것이 아니라, 이념으로 생성하는 것이기 때문이다.

이의 구체적인 현실이 야스퍼스에게는 인간의 실존적 가능성인 자유였다. 하지만 이런 자유는 인식될 수 있는 것이 아니다. 어떠한 방식으로도 객관적으로는 사유될 수 없다. 오직 나 자신에게만 자유로 스스로 의식될 뿐이다. 그것도 사유가 아니라, 오직 실존을 통해서만 스스로에게 의식된다. 이는 자유를 묻고 답하는 대상적 고찰에서 인식될 수 있는 것이 아니라는 말이다. 오직 자기 스스로를 실현할 때, 그 순간에만 자의식으로 자유가 발현된다. 따라서 자유를 무엇이라고 정의하면 할수록 그 오해의 폭은 더욱 커진다. 그렇다고 자유가 칸트에서처럼 이념적으로만 절대적인 것은 아니다. 오히려 언제나 인간실존과 함께 공존하고, 바로 그렇게 실존하고 있음이 자유인 것이다. 그러므로 자유란 소유하는 것이 아니라, 그 자체로 생성하는 인간의 실존함이다. 실존함이 곧 자유이고, 자유가 곧 실존함이다.

이런 실존함의 자유는 두 가지 필연성에서 생긴다. 그중 하나는 현실적 저항형식인 자연법칙성이고, 다른 하나는 도덕적 수용형식인 당위법칙성이다. 하지만 이 양자의 필연성 사이에서 인간존재의 실존적 자유가 사라질 수도 있다. 언제냐 하면 자유가 이 양자의 긴장관계에 있지 않고, 그런 긴장관계에서 이탈할 때이다. 관계에서 이탈하는 자유는 공허한 환상이 되고 만다. 왜냐하면 어떠한 대립명제도 용납하지 않는 자유란 일종의 환상에 불과하기 때문이다. 그러므로 자유란 필연에 대한 대립각에서 비로소 생겨나고, 또 그러한 필연과 하나가 될 때 자유는 새롭게 생성된다. 더욱이 절대적 자유라 하더라도 보편성이나 총체성 때문에 인간실존이 절대적 자유에서 사라져버린다면, 그러한 자유는 본래적인 자유일 수가 없다. 결국 절대적 자유란 그 자체로 모순적일 수밖에 없는 것이다. 대립명제가 없는 자유는 공허할 뿐이고, 대립명제가 있을 때에만 자유는 생성으로 존재한다. 이미 만끽한 자유는 자유일 수가 없다. 따라서 자유에는 본래적으로 실존만 존재한다. 이때 자유와 필연은 하나로 통일된다. 객관적이고 구체적인 현실에서는 자유가 자의로 현상하는 반면, 인간의 실존적 근원에서는 자유가 바로 필연으로 존재하기 때문이다. 그러나 만약 자유와 필연의 정체성이 개별자의 근원성에서만 실현된다면, 그런 정체성은 절대적 자유일 수가 없다.

    자유와 필연의 통일이라는 논리성은 플루서의 사진철학을 정당화하는 데 좋은 본보기가 된다. 무엇보다 플루서가 볼 때, 야스퍼스의 그것이 자유이든 혹은 필연이든 이 모든 것이 엄격하게는 인간 내지 인간의 실존이라는 틀 안에서만 가능했다는 한계에도 불구하고 여전히 좋은 사례가 되는 것이다. 그러나 플루서는 큰 틀에서 자연과 인간, 다시 말해 장치와 사진가가 함께 할 때, 그것이 사람의 진정한 장치가 되고, 또한 장치의 진정한 인간이 되어 결국 예술로 승화되기를 바랐고, 또 철학에까지 이르기를 희망했다. 필연인 장치가 자유하는 사진가와 하나가 되어 철학할 때, 철학이 장치의 본성을 통해 사진가에게 해줄 수 있는 것이 무엇인가라는 물음이 플루서에게는 《사진의 철학》의 필연성이었고, 그것이 곧 '자유'였다. 그러나 플루서는 자신의 사진철학을 위한 자유의 내용을 구체적으로 짚어내지는 못한 채, 그 필연성인 자유만을 강조하는 데 그쳤다. 칸트는 자유를 이념적이고 추상적인 이성인 '목적의 나라'로 주장했고, 야스퍼스는 자유를 실존적이고 구체적인 나 자신인 '자기 존재'로 주장했다면, 플루서는 그중 하나를 선택할 수도, 그렇다고 둘 모두를 취할 수도 없었다. 왜냐하면 그는 순수한 이성이념의 철학자도 아니었고, 인간실존의 철학자도 아니었으며, 다만 미디어철학자였기 때문이다. 그는 무엇보다도 디지털미디어 네트워크 속에서 정보를 다매체적으로 교환하는 사회적 커뮤니케이션을 주목했던 것이다.

그렇다면 플루서 자신이 바랐던, 아니 그가 진정으로 마련하고자 했던 '사진철학'의 구체적인 내용은 도대체 무엇이었을까? 그는 시종일관 그림, 장치, 프로그램, 정보라는 네 가지 개념이 자신의 사진철학을 위한 초석이 되어야 한다고 강조했을 뿐, 그에 대한 어떤 철학적인 내용이나 논리적인 구성을 구체적으로 밝히지는 않았다. 다만 그는 사이버네틱한 디지털시대라 해도 사진철학은 반드시 필요하고, 그런 사진철학의 성립가능성을 인간의 자유라는 필연성에서 찾아야 한다고 주장했을 뿐이다. 그렇다면 플루서가 제시한 위의 네 가지 개념과 인간의 자유가 어떤 역학적인 관계에서 철학적으로 관계를 맺을 수 있는가? 이 물음이 그의 사진철학을 해명하기 위한 필요 요건이 된다. 이를 실현하기 위해서는 플루서의 사진철학이 과학적이고 정치적이며, 미학적일 수밖에 없었다. 이런 관점에서 플루서는 사진철학이 통합적으로 인간학적이어야 한다는 선언적 의미를 제안했을 뿐, 어떤 구체적인 대안도 내놓지 못한 것이다. 다만 그는 당위성의 측면에서 사진철학을 통해 사진의 실천성을 인간의식의 영역으로 끌어올려야 하고, 장치로 일관된 현실 가운데서 인간의 자유함을 메타적으로 사유하도록 해야 한다고 주장했을 뿐이다. 사실 인간의 자유함 역시 인위적인 장치로 인해 죽음의 우연적 필연성에서 삶의 의미를 획득하기 위해서는 그 가능성을 메타적으로 숙고해야 한다는 것뿐이었다면, 오히려 그는 0차원의 디지털시대에도 여전히 역사시대에 대한 아련한 향수를 품은 것이 아니겠는가 말이다.

플루서는 적어도 여기에 어울릴 만한 처방을 내리기 위해서는 한 챕터를 더해서라도 이 시대에 맞는 인간이해와 인간의 자유를 디지털적으로 참신하게 짚어야 했다. 또 적어도 이에 따른 사진철학의 당위적 필연성을 철학적으로 풀어내야 했다. 물론 그는 처음부터 자신의 사진철학이 가질 한계를 이미 설정하고 있는 듯 보인다. 플루서는 자신의 책 원어 제목을 "Für eine Philosophie der Fotografie"라고 했는데, 이 말을 차근차근 짚어보면 그런 한계설정이 보인다는 의미이다. 이 말에는 사진철학 자체의 내용을 밝히기보다는 사진철학을 가능토록 하는 그 이전의 사실내용 내지 그 사태까지만 밝히겠다는 의도가 내포되어 있어서 하는 말이다. 이는 사진을 위한für '하나의 철학eine Philosophie'(부정관사를 사용)을 의도했지, 바로 '그 철학die Philosophie'(정관사를 사용)을 밝힐 의도는 아니었다는 것이다. 다시 말해 보편성이 아니라, 개별성을 지목했다는 뜻이다.

이런 사례는 루터Martin Luther(1483~1546)에게서 이미 찾아볼 수 있다. 엄밀하게 말해 그는 《기독인의 자유론Von der Freiheit eines Christenmenschen》이라는 저서에서 정관사를 사용하는 '일반의 기독인der

Christenmensch'의 자유가 아니라, '한 사람의 기독인ein Christenmensch'의 자유를 지목하여 개별성에 초점을 맞추었다. 루터로 인해 가톨릭에서 사용하던 '인간구원'이라는 일반적 보편개념이 프로테스탄트의 '나의 구원'이라는 실존적인 개체개념으로 이행되었음을 우리가 알 수 있는 것과 마찬가지다.

우리가 만약 다시 인간과 자유문제로 되돌아가 플루서의 입장에서 사진철학이라는 도자기의 생산과정을 일별할 수 있다면, 도자기의 요변窯變에 나타나는 매양梅樣은 도공의 의도와는 상관없이 그 자체의 우연적 필연성에 의해서 자연스럽게, 즉 일종의 '자유함'으로 이루어진다고 할 수 있겠는가? 이런 물음을 던질 수 있다. 어떻든 요변에 나타난 매양의 극치가 일본의 제1 국보인 이도 자완井戶 茶碗이라면, 도공과 매양의 관계를 우리는 사진가와 사진기의 관계로 일반화시켜 인간과 자유를 지향하는 사진철학의 필연성으로 과연 주장할 수 있겠는가? 어떤 질문을 던지든, 어떤 항변을 늘어놓든 언제나 분명한 한 가지 사실은 플루서 자신이 사진을 통해 인간과 자유의 문제를 적나라하게 밝혀내지 못했다는 점이다. 그러므로 우리는 여기서 사진과 연관된 현실적인 사실과 그 내용을 해석학적으로 밝혀내어, 인간 삶의 전체 연관성을 철학적인 논리로 해명하기를 마지막으로 제안하려 한다.

책을 마무리하며 마지막으로 플루서의 한계와 의미를 한마디로 정의하자면 다음과 같다. 그는 보편적 사진철학을 위한 이론을 정립하지 못했고, 그 이론적 근거를 제시하는 데 그쳤지만, 지금까지 전승되어 온 사진 내지 사진철학의 논리적 개념을 벗어나 사이버네틱에서 이루어지는 디지털미디어의 가상적 현실에서 당위성을 마련하고자 했다.

주석

I. 사진과 사람, 그리고 사진철학

1 김아타Atta Kim는 2001년 영국의 파이든Phaidon의 '세계 100대 사진가'에 선정되었고, 2002년에는 제25회 상파울루비엔날레 한국관 대표작가로 참가하였다. 특히 2006년 6월에 뉴욕 ICPInternational Center of Photography에서 동양인 최초로 개인전을 개최하여 *New York Times*와 *The Sun* 등 많은 매체에 소개되었다. 2009년에는 제53회 베니스비엔날레 초청으로 6개월간의 특별전을, 2008년에는 리움삼성미술관 로댕갤러리에서 개인전을 가졌다.

2004년 세계적 권위의 사진집 전문출판사인 뉴욕의 아파추어파운데이션Aperture Foundation에서 The Museum Project 사진집, 2006년 베를린 Steidl/ICP에서 ON-AIR 사진집, 2009년 베를린 하체칸츠 HATJE CANTZ에서 모노그래프, 그리고 위즈덤하우스, 학고재 등에서 12권의 책을 발간하였다. 2010년 이탈리아의 LOREAL FOUNDATION, GALLIMARD에서 발간한 *100,000 Years of Beauty*에 작품을 수록하였고, 2010년과 2011년 2권의 미국 교과서에 작품이 실렸다. 사진예술사 올해의 작가, 이명동사진상, 하종현미술상, 동강사진상 등을 수상하였고, 2008년 조선일보 주최 〈100년 후에도 잊히지 않을 미술작가 10인〉에 선정되었다.

빌게이츠의 Microsoft Art Collection과 The Museum of Fine Arts, Houston, The Los Angeles County Museum of Art, Hood Museum at Dartmouth College, 국립현대미술관, 리움삼성미술관, 선재미술관 등 많은 미술관에 그의 작품이 소장되어 있다. 현재 글로벌프로젝트 The Project – Drawing of Nature를 진행하고 있다.

2 M. Heidegger, 이기상 옮김, 《존재와 시간Sein und Zeit》, 까치글방, 1999, 80쪽 이하, "현존재의 근본틀로서 세계내 존재 일반" 참조.

3 G. Deleuze, 이경신 옮김, 《니체와 철학Nitezsche et la philosophie》, 민음사, 2007, 187쪽, "거짓의 힘" 참조.

4 〈캔버스 위를 움직이는 표면들: 경험, 시각 그리고 미디어〉(2011.3.24.~10.2) Ziad Antar, Cho Duck Hyun, Izumi Taro, Adria Julia, Kim Beom, Miki Kratsman, Noh Suntag, Xijing Men(Chen Shasxiong, Gimhongsok, Tsuyoshi Ozawa 등이 참여했다.

5 이희승 편저, 《국어대사전》, 민중서관, 1995.

6 H.P. Robinson, 정진국 옮김, 《사진의 역사Pictorial Effect in Photography》, 열화당, 1987, 386쪽에서 재인용.

7 B. London and J. Upton, 김승곤 옮김, 《사진학 강의Photography》, 타임스페이스, 1996, 388쪽 참조.

8 L. Wittgenstein, *Tractatus logicophilosophicus. Tagebücher 1914-1916. Philosophische*

    Untersuchungen, Frankfurt(M) 1969. S.83

9   H. Plessner, *Die Stufen des Organischen und der Mensch. Einleitung in die philosophische Anthropologie*, Berlin 1965, S.288ff. "Die Sphaere des Menschen". 백승균 지음, 《H. Plesser 철학적 인간학》, 계명대학교출판부, 2005, 157쪽 이하 "탈중심성이론과 인간학적 근본법칙". M. Landmann, 진교훈 옮김, 《철학적 인간학Philosophische Anthropologie》, 경문사, 1977, 146쪽 이하 참조.

10   《존재와 시간》, 65쪽 이하.

11   M. Heidegger, *Platons Lehre von der Wahrheit*, Frankfurt(M) 1976, S.98

12   W. Benjamin, 반성완 편역, 《발터 벤야민의 문예이론》, 민음사, 1983, 242쪽의 Aura와 252쪽의 Authentizität.

II. 사진의 역사와 사진예술

1   《발터 벤야민의 문예이론》, 236쪽.

2   같은 책, 237쪽.

3   벤야민의 유물론적 예술이론이라 할 수 있는 〈기술복제시대의 예술작품〉, 〈역사가와 수집가로서의 푹스〉, 〈생산자로서의 작가〉는 물론이고, 우리가 여기서 고찰하고 있는 〈사진의 작은 역사〉 역시 브레히트와의 논쟁 덕분에 가능했다는 사실을 우리는 유념할 필요가 있다.

III. 사진의 정보와 사진철학

1   T.S. Kuhn, *The Structure of Scientific Revolutions*. Chicago: University of Chicago Press, 1962 참조.

2   R. Guldin, A. Finger, G. Bernardo, *Vilém Flusser*. Paderborn 2009. S.77. V. Flusser, 김성재 옮김, 《코무니콜로기. 코드를 통해 본 커뮤니케이션의 역사와 이론 및 철학》, 커뮤니케이션북스, 2006, 20쪽 이하. J. Habermas, 이진우 옮김, 《담론윤리의 해명Erlauterungen zur Diskursethik》, 문예출판사, 1997 참조.

3   '그림'과 '기술적 영상'은 독일어 Bild와 Technisches Bild를 우리말로 옮긴 것이다. 아마도 번역자는 이 둘을 명확히 구분하기 위해 이 단어들을 선택한 것으로 보인다. 사실 여기서 사용되는 '기술적 영상'이라는 말 자체가 장치들에 의해 생긴 그림을 의미한다면, 더구나 디지털에서 점멸하는 '화소 pixel: picture element'가 컴퓨터 모니터 위에서 만들어 내는 가상이라면, 영상이라는 개념 속에 이미 기술의 의미가 내포되어 있다. 따라서 우리가 Technisches Bild를 영상映像으로만 표기해도 문제는 없을 것이다.

4   J. Hessen, 이강조 옮김, 《현실론: 철학교과서 제3권Lehrbuch der Philosophie Band 3: Wertlehre》, 서광사, 2011 참조.

5   A. Schopenhauer, *Die Welt als Wille und Vorstellung*. erster Bd. Leipzig 1938.

6   K. Jaspers, 이종후·정영도 옮김, 《초월자의 암호》, 이문출판사, 1996.

7   F. Nietzsche, 정동호 옮김,《차라투스트라는 이렇게 말했다 Also sprach Zarathustra》, 책세상, 2002, 364~369쪽 '건강을 되찾고 있는 자': "…모든 것은 가며, 모든 것은 되돌아온다. 존재의 수레바퀴는 영원히 돌고 돈다. 모든 것은 시들어가며, 모든 것은 다시 피어난다. 존재의 해年는 영원히 흐른다. 모든 것은 부러지며, 모든 것은 다시 이어진다. 똑같은 존재의 집이 영원히 지어진다. 모든 것은 헤어지며, 모든 것은 다시 만나 인사를 나눈다. 존재의 수레바퀴는 이렇듯 영원히 자신에게 신실하다. 매 순간 존재는 시작된다. 모든 여기를 중심으로 저기라는 공이 굴러간다. 중심은 어디에나 있다. 영원이라는 오솔길은 굽어 있다." … '아! 사람이 영원히 되돌아오다니! 왜소한 사람 또한 영원히 되돌아오도록 되어 있다니!' 언젠가 나는 위대한 사람과 왜소한 사람이 맨몸으로 있는 것을 보았다. 저들은 서로 너무나 닮아 있었다. 더없이 위대한 자조차도 아직은 너무나 인간적이었던 것이다! 더없이 위대한 자조차도 너무도 왜소했으니! 이것이 사람에 대한 나의 짜증스러움이었다! 그리고 더없이 왜소한 자들의 영원한 되돌아옴! 이것이 모든 현존재에 대한 나의 짜증스러움이었다!…오, 차라투스트라여, 그대의 짐승들은 그대가 누구이며 누구여야 하는지를 잘 알고 있다. 보라, 그대는 영원회귀를 가르치는 스승이시다. 이제는 그것이 그대의 숙명인 것이다!…나를 얽어매고 있는 원인의 매듭은 다시 돌아온다. 그 매듭이 다시 나를 창조하리라! 나 자신이 영원한 회귀의 여러 원인에 속해 있으니.
이 책과 함께 A. Pieper, 정영도 옮김,《니이체의 짜라투스트라에 대한 철학적 해석 Philosophische Erläuterungen zu Nietzsches》, 이문출판사, 1994. 성진기 외,《니체이해의 새로운 지평》, 철학과 현실사, 2000 참조.
8 《존재와 시간》, 1, 6, 7, 83쪽.
9   우리는 앞에서 기술적 영상이라는 개념이 이미 디지털기술을 전제로 하고 있기 때문에 영상이라는 개념만 쓰기로 했다.
10 이왕주,《철학, 영화를 캐스팅하다》, "언어 예술 아름다움", 효형출판사, 2007.
11 K. Jaspers, 백승균 옮김,《역사의 기원과 목표 Vom Ursprung und Ziel der Geschichte》, 이화여자대학교출판부, 1986, 52쪽 이하, "세계사의 도식".
12 G. Bauer, *Geschichtlichkeit. Wege und Irrwege eines Begriffs.* Berlin 1963. S. 73ff. 그리고 K. Schaller. K.H. Schafer(Hrsg.), *Bildungsmodelle und Geschichtlichkeit.* Hamburg 1967 참조.
13 이진우 엮음,《포스트모더니즘의 철학적 이해》, 서광사, 1993. 권택영,《포스트모더니즘이란 무엇인가》, 민음사, 1991 참조.
14 H. Rickert, 이상엽 옮김,《문화과학과 자연과학 Kulturwissenschaft und Naturwissenschaft》, 책세상, 2004 참조.
15 《차라투스트라는 이렇게 말했다》, 25쪽, "저들(사람들)은 아직도 일(노동)에 매달린다. 일 자체가 일종의 소일거리(유희)이기 때문이다".
16 M. Heidegger, 신상희 옮김,《이정표 I Wegmarken》, 한길사, 2005, 153쪽.
17 헤겔이 말한 지양은 독일어로 Aufheben이며, beseitigen(제거하다), bewahren(보존하다), hinaufheben(고양하다) 등의 의미들을 동시에 갖는다. Hegel, 임석진 옮김,《정신현상학 1》, 한길사, 2006, 57쪽 참조. 이와 연관된 '매개 Vermittlung'라는 개념은 같은 책 56쪽 참조.
18 철학에서 범주란 한편으로는 가장 보편적인 현실형태들과 가장 보편적인 진술형태들, 그리고 일반개념들이 추리될 수 있는 근원개념인 개념형태들을 말한다. 다른 한편으로는 존재범주들과 실재범주들

같은 인식대상들의 존재에 대한 근본형태들을 의미하기도 한다. 존재범주와 인식범주의 관계는 인식론에서 다루어진다. 아리스토텔레스는 실체, 양, 질, 관계 등 10개의 범주를 제시했고, 칸트는 양, 질, 관계, 양상의 12개 범주를 제시했다. 이러한 전통적 범주를 철학적 범주라 하고, 실존철학 이후 이 틀을 깨어 '실존범주'라고 부른다.

19 E. Husserl, 이영호·이종훈 옮김, 《현상학의 이념. 엄밀한 학으로서의 철학Philosophie als strenge Wissenschaft》, 서광사, 2001, 108쪽 이하, "제4강의 1. 지향성을 통한 연구영역의 확대". 한전숙, 《현상학》, 민음사, 1996, 88쪽~107쪽, "지향성". H. Fein, 김영필 옮김, 《후설: 현상학의 위기》, 형설출판사, 1990.

20 R. Descartes, 김봉구 옮김, 《방법서설Discours de la methode》, 박영사, 1996, 42쪽, "신의 존재의 증거 및 인간의 영혼"과 57~74쪽 참조.

21 J. W. v. Goethe, 장희창 옮김, 《색채론Naturwissenschaftliche Schrift》, 민음사, 2003, 39쪽, "빛은 무색이지만, 어둠과 함께할 때 색채로서 나타난다."

22 《코무니콜로기. 코드를 통해 본 커뮤니케이션의 역사와 이론 및 철학》, 197쪽.

23 《초월자의 암호》 참조.

24 계명대학교 철학연구소, 《인간과 자연》, 서광사, 1995.

25 대화의 전형은 부버M. Buber에게서 찾아볼 수 있다. 그는 먼저 '나와 너' 그리고 '나와 그것'이라는 근원이 되는 두 말을 제시한다. 그런 다음 전자에서는 타자와의 인격적 만남을 통해 본래적 인간존재의 실현이 가능하지만, 후자에서는 물적 소유를 통해 목적달성을 위한 수단의 사태만 빚어진다며, 이 둘을 구분한다. 특히 인간은 유한한 존재이지만, 동시에 대화를 통해 자신의 한계를 극복할 수 있다는 의미에서 초월적 존재이기 때문에 자신의 한계성과 초월성을 동시에 가지는 존재라고 주장한다. 이는 대화를 통해 타자와의 인격적 만남이 가능하고, 또 그 절대성까지도 만날 수 있다는 말이다. 따라서 인간의 참된 삶은 만남에서 비롯되고, 만남의 터전은 너와 나의 '사이'이지만, 이 사이는 서로의 대화를 통해 하나로 엮인다. M. Buber, 표재명 옮김, 《나와 너Ich und Du》, 문예출판사, 2001.

26 《코무니콜로기. 코드를 통해 본 커뮤니케이션의 역사와 이론 및 철학》, 304쪽 이하, "대화적 매체" 참조.

27 같은 책, 288쪽 이하, "담론적 매체" 참조.

28 I. Kant의 3대 비판서는 백종현이 번역하여 아카넷 출판사에서 발행한 《순수이성비판》(2006), 《실천이성비판》(2009), 《판단력비판》(2009)을 참조할 것. 문성학, 《칸트의 인간관과 인식존재론》, 경북대학교출판부, 2007 참조.

29 《코무니콜로기. 코드를 통해 본 커뮤니케이션의 역사와 이론 및 철학》, 191~225쪽.

30 V. Flusser, 윤석종 옮김, 《디지털시대의 글쓰기. 글쓰기에 미래는 있는가》, 264~276쪽, "코드변환" 참조.

31 V. Flusser, 김현진 옮김, 《그림의 혁명》, 커뮤니케이션북스, 2004, 36~49쪽, "문자와 숫자병용사회" 참조.

32 강영안, 《인간의 얼굴을 가진 지식》, 소나무, 2002, 153~194쪽, "누가 문자를 두려워하는가: 철학과 텍스트" 참조.

33 《그림의 혁명》, 33쪽 이하, "텍스트에서 테크노코드로".

34　백승균,《변증법적 비판이론》, 경문사, 1990, 190쪽 이하, "부정변증법의 철학적 이론" 참조.
35　F. Ritchin, 임영균 옮김,《사진 그후 After Photography》, 눈빛, 2011, 22쪽 이하.
36　《성서》, 창세기 1장 2절, "하나님이 빛과 어두움을 나누사"
37　《방법서설》, 61쪽,《디지털시대의 글쓰기, 글쓰기에 미래는 있는가》, 59쪽 이하.
38　이의 관계는《코무니콜로기. 코드를 통해 본 커뮤니케이션의 역사와 이론 및 철학》, 200쪽 이하 참조.
39　S. Landshut(Hrsg.), *Karl Marx. Die Frühschriften*. Stuttgart 1971. S.341: "Die Philosophen haben die Welt nur verschieden interpretiert: es kömt darauf an, sie zu verändern".
40　M. Adas, 김동광 옮김,《기계, 인간의 척도가 되다 Machines as the Measure of Men》, 산처럼, 2011.
41　V. Nabokov, "Real Life and Fiction", *Partisan Review 50*. Spring, 1983. pp. 29-39.
42　《코무니콜로기. 코드를 통해 본 커뮤니케이션의 역사와 이론 및 철학》, 191쪽: "Technoimagination". O. Bidlo, Vilem Flusser. Einfuhrung. Oldib 2008. S.78ff. Bes. S.80, "Bilder, Texte und Technobilder, Imagination und Technoimagination…"
43　G. W. F. Hegel, *Grundlinien der Philosophie des Rechts*. Hamburg 1955. §31: '존재 일반이 전개되는 절대정신의 자기발전의 원리' 그리고 '개념의 유동적 원리'.
44　《차라투스트라는 이렇게 말했다》, 369쪽, "Unschuld des Werdens": "나를 얽어매고 있는 원인의 매듭은 다시 돌아온다. 그 매듭이 다시 나를 창조하리라! 나 자신이 영원한 회귀의 여러 원인에 속해 있으니."
45　O. F. Bollnow, 백승균 옮김,《삶의 철학 Die Lebensphilosophie》, 경문사, 1988, 30쪽.
46　V. Flusser, 김성재 옮김,《피상성 예찬》, 커뮤니케이션북스, 2004, 3쪽.
47　O. F. Bollnow, 백승균 옮김,《진리의 양면성. 인식의 철학 II》, 서광사, 1994, 211~235쪽.
48　《피상성 예찬》, 214쪽 이하.
49　같은 책, 216쪽 참조.
50　같은 책, 10쪽.
51　J. Monod, 조현수 옮김,《우연과 필연 Le hasard et la necessite》, 궁리, 2010. 정대현,《필연성의 문맥적 이해》, 이화여자대학교출판부, 1994.

IV.《사진의 철학》을 가능케 한 철학들

1　G.W.F. Hegel, *Grundlinien der Philosophie des Rechts*, §31. Hrsg.v. Hoffmeister. Hamburg 1955. S.47: "Das bewegende Prinzip des Begriffs."
2　H. Schmidt(Beg.v.), *Philosophisches Wörterbuch*, 18.Aufl. Stuttgart 1969. S.596.
3　I. Kant, 이원봉 옮김,《도덕형이상학을 위한 기초놓기 Grundlegung zur Metaphysik der Sitten》, 책세상, 2009, 72쪽. 의무에 대한 보편적 명령법은 "마치 네 행위의 준칙이 네 의지에 의해 보편적 자연법칙이 되어야 할 것처럼 그렇게 행동해라"이고, 실천적 명령법은 "네 인격 안의 인간성뿐만 아니라 모든 사람의 인격 안의 인간성까지 결코 단지 수단으로만 사용하지 말고, 언제나 (수단과) 동시에 목적으로도 사용하도록 그렇게 행동해라"이다.

부록

1. 빌렘 플루서의 생애

1920년	5월 12일 프라하에서 구스타브와 멜리타의 아들로 출생. 아버지는 수학자이자 물리학자였으며 프라하의 독일대학에 재직.
1939년	나치의 등장으로 부모와 함께 런던으로 망명. 나중에 부인이 될 에디트 바르트Edith Barth도 이때 동행. 런던에서 잠시 철학을 연구.
1940년	독일의 영국 침공에 대한 불안 때문에 브라질로 망명.
1941년	에디트 바르트와 리우데자네이루에서 결혼. 딸 디나Dinah 출생.
1943년	아들 미구엘 구스타브 출생.
1957/58년	《악마의 역사》 집필.
1963년	첫 번째 저서 《언어와 현실Lingua e Realidade》 출판. 상파울루대학에서 커뮤니케이션 철학 강의.
1967년	상파울루대학에서 커뮤니케이션이론 전공교수로 1970년까지 재직.
1972년	부인과 유럽(남부티롤에 있는 메란)으로 이주하여 자유기고가 및 학자로 활동.
1974년	《인간정신의 현상학》 집필 시작.
1977/78년	커뮤니케이션철학 사상이 담긴 《커뮤니케이션학Kommunikologie》 출판.
1983년	《사진의 철학을 위하여》 첫 번째 독일어판 발간.

1991년   프리드리히 키틀러Friedrich Kittler에 의해 독일 보쿰대학 객원교수로 초빙. 비디오 녹화방송으로 진행되는 〈보쿰강연Bochumer Vorlesungen〉을 시작. 11월 27일, 50년 만에 자신이 태어난 프라하를 방문하기 위해 가던 중 독일과 체첸 국경 인근에서 교통사고로 사망.

2. 빌렘 플루서의 전집

제1권 의심에 관하여(Vom Zweifel) – 2006년

브라질 시절의 초기 작품으로 그의 후기 사진이론과 매체이론의 철학적 토대가 된다. "의심은 아주 중요한 정신 상태이다. 의심은 한 믿음의 끝일 수 있다. 하지만 의심은 또한 새로운 믿음으로 이끈다. 의심은 모든 확실성을 끝장낸다. 우리는 극단적인 경우에 의심을 전도된 믿음의 한 방식인 '회의Skepsis'로 간주한다. 의심은 사소하게 사유를 자극하지만, 과도하게 정신적인 활동을 약화시킨다. 의심은 지적 경험으로서는 하나의 순수한 즐거움이지만, 도덕적 경험으로서는 하나의 고통이다. 의심은 새로움과 더불어 연구의 요람, 즉 모든 체계적인 사유의 요람이다."(64쪽)

제2권 악마의 역사(Die Geschichte des Teufels) – 2006년 제3판

"창조 신화에 따르면 인간은 신과 악마를 갖고 있다." 1957/58년 브라질에서 쓴 플루서의 첫 번째 저작이지만 여기서 제시된 책은 독일어판 정본이다. 진보의 역사로서의 악마의 역사와 과학, 기술, 경제, 예술의 비판을 7개의 죄악을 통해 이야기한다.(200쪽)

제3권 사진의 철학을 위하여(Für eine Philosophie der Fotografie) - 2011년 제11판

사진의 미적, 과학적 그리고 정치적 측면에서 사진을 분석하는 것은 현대의 문화위기와 거기서 형성된 새로운 현존형태 그리고 사회형태를 연구하기 위한 열쇠이다. 1983년 출간되어 오늘날 20여 개 언어로 번역된 철학적 사진비판의 고전이다.(80쪽)

제4권 기술적 영상의 우주 속으로(Ins Universum der technischen Bilder) - 2000년 제6판

기술적 영상의 모든 분야에 대한 사진철학의 확장으로 1984년에 발간되었다. 텔레마틱 사회telematische Gesellschaft에 대한 플루서의 모델은 오래전부터 탁월한 인터넷철학으로 입증되었다. 숨 막힐 듯 환상적인 충격을 가한 책이다. "모든 작가들, 창조자, 창설자, Mosesse, 건국자들 그리고 Marx(신적 창조자를 포함해서)는 대화의 인공 두뇌학적 결합과 복사 가게에 의해서 불필요한 것이 된다."(192쪽)

제5권 문자 - 글쓰기에 미래가 있는가?(Die Schrift-Hat Schreiben Zukunft?) - 2002년 제5판

플루서는 글쓰기를 문제 삼는다. 그는 우리의 문화에서 문자 숫자 병용 방식의 코드가 어떤 역할을 하는지, 그리고 만일 우리가 글쓰기를 포기한다면 우리가 남길 수 있는 것은 무엇인지를 분명히 한다. "이전에 역사의 진보는 사진기의 발명만큼 빠르게 진행되었던 적이 결코 없었다. 궁극적으로 역사는 그 목적을 알게 한 역사에 상반되는 구체적 목적을 갖기 때문이다."(160쪽)

제6권 뱀파이어 오징어(Vampyroteuthis infernalis) - 2002년 제3판

플루서는 이 책을 위해 그림 15작품을 기부한 루이스 벡Louis Bec과 함께 반인간, 즉 '뱀파이어 오징어'라는 수중 괴물의 시각에서 인간의 철학을 기획한다. 플루서와 벡의 공동연구는 낙원으로 가는 지옥순례가 되었다.(84쪽)

제7권 가상 - 장면의 연속(Angenommen-Eine Szenenfolge) - 2000년 제2판
이 책은 가능성과 개연성의 진리를 이야기하기보다는 하나의 새로운 실험적, 허구적 철학을 이야기하는 플루서의 논문 모음집이다. 하나의 철학적인 보석이면서 동시에 플루서의 마지막 전기이다.(108쪽)

제8권 입장들. 사진에 관한 텍스트(Standpunkte. Texte zur Fotografie) - 1998년
안드레아스 뮐러-포레Andereas Muller-Pohle가 발행했다. 1983년에 출간된 《사진의 철학을 위하여》라는 에세이는 독일에서 사진이라는 문화현상에 대한 강렬한 논쟁을 불러일으켰다. 빌렘 플루서는 이 논쟁에 다양한 방식으로 관여했다. 그 결과 수많은 보고서, 초안, 작품분석, 에세이 그리고 발표가 나왔다. 바로 그 결과물이 이 책이다. 이 책의 연대순 편성은 풍부한 선택을 제공한다. 이 책은 '사진철학'을 위한 흥미진진한 사진 독본이자 훌륭한 보완물이다.(255쪽)

제9권 대담. 1967~1991년까지의 인터뷰(Zwiegesprache. Interviews 1967~1991) - 1996년
클라우스 잔더Klaus Sander가 발행했다. 빌렘 플루서는 뛰어난 연사였으며 열광적인 대화 파트너였다. 그런 점에서 그의 인터뷰 모음은 복잡하게 분화된 그의 철학적 사유를 이해하기 위한 하나의 훌륭한 입문서이다. 그의 철학적 사유는 1980년대에 지배적이었던 미디어와 커뮤니케이션이론의 시작단계를 넘어서 있으며, 그는 우리 시대 문화의 보편적 비판가로 자리매김한다.(255쪽)

제10권 알렉스 블로흐에게 보낸 편지들(Briefe an Alex Bloch) – 2000년

에디트 플루서와 클라우스 잔더가 발행했다. 알렉스 블로흐와 빌렘 플루서는 프라하 출신의 유대인으로 브라질 망명의 운명을 함께 했다. 그는 플루서에게 빼어난 비판가였고, 그와 동시에 수많은 인물과 역할을 구현했던 '코요테 Steppenwolf'였지만, 그럼에도 불구하고 기쁨을 함께 나누지는 못했다. 감동적인 서신 왕래는 1951년 리우데자네이루에서 시작되었고, 플루서가 유럽으로 돌아간 1972년에 다시 시작되었다.(231쪽)

참고문헌

■ 국내문헌

〈저서〉

- 강대석, 《니체와 현대철학》, 한길사, 1986.
- 강돈구, 《슐라이어마허의 해석학》, 이학사, 2000.
- 강영안, 《인간의 얼굴을 가진 지식》, 소나무, 2002.
- 계명대학교 철학연구소, 《인간과 자연》, 서광사, 1995.
- 권택영, 《포스트모더니즘이란 무엇인가》, 민음사, 1991.
- 김문환·권대중(편역), 《예술의 죽음과 부활》, 지식산업사, 2004.
- 김영복, 〈기독인의 자유에 대한 분석적 고찰〉, 《대학과 선교》 제8집, 한국대학선교학회, 2005.
- 김욱동(편), 《포스트모드니즘과 포스트구조주의》, 현암사, 1991.
- 김주완, 《미와 예술》, 형설출판사, 1994.
- 문성학, 《칸트의 인간관과 인식존재론》, 경북대학교출판부, 2007.
- 박범수, 《쇼펜하우어의 생애와 사상》, 형설출판사, 1996.
- 백승균, 《H. Plesser 철학적 인간학》, 계명대학교출판부, 2005.
- ———, 《변증법적 비판이론》, 경문사, 1990.
- 성진기 외, 《니체이해의 새로운 지평》, 철학과 현실사, 2000.
- 양건열, 《비판적 대중문화론》, 현대미학사, 1997.
- 엄정식 편역, 《비트겐슈타인과 분석철학》, 서광사, 1983.
- 이건수, 《보들레르》, 살림, 2006.
- 이광래, 《해체주의란 무엇인가》, 교보문고, 1989.
- 이영준, 《사진 이상한 예술》, 눈빛출판사, 1998.
- ———, 《사진이론의 상상력》, 눈빛출판사, 2006.
- ———, 《이미지 비평》, 눈빛출판사, 2004.

- 이왕주,《철학, 영화를 캐스팅하다》, 효형출판사, 2007.
- 이재성,《열림과 소통의 문화생태학》, 계명대출판부, 2008.
- 이진우 엮음,《포스트모더니즘의 철학적 이해》, 서광사, 1993.
- ─────,《프라이버시의 철학》, 돌베개, 2009.
- 임동숙,《카메라로 보는 방법》, 눈빛출판사, 2007.
- 임홍빈,《기술문명과 철학》, 문예출판사, 1995.
- 정대현,《필연성의 문맥적 이해》, 이화여대출판부, 1994.
- 정상원,《사진입문》, 눈빛출판사, 2007.
- 조정래,《프란츠 카프카》, 살림, 2005.
- 진동선,《사진철학의 풍경들》, 문예중앙, 2011.
- 크리스찬 아카데미(편),《대화의 철학》, 서광사, 1992.
- 한국철학사상연구회,《문화와 철학》, 동녘, 1999.
- 한국철학회편,《문화철학》, 철학과 현실사, 1995.
- 한정식,《사진, 예술로 가는 길》, 눈빛출판사, 2007.
- ─────,《사진과 현실》, 눈빛출판사, 2005.
- ─────,《사진예술개론》, 눈빛출판사, 2007.
- ─────,《현대사진을 보는 눈》, 눈빛출판사, 2004.
- 홍성욱·김용석·이원곤·김동식·김진엽·송도영·하동환,《예술, 과학과 만나다》, 이학사, 2007.

〈번역서〉
- A. Easthope,《문학에서 문화연구로》, 현대미학사, 1994.
- A. Pieper,《니이체의 짜라투스투스트라에 대한 철학적 해석》, 정영도 옮김, 이문출판사, 1994.
- A.C. Danto,《예술의 종말 이후》, 이성훈·김광우 옮김, 미술문화, 2010.
- B. London and J. Upton,《사진》, 김승곤 옮김, 타임스페스, 1994.
- C. A. van Puersen,《급변하는 흐름 속의 문화》, 강영안 옮김, 서광사, 1994.
- E. Fischer,《예술이란 무엇인가》, 돌베개, 1984.
- E. Hufnagel,《해석학의 이해》, 강학순 옮김, 서광사, 1994.
- E. Husserl,《현상학의 이념, 엄밀한 학으로서의 철학》, 이영호·이종훈 옮김, 서광사, 2001.
- F. Nietzsche,《짜라투스트라는 이렇게 말했다》, 강대석 옮김, 이문출판사, 1994.
- ─────,《차라투스트라는 이렇게 말했다》, 정동호 옮김, 책세상, 2002.

- F. Ritchin, 《사진 그 후》, 임영균 옮김, 눈빛출판사, 2011.
- G. Deleuze, 《니체와 철학》, 이경신 옮김, 민음사, 2007.
- G. Lukacs, 《역사와 계급의식. 마르크스주의 변증법연구》, 박정호 옮김, 거름, 1999
- G. Poulet, 《프루스트적 공간과 존재의 변증법》, 조종권 편역, 동인, 1994.
- G.H. v. Wright, 《설명과 이해》, 배철영 옮김, 서광사, 1994.
- G.W.F. Hegel, 《대논리학 I · II · III》, 임석진 옮김, 지학사, 1983.
- ─────, 《정신현상학》, 임석진 옮김, 한길사, 2006.
- H. Fein, 《후설: 현상학의 위기》, 형설출판사, 1990.
- H. Foster(ed.), 《반미학》, 윤호병 외 옮김, 현대미학사, 1993.
- H. Rickert, 《문화과학과 자연과학》, 이상엽 옮김, 책세상, 2004.
- H.G. Gadamer, 《진리와 방법 I》, 이길우 · 이선관 · 임호일 · 한동원 옮김, 문학동네, 2000.
- I. Kant, 《도덕형이상학을 위한 기초놓기》, 이원봉 옮김, 책세상, 2009.
- ─────, 《순수이성비판》, 백종현 옮김, 아카넷, 2006.
- ─────, 《순수이성비판》, 최재희 역, 박영사, 2002.
- ─────, 《실천이성비판》, 백종현 옮김, 아카넷, 2002.
- ─────, 《윤리형이상학정초》, 백종현 옮김, 아카넷, 2005.
- ─────, 《판단력비판》, 백종현 옮김, 아카넷, 2009.
- J. Baudrillard, 《시뮬라시옹: 포스트모던 사회문화론》, 문예출판사, 1992.
- J. Fischl, 《생철학》, 백승균 옮김, 서광사, 1987.
- J. Habermas, 《담론윤리의 해명》, 이진우 옮김, 문예출판사, 1997.
- J. Hessen, 《현실론: 철학교과서 제3권》, 이강조 옮김, 서광사, 2011.
- J. Monod, 《우연과 필연》, 김용준 옮김, 삼성출판사, 1997.
- J. F. Lyotard, 《포스트모던의 조건》, 류정환 외 옮김, 민음사, 1992.
- J. W. v. Goethe, 《색채론》, 장희창 옮김, 민음사, 2003.
- K. Jaspers, 《역사의 기원과 목표》, 백승균 옮김, 이화여자대학교출판부, 1986.
- ─────, 《초월자의 암호》, 이종후 · 정영도 옮김, 이문출판사, 1996.
- L. Wittgenstein, 《논리 철학 논고》, 이영철 옮김, 책세상, 2006.
- ─────, 《철학적 탐구》, 이영철 옮김, 책세상, 2006.
- M. Heidegger, 《예술작품의 근원에 대하여》, 오병남 · 민형원 공역, 경문사 1979.
- ─────, 《이정표 1》, 신상희 옮김, 한길사, 2005.
- ─────, 《이정표 2》, 이선일 옮김, 한길사, 2005.
- ─────, 《존재와 시간》, 이기상 옮김, 까치글방, 1999.

- M. Landmann,《철학적 인간학》, 진교훈 옮김, 경문사, 1977.
- O. Poggeler(Hrsg.),《해석학이란 무엇인가》, 박순영 옮김, 서광사, 1993.
- O.F. Bollnow,《삶의 철학》, 백승균 옮김, 경문사, 1988.
- ─────.《진리의 양면성. 인식의 철학 II》, 백승균 옮김, 서광사, 1994.
- P. Burger,《미학이론과 문예학 방법론》, 김경연 옮김, 문학과 지성사, 1987.
- ─────.《전위예술의 새로운 이해》, 최성만 역, 심설당, 1986.
- R. Benedict,《문화의 패턴》, 김열규 옮김, 까치글방, 1991.
- R. Descartes,《방법서설》, 김봉구 역, 박영사, 1996.
- R. P. Horstmann(Hrsg.),《헤겔변증법연구》, 감창호 · 장춘익 옮김, 풀빛, 1983.
- S. Lash,《포스트모드니즘과 사회학》, 김재필 옮김, 한신문화사, 1993.
- S. Woodford,《회화를 보는 눈》, 이희재 옮김, 열화당, 2001.
- Th. W. Adorno,《미학이론》, 홍승용 옮김, 문학과 지성사, 1984.
- V. Flusser,《그림의 혁명》, 김현진 옮김, 커뮤니케이션북스, 2004.
- ─────.《디지털시대의 글쓰기: 글쓰기에 미래는 있는가》, 윤석종 옮김, 문예출판사, 2002.
- ─────.《사진의 철학을 위하여》, 윤석종 옮김, 커뮤니케이션북스, 2009.
- ─────.《코무니콜로기. 코드를 통해 본 커뮤니케이션의 역사와 이론 및 철학》, 김성재 옮김, 커뮤니케이션북스, 2006.
- ─────.《피상성 예찬: 매체현상학을 위하여》, 김성재 옮김, 커뮤니케이션북스, 2006.
- W. Benjamin,《발터 벤야민의 문예이론》, 반성완 편역, 민음사, 1983.

■ 해외문헌

〈일반자료〉

- A. Davenport, *The History of Photography*. An Overview. Boston 1991.
- A. Rouille, *L'Empire de la Photographie. Photorgaphie et Pouvoir Bourgeois 1839-1870*. Paris 1982.
- A. Scharf, *Pioneers of Photography. An Album of Pictures and words*. New York 1976.
- A. Schopenhauer, *Die Welt als Wille und Vorstellung*. Atlas Verlag Köln. ohne Jahr.
- A. Sekula, *Photography against the Grain. Essays and Photo Works, 1973-1983*. Halifax 1984.
- A. Trachtenberg, *Reading American Photographs. Images as History, Mathew Brady to*

Walker Evans. New York 1989.
- B. Busch, *Belichtete Welt: Eine Wahrnehmungsgeschichte der Fotografie*. Frankfurt(M) 1995.
- B. Coe, *The History of Movie Photography*. London 1981.
- B. Newhall, *Latent Image. The Discovery of Photography*. Albuquerque 1983.
- C.S. Peirce, *Zur Entstehung des Pragmatismus. Mit einer Einführung*. Hrsg.v. K.O. Apel. Frankfurt(M) 1967.
- E. Cadava, *Words of Light: Theses on the Photography of History*. Princeton. New Jersey 1997.
- F. Garber, *Repostionings. Readings of Contemporary Poetry, Photography and Performance Art*. Pennsylvania 1995.
- G. Batchen, *Burning with Desire: the Conception of Photography*. Cambridge 1997.
- G. Bauer, *Geschichtlichkeit. Wege und Irrwege eines Begriffs*. Berlin 1963.
- G. Freund, *Photography and Society*. Boston 1980.
- G.W.F. Hegel, *Grundlinien der Philosophie des Rechts*. Hamburg 1955.
- H. Gernsheim, *The Origins of Photography*. London 1982.
- H. Lipps, *Untersuchungen zu einer hermeneutischen Logik*. Frankfurt(M) 1968.
- H. Plessner, *Die Stufen des Organischen und der Mensch*. Berlin 1965.
- I. Jeffrey, *A Concise History*. London 1981.
- J. Crary, *Techniques of the Observer*. Cambridge & London 1984.
- J. Green, *American Photography. A Critical History since 1945 to the Present*. New York 1984.
- J. Livingston, *The New York School: Photographs, 1936-1963*. New York 1992.
- J. Pultz, *The Body and the lens. Photography 1839 to the Present*. New York 1995.
- J. Szarkowski, *Photography until Now*. New York 1989.
- J. Taag, *The Burden of Prepresentation. Essays on Photographies and Histories*. London 1988; Minneapolis 1992.
- J.C. Maddox, *The Piopneering Image: Celebrating 150 Years of American Photography*. New York 1989.
- J.M. Eder, *History of Photography*. New York 1978.
- K. Jaspers, *Philosophie I. Philosophische Weltorientierung*. Berlin, Göttingen, Heidelberg 1956.

- ―――――, *Philosophie II. Existenzerhellung*. Berlin, Göttingen, Heidelberg 1956.
- ―――――, *Philosophie III. Metaphysik*. Berlin, Göttingen, Heidelberg 1956.
- K. Löwith, *Nietzsches Philosophie der ewigen Wiederkehr des Gleichen*. Stuttgart 1956.
- L. Law, *Flashing on the Sixties: Photographs*. San Fancisco 1987.
- L. Roosens, *History of Photography. A Bibliography of Books*. London. N.Y. 1994.
- L. Sante, *Evidence*. New York 1992.
- L. J. Schaaf, *Records of the Dawn of Photography. Talbo's Notebooks P & Q*. Cambridge 1996.
- N. Hall-Duncan, *The History of Fashion Photography*. New York 1979.
- N. Natanson, *The black Image in the New Deal. The Politics of FSA Photography*. Knoxville 1992.
- N. Rosenblum, *A History of Women Photographers*. New York 1994.
- ―――――, *A World History Photography*. New York 1989.
- N. Shawcross, *Roland Barthes on Photography. the Critical Tradition in Perspective*. Gainesville 1997.
- N.W. Newhall, *From Adams to Stieglitz. Pioneers of Modern Photography*. New York 1989.
- O. Bidlo, *Vilém Flusser. Einführung*. Essen 2008.
- P. Daniels, *Early Photography*. London & New York 1978.
- R. Barthes, *Camera Lucida: Reflections on Photography*. New York 1981.
- R. Bolton(ed.), *The Contest of Meaning: Critical Histories of Photography*. Cambridge 1997.
- R. Guldin, A. Finger, G. Bernardo, *Vilém Flusser*. Paderborn 2009.
- R. Rudisill(ed.), *Photographers. A Sourcebook for Historical Research*. Brownsville and Califonia 1991.
- R. A. Sobieszek, *The Art of Persuasion. A History of Advertising Photography*. New York 1988.
- R. P. Lovell, *Two Centuries of Shadow Catchers. a History of Photography*. Albany. New York 1996.
- S. Lalvani, *Photography. Vision and the Production of Modern Bodies*. Albany 1996.
- S. Landshut(Hrsg.), *Karl Marx. Die Frühschriften*. Stuttgart 1971.

- T.S. Kuhn, *The Structure of Scientific Revolutions*. Chicago, 1962.
- V.P. Curtis, *Photography and Reform*. Milwaukee. wisconsin 1984.
- Yu Taek Lee, *Vom Seinkönnen zum Seinlassen. Heideggers Denken der freiheit*. Würzburg 2000.

〈빌렘 플루서 관련 자료〉

- A. Finger, "Vilém Flusser as Philosopher, Author and Migrant", *Einführung zu Vilém Flusser: The Freedom of the Migrant. Objections to Nationalism*, Hg. von A. Finger, Champaign 2003.
- A. Moles, "Philosophiefiktionen bei Vilém Flusser", *Überflusser*, hg. von V. Rapsch, Düsseldorf 1990.
- Ch. Asendorf, "Knoten des zwischenmenschlichen", *Über Architektur und Kommunikation. International Flusser Lectures*, Hrsg. von Marcel Marburger, Silvia Wagnermaier und Siegfried Zielinski, Verlag Walter Konig, Köln 2007.
- Das Flusser Archiv unter http://www.flusser-archive.org
- E. Neswald, *Medientheologie. Das Werk Vilém Flussers*. Böhlau, Köln, Weimar, Wien 1998.
- G. Borba Filho, "Presenca de Flusser", in: G.B. Krause/R. Mendes. (Hrsg.), *Vilém Flusser no Brasil*, Rio de Janeiro 2000.
- G. Gernot, "Vilém Flusser-Mundus ex machina", In: Hrsg. von Lagaay, Alice, Lauer, David. 2004.
- G. Jäger(Hrsg.), *Fotografie denken. Über Vilém Flussers Philosophie der Medienmoderne*. Kerber Verlag, Bielefeld 2001.
- G. Jäger, "Freiheit im Apparatenkontext", In: *Flusser, Vilém* 1993.
- G.B. Krause, Mendes Ricardo(Hrsg.), *Vilém Flusser no Brasil*, Rio de Janeiro 2000.
- I. Koeltzsch, "Gustav Flusser. Biographische Spuren eines deutschen Juden in Prag vor dem zweiten Weltkrieg", In: *Flusser Studies 05*, November 2007, unter http://www.flusserstudies.net/pag/05/GustavFlusser.pdf, Zugriff 20.09.2008
- J. Albrecht, "Vom Ende der bürgerlichen Kultur. Ein Gespräch mit Vilém Flusser", In: Hrsg. von Rapsch, *Volker* 1990.
- K. Hochscheid, "Vilém Flusser: Kommunikation und menschliche Existenz", In: Hrsg. von Moebius, Stephan, Quadflieg. 2006.

- M. Hanke, "Vilém Flussers Sprache und Wirklichkeit von 1963 im Kontext seiner Medienphilosophie", In: *Flusser Studies 02*, Mai 2006. http://www.flusserstudies.net/pag/02/sprache-wirklichkeit02.pdf, Zugriff 15.08.2008
- M. Vargas, "Vilém Flusser in Brasilien-Nachwort", In: *Flusser, Vilém*, Bodenlos, 1999.
- N. Baitello, *Flussers Völlerei*, Köln 2007.
- N. Roller, S. Wagnermaier(Hrsg.), *Absolute Vilém Flusser*, Orange Press, Freiburg 2003.
- O. Bidlo, "Telematik und Dialog. Vilém Flussers Rekurs auf Martin Buber", In: Hrsg. von Fahle, Oliver, Hanke, Michael (in Vorbereitung), 2009.
- O. Fahle, M. Handke (Hrsg.), *Technobilder und Kommunikologie. Die Medientheorie Vilém Flussers*, Berlin 2009.
- P. Bozzi, *Durch fabelhaftes Denken*: Evolution, Gedankenexperiment, Science und Fiction. Vilém Flusser, Louis Bec und der Vampyroteuthis infernalis. Köln 2008.
- R. Guldin (Hrsg.), *Das Spiel mit der Übersetzung. Figuren der Mehrsprachigkeit in Vilém Flussers Werk*, Tübingen und Basel 2004.
- R. Guldin, *Philosophieren zwischen den Sprachen. Vilém Flussers Werk*, München 2005
- S. Hubik, "Das technische Bild und der logische Bau: Flusser und Wittgenstein", In: *Flusser Studies 05*, November 2007, http://www.flusserstudies.net/pag/05/Dastechnische-bild.pdf, Zugriff 20.09.2008
- S. Klengel, H. Siever(Hrsg.), *Das Dritte Ufer. Vilém Flusser und Brasilien. Kontexte-Migration-Übersetzungen*, Würzburg 2009.
- S. Wagnermaier, N. Röller (Hrsg.), *Absolute Vilém Flusser*, Freiburg 2003.
- V. Rapsch(Hrsg.), *Über Flusser. Die Festschrift zum 70. von Vilém Flusser*, Bollmann, Düsseldorf 1990.

찾아보기

김아타 · 20~21, 32~36, 236
나다르 · 81
니엡스 · 43, 81
니체 · 7, 99, 107, 112~113, 127, 162, 185~187, 210~212
다게르 · 43, 81
다다이즘 · 52, 54, 83
다중노출 · 32, 54, 65
담론 · 99, 106, 119, 138, 154~156, 216
데리다 · 78
데카르트 · 107, 138, 144, 172~173, 207~210
동일자의 영겁회귀 · 112, 127, 185, 187~188
라이프니츠 · 85, 187, 209
로빈슨 · 50
리스 · 44
모호이너지 · 54, 91
문화과학 · 130~131, 213~214
베르그송 · 212
변증논리 · 169, 184~185, 198, 205
변증법 · 118, 205, 224~227
보들레르 · 44, 83, 93
부버 · 99, 107, 207, 216, 239
브레히트 · 83~85, 93
비에르츠 · 93

비트겐슈타인 · 59~62, 68~69
사르트르 · 213
선형문자 · 105, 116~117, 121, 148, 164, 167, 186, 217, 224
쇼펜하우어 · 110, 133
숄렘 · 78
스티글리츠 · 52
아도르노 · 77~78, 96
아리스토텔레스 · 42, 148, 239
암호해독 · 110~111, 150, 217
앗제 · 46, 86~88, 95
야스퍼스 · 107, 110, 121, 217~223, 230~233
연장노출 · 32, 54, 65
잔더 · 46~48, 88~89, 95
카프카 · 84~85, 104
칸트 · 7, 39, 98~99, 107, 110, 140~141, 159, 191, 222, 228~230, 233
탈보트 · 43
패러다임 · 8, 62, 69, 95, 103~105, 116, 135, 157, 178, 208
퍼스 · 58
포토샵 · 20, 25, 59, 62~63
프랭크 · 54
프루스트 · 86

플라톤 · 25, 70, 107, 193, 207~208
하버마스 · 107, 216
하이데거 · 65~69, 102, 107, 115~116, 139, 207, 213~216, 222
해석학 · 10~11, 26, 42, 94, 106, 117, 126, 207, 226~227, 235

헤겔 · 7, 140, 205, 222~227
현상학 · 143, 213~214
형식논리 · 184, 225
호르크하이머 · 77
후설 · 207, 213
힐 · 81

지은이 **백승균** (skpaek36@hanmail.net)

고려대학교를 중퇴하고 한국외국어대학교를 거쳐 고려대학교 대학원에서 서양철학을 전공했다. 독일 프랑크푸르트Frankfurt(M)대학교 철학부에서 수학했고, 튀빙겐Tübingen대학교 철학부에서 주정부 장학금으로 철학박사학위를 취득했다. 귀국 후 줄곧 계명대학교 인문대학 철학과에 재직했다. 1984년부터 1985년까지 독일정부초청교환교수(DAAD)였으며, 1990년에는 교육인적자원부의 해외파견교수였다. 대한철학회, 영남철학회, 대구지방사회연구회 회장직을 역임했고, 현재는 대한철학회 이사과 계명대학교 철학과 명예교수로서 목요철학원장직을 맡고 있다. 운제학당을 운영하며 저술과 철학의 대중화에 심혈을 기울이고 있다.

저서로는 《역사와 역사성》《변증법적 비판이론》《호스피스 철학》(한국간행물윤리위원회추천도서)《플레스너의 철학적 인간학》《세계사적 역사인식과 칸트의 영구평화론》(계명출판문화상, 문광부우수학술도서)《철학의 현실 찾기》《현실의 생명 찾기》《해석학과 현대철학》《인문학의 전통과 새로운 지평》《새로운 우리철학의 모색》《삶의 철학으로서 인문학》등이 있고, 《철학적 해석학》《삶의 철학》《생철학》《역사의 기원과 목표》(11회 오늘의 책 선정)《비판이론서설》《실존철학과 현대》《변증법총설》《희망의 철학자 블로흐》《야스퍼스의 생애와 철학》《하이데거의 철학이론》《철학수업; 어떻게 할 것인가?》《인식의 해석학(인식의 철학 I)》《진리의 양면성(인식의 철학 II)》등을 번역했다.

사진철학을 만나다

초판 1쇄 _ 2014년 9월 1일

지은이 _ 백승균
펴낸이 _ 배경완
펴낸곳 _ 북길드 ㅣ 등록번호_제406-2010-000044호
주소 _ 경기도 파주시 광인사길 68, 304호(문발동, 성지문화사)
전화 _ 031-955-0360 ㅣ 팩스 _ 031-955-0361

© 백승균, 2014
이 책의 무단전재와 무단복제를 금합니다.

ISBN 978-89-969374-1-8 03100

이 도서의 국립중앙도서관 출판예정도서목록(CIP)은서지정보유통지원시스템 홈페이지(http://seoji.nl.go.kr)와 국가자료공동목록시스템(http://www.nl.go.kr/kolisnet)에서 이용하실 수 있습니다.(CIP제어번호: CIP2014024839)

책값은 뒤표지에 있습니다.
잘못된 책은 구입하신 곳에서 바꿔드립니다.

이 책은 한국출판문화산업진흥원의 2014년 〈우수 출판콘텐츠 제작 지원〉 사업 당선작입니다.